ENTRE LA SOMBRA Y LA LUZ

Novela Psicografiada Por

ZILDA GAMA

Por el Espíritu

VICTOR HUGO

Traducción al Español:
J.Thomas Saldias, MSc.
Trujillo, Perú, Febrero 2024

Título Original en Portugués:

"Na sombra e na Luz"

© Zilda Gama, 1917

World Spiritist Institute
Houston, Texas, USA
E- mail: contact@worldspiritistinstitute.org

De la Médium

Proveniente de una de las familias más ilustres de Brasil, Zilda Gama nació el 11 de marzo de 1878 en el municipio de Juiz de Fora, MG. Dotada de una cuidada cultura, desde joven colaboró con textos publicados en periódicos de Minas Gerais, São Paulo y Río de Janeiro. En 1912 ya era seguidora de la Doctrina Espírita, "aunque no de manera ostensible", como ella misma declaró.

Todavía en 1912, Zilda Gama psicografió, con inmensa emoción, el primer mensaje firmado por Allan Kardec, en Espírito Santo, quien, durante los siguientes quince años, asumió la dirección de sus labores espirituales.

Hacia el año 1916 comenzó a psicografiar su primera novela, a través de espíritu Víctor Hugo, con el título *Entre la sombra y la Luz*, seguida de otras.

Zilda Gama fue, en Brasil, la primera médium en obtener abundante literatura espírita del mundo espiritual, habiendo causado sensación con la aparición de sus obras mediúmnicas, tanto en el mundo espírita como entre los lectores no profesionales.

El 10 de enero de 1969, a la edad de 90 años, regresó a su patria espiritual, de la que era un estándar de honor y honestidad, legándonos un ejemplo inolvidable de abnegación en la labor de difusión de la Doctrina Espírita

Del Autor Espiritual

El autor espiritual, cuando encarnó, fue un brillante poeta y un novelista exquisito. Nacido en Francia el 26 de febrero de 1802, con el nombre de Víctor Marie Hugo, pasando a ser más conocido como Víctor Hugo. Fue miembro de la famosa Academia Francesa y reconocido autor de *Los Miserables*, entre otros.

Se convirtió al Espiritismo después de observar las experiencias de las mesas giratorias con la médium Delphine de Girardin, cuando pudo comprobar la inmortalidad del alma a través de varias comunicaciones mediúmnicas, incluso con su hija Leopoldina.

Víctor Hugo falleció el 22 de mayo de 1885. En el mundo espiritual, según información que leemos en el capítulo 3 de la obra *Revelando lo Invisible*, de Yvonne A. Pereira, fue elegido por mentores espirituales para coordinar, después del año 2000, una falange brillante con el compromiso de moralizar y sublimar las Artes.

A través de la mediumnidad psicográfica de Zilda Gama envió las siguientes obras editadas por la FEB: *Entre la sombra y la Luz, Del Calvario al Infinito, Redención, Dolor Supremo y Almas Crucificadas*, y también *Proscritos en la Redención y Expiación Sublime*, a través del médium Divaldo Pereira Franco.

Del Traductor

Jesus Thomas Saldias, MSc., nació en Trujillo, Perú.

Desde los años 80's conoció la doctrina espírita gracias a su estadía en Brasil donde tuvo oportunidad de interactuar a través de médiums con el Dr. Napoleón Rodriguez Laureano, quien se convirtió en su mentor y guía espiritual.

Posteriormente se mudó al Estado de Texas, en los Estados Unidos y se graduó en la carrera de Zootecnia en la Universidad de Texas A&M. Obtuvo también su Maestría en Ciencias de Fauna Silvestre siguiendo sus estudios de Doctorado en la misma universidad.

Terminada su carrera académica, estableció la empresa *Global Specialized Consultants LLC* a través de la cual promovió el Uso Sostenible de Recursos Naturales a través de Latino América y luego fue partícipe de la formación del **World Spiritist Institute**, registrado en el Estado de Texas como una ONG sin fines de lucro con la finalidad de promover la divulgación de la doctrina espírita.

Actualmente se encuentra trabajando desde Peru en la traducción de libros de varios médiums y espíritus del portugués al español, habiendo traducido más de 290 títulos así como conduciendo el programa "La Hora de los Espíritus."

Índice

IN LIMINE 8
   (EN LOS INICIOS) 8
LIBRO I 19
Una existencia tumultuosa 19
   CAPÍTULO I 20
   CAPÍTULO II 26
   CAPÍTULO III 35
   CAPÍTULO IV 45
   CAPÍTULO V 52
   CAPÍTULO VI 62
   CAPÍTULO VII 68
LIBRO II 76
En la escuela del infinito 76
   CAPÍTULO I 77
   CAPITULO II 91
   CAPÍTULO III 100
   CAPÍTULO IV 110
   CAPÍTULO V 120
LIBRO III 131
El inspirado 131
   CAPÍTULO I 132
   CAPITULO II 139
   CAPITULO III 143
   CAPÍTULO IV 152
   CAPÍTULO V 159
   CAPÍTULO VI 166

CAPÍTULO VI 172
LIBRO IV 180
La alianza 180
- CAPÍTULO I 181
- CAPITULO II 188
- CAPITULO II 194
- CAPÍTULO IV 203
- CAPÍTULO V 208
- CAPÍTULO VI 218
- CAPÍTULO VI 224

LIBRO V 234
El hombre astral 234
- CAPÍTULO I 235
- CAPITULO II 241
- CAPITULO III 248
- CAPÍTULO IV 254
- CAPÍTULO V 261
- CAPÍTULO VI 270
- CAPÍTULO VII 279
- CAPÍTULO VIII 288
- CAPÍTULO IX 293

IN LIMINE
(EN LOS INICIOS)

Lectores:

Este preámbulo conciso y sin pretensiones de la novela epigrafiada - *Entre la sombra y la luz* - no tiene otro mérito que el de la lealtad. Antes de comenzar a leer, presta atención por unos instantes a lo que te cuento con la máxima fidelidad: desde muy joven siempre he tenido vocación por la literatura, logrando producir poemas y cuentos que se incluyen en periódicos y revistas de este y otros Estados brasileños. Pero, ¿cómo los compuse? Primero esbozándolos mentalmente - así concibió el pensamiento que consideraba digno de servir como tema para una producción literaria -, luego, escribiéndolos en un papel, haciendo continuos cambios, ampliando ideas, reemplazando palabras, sin llegar nunca a escribir un breve cuento o un soneto sin enmiendas ni tachaduras. Ahora, considero mías estas composiciones porque representan pensamientos que expresé como deseaba, germinaron antes de ser escritos, interpretando mis emociones, hechos observados por mí, mis sentimientos. Hay una diversidad notable entre mi forma de componer y la forma en que se escribió esta novela. Les cuento, pues, sencillamente su historia, que es la misma de seis libros escritos por mí, sintiéndome ayudada por una influencia espiritual.

Hacía casi una década, en 1912, que yo era una sectaria de la Doctrina Espírita, aunque no abiertamente. No desconocía las obras fundamentales y leí, con creciente interés, los estudios de Léon Denis, Flammarion, Paul Gibier, W. Crookes y otros eminentes psiquistas, pero nunca había tenido la intención de escribir nada sobre temas trascendentales. Al final del año mencionado, me encontraba en una de las etapas más dolorosas de mi existencia, sacudida por malestares íntimos y buscando alivio a mis pesares, comencé a leer - *El problema del ser, el destino y el dolor* - de León Denis.

Una vez, al cerrar repentinamente sus páginas, tuve la ineludible intuición que algún ser invisible quería mantener correspondencia conmigo, lo que ya me había sucedido en los momentos más angustiosos de mi vida. Me levanté de donde estaba y decidí acercarme al escritorio para responder a la insistente insinuación de algún ente inmaterial, deseoso, por cierto, de transmitirme sus pensamientos. De hecho, no me engañé: recibí, a través de la psicografía, un consejo conmovedor y saludable de mi padre - desencarnado en 1903 -, y otro de una querida hermana, poeta y violinista, desmaterializada poco antes que él, a la edad de 21 años, María Antonieta Gama, cuyo nombre fue aceptado por la prensa de Minas Gerais, habiendo colaborado también en el Jornal do Brasil, de Río de Janeiro. Ambos se ofrecieron a guiarme durante unos días, me hicieron actuar y tomar decisiones que aun no se me habían ocurrido y cumplieron fielmente lo que me prometieron.

Queriendo rendirles un homenaje de gratitud y para que no perdieran sus excelentes enseñanzas, recogí en un cuaderno de la Librería Alves, n° 4, los mensajes amistosos del Más Allá, escribiendo, en la primera página, con fecha del 20 de diciembre., 1912, lo siguiente: "Recopilación de algunas comunicaciones de espíritus amigos y familiares que, cuando me ven sufrir o necesitar consejos y ayudas espirituales, se apiadan de mí y se dignan prodigárnoslos, así como el bálsamo de consuelo, que solo ellos pueden ministrarme, porque conocen y penetran mis pensamientos más íntimos..."

Grande fue mi sorpresa cuando, por la noche, habiendo intuido que iba a recibir algunas instrucciones más de un ser intangible, tracé con lápiz palabras que ni siquiera se me habían pasado por la cabeza y, por primera vez, obtuve el mensaje de una entidad desconocida, que, desde entonces, cada día, no ha dejado de corresponderse conmigo – Mercedes –, con una dedicación inmejorable, compañera servicial de todos mis momentos de dolor y raras alegrías, en definitiva, uno de mis guías espirituales develados.

Mi asombro no tuvo límites cuando escribí, al final de su dictado, lo siguiente: "Cambia lo que escribiste al principio del cuaderno; recibirás inspiraciones, no solo de espíritus familiares, sino también de otros que no conocías", sabes, quién no te privó a ti y a nosotros, algo en lo que ni siquiera has pensado todavía.

Puedes escribir así:

– "A todos los que os dignasteis inspirarme con buenos propósitos y aconsejarme en los momentos de sufrimiento y de prueba".

De esta manera, para mí, hubo una revelación de una persona que sabía mejor que yo lo que me sucedería y que ni siquiera ignoraba lo que escribía en secreto... ¡Algo admirable!

Tuve entonces, a través de Mercedes, una promesa formal que escribiría obras dictadas por agentes siderales, si quería, y, a veces, dudé de esta afirmación.

¿Cómo sería creíble que ella produjera libros sobre temas psíquicos, sin siquiera tener en mente una idea que explicar y, además, acosada por las molestias íntimas y el trabajo exhaustivo inherentes a la enseñanza?

Sin embargo, en el día y la hora señalados, rápidamente comencé a escribir páginas de sana moral, advertencias magistrales dirigidas a la humanidad imperfecta, constituyendo todo para mí una sorpresa: tema, epígrafe de las exhortaciones, nombres de sus firmantes. Mi familia estaba casi alarmada por mi culpa, temiendo – como es creencia generalizada entre los detractores del Espiritismo – que mis facultades mentales se desequilibraran o que mi salud se viera perjudicada, como la padecía desde hacía mucho tiempo en condiciones extremas en estado alterable. Sin embargo, afortunadamente, las preocupantes predicciones no se cumplieron: seguí desempeñando mis funciones docentes con normalidad y, en ocasiones, al asumir la dirección del grupo escolar local donde enseño, no me sentí fatigada por trabajar demasiado y mi cuerpo no resultó dañado. Por eso continué, sin miedo, mis estudios sobre el Espiritismo y seguí recibiendo, por la mañana, durante una hora, los radiogramas del espacio.

Nunca tuve la intención de evocar espíritus de alto rango, cuyos nombres son venerados por la humanidad, y, habiendo recibido espontáneamente mensajes de algunos de ellos, nadie puede acusarme de ser inmodesta, o de querer hacerme famosa a través de glorias ajenas, como tampoco al menos mi nombre apareció en los escritos dispersos en varios periódicos brasileños, enviados por mí. Me sorprendí cuando, al final de una disertación moral o religiosa, descubrí por primera vez los nombres gloriosos de Víctor Hugo, Allan Kardec y D. Pedro de Alcântara, la lúcida tríada que ya ha dictado seis libros, escritos por mí, ¡sin ni siquiera haber diseñado una página!

Los cuadernos en los que he anotado sus pensamientos y los de otros espíritus tutelares, todos escritos rápidamente, sin corrección alguna, como reproducciones fieles de libros ajenos, suman ya más de medio centenar y, a pesar del escaso tiempo que dispongo para copiar, Ya están organizadas las siguientes obras: *Revelaciones*, dos volúmenes, que contienen disertaciones morales y religiosas, algunas de las cuales fueron publicadas por la *Gazeta de Notícias* en 1913 y 1914; *Diario de los Invisibles*, que trata de la educación moral; *Entre sombra y la luz*, novela; otro libro sobre temas filosóficos y otra novela, en preparación, casi terminada en la actualidad.

Todos fueron escritos sin que yo imaginara previamente ni siquiera sus títulos. Cuando mis mentores me dijeron que iban a componer, mediúmnicamente, una novela, quedé perpleja, no creyendo que eso sucedería; Sin embargo, a la hora convenida, comencé a dibujar el encabezamiento de un libro desconocido, la primera parte, el primer capítulo; en fin, todo lo que constituye los pródromos de una novela, dejándome, mientras mi pluma producía lo que no estaba sido absolutamente preconcebido por mí, infinitamente admirada. Escribía, metódicamente, dos páginas al día - hay cuadernos cuadriculados de más de 50 líneas -, las llenaba rápidamente, en pocos minutos, teniendo la impresión de leer, todos los días, la sección de un periódico, esperando siempre su continuación a la mañana siguiente. A veces fantaseaba con lo que pasaría con el personaje A o B, y; sin embargo, en contra de mis predicciones, luego me daba cuenta que me había equivocado en esas conjeturas, pues escribiría algo diferente a lo que había imaginado. Cuando terminé la primera parte de - *Entre sombras y la luz* - pensé, con cierta desilusión, que la obra estaba terminada, pues todos sus protagonistas habían desaparecido del escenario de la vida; fue, pues, con progresivo asombro, que recibí las otras cuatro divisiones que lo completan. Una vez terminada la novela, comencé a copiarla en tiras de imprenta y, una vez más, pude observar la inteligencia del ser invisible que la dictaba. Me informaron que era necesario reescribirlo, hacer correcciones, adiciones, reemplazo de palabras, etc. De hecho, a la hora de trabajar, era necesario colocar, junto a aquel en el que escribía, otra tira de papel en blanco, para recibir por separado los cambios deseados. La pluma pasó sutil y rápidamente sobre la de mi izquierda y, cuando estaba a punto de producirse un cambio, me avisó un ruido muy suave, como el aleteo de las alas de un pajarillo volando cerca de mis oídos, mi derecha, la mano se detuvo bruscamente y fue impulsada, con ligereza, hacia la tira que había a la derecha, en la que se escribían otras palabras, reemplazando las primitivas, ampliando ideas, concluyendo detalles y explicaciones necesarias para la claridad de los pensamientos ya expresados, y, luego, volviendo al primero, continuando la copia. Muchas veces, cuando era necesario simplemente reemplazar una palabra, la pluma, sostenida en mi mano - que parece volverse imponderable durante el trabajo psicográfico -, se levantaba suavemente sobre un término, anulándolo, escribiendo otro encima del pentagrama, un sinónimo, siempre.

Así, las páginas de la novela fueron calcadas, reformuladas y copiadas.

Entre la sombra y la luz, y todos los demás libros ya mencionados, ¿no cometo un delito contra la conciencia al no firmar, como si fueran producciones mías, obras que ni preconcebí ni tenía intención de escribir? Absolutamente no. En ellos solo está mi trabajo psicográfico y, además de esto, encontrarán en él, intercalados por mi voluntad espontánea, dos pensamientos de Hermes.

¿Dudan; sin embargo, que los libros mencionados pertenezcan realmente a sus firmantes? ¿Por qué? Todos contienen nobleza de sentimientos, magníficas reflexiones morales y me complacería mucho firmarlos con mi oscuro nombre, si no tuviera miedo de cometer fraude y perfidia hacia entidades de una dedicación y una magnanimidad sin precedentes hacia mí. Ahora bien, después de explicarte el origen del libro que van a leer, si continúan dudando de mi lealtad, cometerán una injusticia indescriptible. A lo largo de mi vida he demostrado probidad y amor por la verdad. Odio la estafa. Como estudiante de la extinta Escola Normal de S. João del-Rei, me parece que allí dejé un nombre inmaculado; en el ejercicio de la docencia pública me he esforzado por ser irreprochable, y por el gobierno de este Estado ya me han dado casi todas las pruebas de reconocimiento a que tiene derecho el magister de Minas Gerais. En mi vida privada nunca he realizado una acción que fuera objetable. Por lo tanto, tengo una reputación intachable, que valoro mucho y no quiero empañarla no diciendo la verdad o utilizando algún engaño para destacar ante el público, al que respeto y temo mucho.

Alguien también podría acusarme de ser propensa a las alucinaciones. Protesto; sin embargo, con vehemencia contra esta falsa afirmación.

Nunca he sentido el más mínimo desequilibrio mental y, sobre todo después de realizar asiduamente estudios psíquicos, he adquirido mayor serenidad de espíritu y fácil percepción; estoy perfectamente tranquila y normal. Nunca me ha afectado siquiera un ataque de nervios tan común en la naturaleza femenina.

He sufrido amargas desgracias, desde la muerte de varios seres queridos hasta la traición, ¡quizás el más atroz de todos los dolores y el más execrable de todos los crímenes! Y; sin embargo, a pesar de ser muy sensible al sufrimiento, ya sea el mío o el de los demás, me asombra no haber sufrido nunca ningún trastorno mental: permanezco plácida en momentos de insoportable malestar y, por tanto, veo la intervención ineludible de protectores inmateriales, que apoyan conmigo fraternalmente y no me dejan desmayar en los momentos en que, por el apedreamiento esencial de mi alma, tengo que beber, hasta la gota extrema, el cáliz de la amargura.

Últimamente, después de una verdadera agitación íntima, de esas que sacuden incluso los organismos masculinos, me sorprendí al comprobar que, contrariamente a lo que había previsto, mi salud, que había cambiado desde hacía mucho tiempo, estaba completamente integrada y, sin haber dejado de luchar constantemente, ya sea como educador o como psicógrafa, continuando estudiando los libros de los animistas más destacados del mundo, no siento fatiga física ni intelectual, a pesar de tener un organismo que parece extremadamente frágil.

Habiendo explicado la génesis de *Entre la sombra y la luz*, de las numerosas obras sobre temas morales y filosóficos que ya he organizado, podría plantear aquí la cuestión debatida de cómo un espíritu, que en su última existencia ignoró el lenguaje de Camões, ahora puede expresarse en portugués; pero no lo hago porque el tema ha sido hábilmente aclarado por Gabriel Delanne, Fernando de Lacerda y otros psiquistas ilustres. Solo hago las siguientes dos consideraciones:

1ra - Un espíritu, al alcanzar un alto nivel intelectual mediante la ley de la reencarnación, ya ha nacido en diferentes países, ha aprendido diferentes idiomas - y así se dilucida la tendencia y facilidad que tiene un individuo para aprender varios idiomas, mientras que otro, a veces su hermano carnal, ni siquiera puede pronunciar correctamente las palabras de su propia lengua vernácula -; y, por tanto, al desmaterializarse, integrar todos los recursos de conocimientos adquiridos, habiendo nacido en Francia, en su última existencia, no podría haber sido portugués en otra parte y, recordando una lengua que alguna vez le resultó familiar, no le resulta fácil transmitir sus pensamientos a un portugués o a un médium brasileño.

2ª - Si el espíritu de un inglés o de un austriaco desea manifestarse en cualquier lengua que ignoraba en su última encarnación, no podrá expresar sus ideas al guía espiritual de un médium - de cualquier nacionalidad -, y este médium recibirá comunicaciones a través del intérprete invisible, ya que los desmaterializados se corresponden entre sí a través de un lenguaje más perfecto que el nuestro - el del pensamiento -, ¿cuál es el *volapuque*[1] del Espacio?

Debo corroborar mis hipótesis lo que afirma el inspirado Léon Denis, en su magnífico libro *El problema del ser, el destino y el dolor*:

"Los espíritus se comunican y se entienden a través de procesos a cuyos pies el más consumado arte oratorio, toda la magia de la elocuencia humana parecerían simples balbuceos. Las altas inteligencias perciben y realizan sin esfuerzo las más maravillosas concepciones del arte y el genio. Pero estas concepciones no pueden transmitirse plenamente a los hombres. Incluso en las más perfectas manifestaciones mediúmnicas, el espíritu superior tiene que someterse a las leyes físicas de nuestro mundo y solo vagos reflejos o ecos debilitados de las esferas celestes, algunas notas perdidas de la gran sinfonía eterna, puede hacer llegar hasta nosotros."

No nos sorprenda, por tanto, que el incomparable Víctor Hugo expresara sus pensamientos en un idioma que tal vez no conocía en su último viaje por la Tierra. Si no lo hizo con experiencia, es que eligió mal el instrumento que utilizó para explicarlos; luchó contra la imperfección o discapacidad intelectual

---

[1] Idioma mundial creado por el padre Johann Martin Schleyer en 1880.

de la médium, a quien transmitió *Entre la sombra y la luz*. Él, reconocido maestro de la palabra escrita, tuvo la inexplicable fantasía de hacer interpretar a un aprendiz de musicografía una ópera complicada, que, ciertamente, adolecía de alteraciones en el ritmo y la armonía. Por eso encontrarán errores en la novela que van a leer.

Hay otra cuestión que plantean quienes dudan de la integridad de los médiums: la confrontación del estilo de comunicación de un espiritista con el de un genio desencarnado, y, como no son idénticos entre sí, inmediatamente protestan, diciendo que hay una mistificación...

El Dr. Gabriel Delanne, en su espléndido tratado sobre la psiquis, titulado *Espiritismo*, demuestra las causas que influyen en que los dictados extra tumulares, de los más diversos desencarnados, tengan lagunas, y por eso me libero de reeditar lo que ya ha hecho científicamente ilustrado. Solo hago estas afirmaciones del citado científico francés:

"El fenómeno de la transmisión es siempre una acción refleja del médium bajo una influencia espiritual y el agente sideral muchas veces no puede expresar libremente sus pensamientos, porque no encuentra en el cerebro del médium un instrumento suficientemente perfecto para transmitir sus ideas."

¿Puedo, por tanto, recibir fielmente los pensamientos de los brillantes mensajeros del infinito? No, ciertamente. No entro en trance durante los momentos de trabajo mediúmnico. Mantengo mi conciencia intacta. Solo observo que, mientras persiste la inducción espiritual, mi mente permanece aislada, sin ideas, *in albis* [2], sintiendo que por ella se filtran pensamientos ajenos a mí, como si yo fuera un dínamo en comunicación con una batería - que puede desconectarse rápidamente de ella -, actuando sobre mi mano derecha, que a su vez hace que la pluma se mueva, con una velocidad increíble.

---

[2] En blanco.

Entiendo; sin embargo, que, para ser un fiel intérprete o un perfecto receptor de los radiogramas de los espíritus lúcidos, debo poseer una cultura intelectual que, desgraciadamente, todavía no me ha sido posible adquirir.

Sé que muchos lectores de esta novela dirán que su estilo es diferente al del inimitable autor de *Los Miserables*. Sin embargo, diré a quienes hacen esta objeción que Víctor Hugo, en una de sus correspondencias psicográficas, expresó su pensamiento sobre este tema debatido, que resumo aquí en pocas palabras: ya no está atado a la Tierra por un vínculo literario. Presumir; su único objetivo es luchar, con los grandes amigos de los que sufren y de los moralmente mutilados, en el formidable premio que tiene como lema ¡Regeneración humana!

Esto lo conseguirás en *Entre la sombra y la luz*. Ya me contarán más tarde.

¿Qué le importa a un abnegado del espacio si su lenguaje no es impecable - debido a la insuficiencia mental del instrumento humano que utilizó -, si logra inspirar, en las almas atribuladas o desgarradas por un dolor sin precedentes, sentimientos nobles o esperanzas imperecederas? Abran las páginas de este libro; si encuentra alguna de ellas de dudosa moralidad o falta de elevación de sentimientos, prometo no recibir más mensajes siderales. Les diré: *No son de Víctor Hugo...* Pero las páginas que componen *Entre la sombra y la Luz* tampoco son mías.

Mis facultades intelectuales, afortunadamente, no son borradas por el fanatismo o el engaño. Soy sincera y, por tanto, no puedo firmar mi nombre en escritos que nunca fueron preconcebidos y en los que solo está mi labor mediúmnica. No quiero usurpar lo que me han confiado amigos dignos y generosos, ¡guardianes, que me han fortalecido, sostenido, aliviado dolores amargos, en horas de amarguras y pruebas dolorosas!

Que me juzguen y hagan justicia. La justicia terrenal es defectuosa y parcial. He encontrado desconfianza y desprecio no solo por parte de quienes profesan creencias distintas a la que yo profeso, sino también por parte de mis propios hermanos. Sin embargo, mantengo la calma, esperando siempre la injusticia humana y confiando solo en el juicio austero y honesto de los nobles invisibles.

Termino, pues, este breve prefacio de la novela que van a descubrir y juzgar, con las palabras del venerable Léon Denis, transcritas de su obra ya mencionada, y que hago mías:

"*Asciendan a todos ustedes, espíritus tutelares, entidades protectoras, mi pensamiento agradecido, lo mejor de mí, el tributo de mi admiración y de mi amor.*"

Minas Gerais, Além-Paraíba (Ilha do Recreio), 1917.

ZILDA GAMA

LIBRO I

Una existencia tumultuosa

CAPÍTULO I

El tiempo preciso en que ocurrieron los hechos primordiales, relatados en estas páginas desde el Más Allá de la tumba, no es necesario mencionarlo; sin embargo, informo a los lectores curiosos que esta verdadera y conmovedora novela, en la que a veces aparezco como uno de los personajes, tuvo lugar, casi en su totalidad, en el siglo XIX, justamente conocida como la Ilustración, en la que puse fin a mi última existencia planetaria, fértiles en arduas pruebas que hoy, serenamente recordadas, después de décadas, descoloridas por la mágica mancha del tiempo, regresan a mi mente como fragmentos de un sueño. Todo pase...[3]

Empiezo; sin embargo, a cumplir lo que me propuse: ser el *contem* [4] concienzudo de los conmovedores episodios de una existencia más de un amigo incomparable - a quien dedico el culto de un afecto inmarcesible -, después de haberme concedido el derecho a hacerlo.

Estaba en Bélgica, expulsado de Francia, como si fuera un criminal, y; sin embargo, mi gran crimen, mi crimen imperdonable, el único del que me acusa la conciencia, era que yo había declarado el despotismo, queriendo defender mi patria de la perniciosa incursión de cualquier tiranía y deseando, para lograr mi objetivo, inmolar mi propia vida, si fuera necesario -, cuando me relacioné con un joven militar patricio, a quien había conocido superficialmente en París, y que, en ese momento, en Bruselas, ocupaba un cargo honorable que le había confiado el gobierno de Luis Napoleón, del que era súbdito, pero no servidor. Aunque no ignoraba mis ideas liberales, sentía por mí una admiración

---
[3] Todo pasa.
[4] Narrador.

entusiasta y, como nos veíamos con frecuencia y nuestras habitaciones estaban poco alejadas unas de otras, trabamos conocimiento más íntimo, mantuvimos conversaciones afectuosas y el tema favorito de nuestras fabulaciones clandestinas fue siempre Francia, nuestra querida patria, plagada de incesantes disturbios y frecuentes luchas fratricidas, que la convertían en otro campo de guerra más - disensiones políticas hirviendo en su seno, aguijones de odio y represalias arrastrándose en los corazones de los oprimidos y tiranos -, que una nación adecuada para que sus hijos formen familias, que puedan vivir en paz, mientras los verdaderos patriotas trabajaban para su engrandecimiento y progreso.

Desde el inicio de nuestra relación, noté en mi distinguido compatriota, además de una conversación en la que era evidente la elevación de sus sentimientos, una visible melancolía que a menudo absorbía sus pensamientos, haciéndolo detenerse repentinamente, en medio de una conferencia amistosa, como si algo doloroso hubiera irrumpido de repente en su alma emocional, justificando angustiosamente una idea secreta y conmovedora, y luego, en sus ojos azul claro, descubrí el brillo de unas lágrimas apenas contenidas, o la llama de un malestar latente e innegable.

Una vez, casi al anochecer, mientras estaba solo en mi sala de meditación y trabajo, me anunciaron su visita. Lo dejé entrar y lo invité a sentarse a mi lado. Tan intensa era la amargura que aquel día lo mortificaba, dando a sus nobles facciones una palidez de carrara,[5] que, con paternal interés, me vi impulsado a decirle:

- Tú sufres, amigo mío, y cuando veo a muchachos de tu edad entristecidos y agonizantes, no me resulta muy difícil profetizar la causa de estos dolores ocultos.

Mi ilustre amigo - al que llamaré Paulo Devarnier -, se sonrojó como un niño sorprendido en alguna travesura reprobable y, de repente, volvió a palidecer tanto que se puso lívido. Después de breves momentos de reflexión, visiblemente conmovido, me dijo:

---

[5] Tipo de mármol encontrado en la ciudad de Carrara (Italia).

- Podría ocultar a los demás la génesis del dolor continuo que oscurece mi corazón y aniquila mi organismo - porque veo que, día a día, me estoy consumiendo, y, tal vez pronto, ya no podré consagrarme a nuestro país -, pero, para mi honor amigo, de quien soy un convencido admirador, le confesaré la causa del dolor secreto que no pasó desapercibido para usted. Sin embargo, mi querido amigo, debes mantener absoluta reserva sobre todo lo que le digo y espero que nunca, en sus incomparables novelas, haga la más mínima referencia, en un rápido escorzo, a esta confianza mía.

- No dudes de mi total discreción: nunca haré en mis libros alusión alguna a lo que me cuentas.

- ¡Gracias! Confío tanto en la lealtad de mi digno amigo que, sin el menor temor ni disfraz, le daré a conocer todas las páginas de mi vida íntima, como lo haría con mi propio padre, si aun existiera.

Una vez pronunciadas estas últimas palabras, Paulo Devarnier comenzó a darme un relato detallado de su todavía corta, pero agitada existencia, interrumpiéndolo a veces para proferir exclamaciones que recordaban positivamente la exaltación de su espíritu.

- ¡Qué cobarde y pusilánime soy, amigo! ¡Que mi corazón me domine, yo que debo servir a nuestra gloriosa Francia! ¿Cómo puede ser valiente un soldado si se deja esclavizar por este órgano insaciable y engañoso de la emoción, el corazón, que le impulsa a soñar y a tener ideas irrealizables? ¡Allá! Sin embargo, ¡el suyo! Para castigarlo por su loca rebelión, tal vez todavía lo traspase con mi espada, obligándolo así a dejar de imponerme sus deseos y a sufrir, de un solo golpe, para siempre, sus locas aspiraciones, poniendo fin, finalmente, ¡a la tortura larga y sin precedentes que me han infligido!

Luego, más tranquilo con las palabras de consuelo y esperanza que le dirigí, comenzó, siempre conmovido, el relato completo de su existencia agitada por acontecimientos patéticos, que intentaré reproducir lo más fielmente posible, después que él - disfrutando de la serenidad peculiar de los espíritus evolucionados

-, me concedió el derecho de hacerlo extensamente, estando dispuesto a ayudarme con cualquier cosa que ya hubiera olvidado.

- Nací en París, amigo mío, pero mi madre era de Prusia, donde permanecí hasta los quince años. Mi padre, que era francés y militar como yo, tuvo la oportunidad de verla, por primera vez, en un viaje que hizo a Berlín, en casa de un amigo. La amó inmediatamente y fue correspondido con vehemencia por mi madre, que poseía una belleza rara y una educación exquisita, y, poco después de conocerse, se casaron, contra la voluntad unánime de la familia de la novia, que no quería, por lo tanto, la alianza de dos seres nacidos en naciones diferentes y cuyos hijos se detestan mutuamente.

Soy el único hijo de esta feliz pareja, formada por dos personas que se adoraban infinitamente, olvidando ambos que nacieron bajo cielos diferentes, en ambientes centenarios antagónicos e irreconciliables.

¡Cuántas veces me he arrepentido de no haber tenido un hermano - uno de esos compañeros que nos regala la Naturaleza -, que escuchara mis quejas, me aconsejara y compartiera el dolor constante que atormenta mi alma, desde mi segunda infancia! Pero de ahora en adelante, no lo haré nunca porque considero la vida un mal y no se la desearía a un ser que amé santamente, como adoro a alguien que sufre infinitamente por mi culpa, habiendo sido impotentes mis esfuerzos por poner fin a sus luchas.

Continúo; sin embargo, querido amigo, mi relato. Mi padre murió como un hombre valiente, como un león fusilado, defendiendo Francia; y mi madre, con el corazón desgarrado por el dolor, sola, en un país que no era el suyo, conmigo yo que acababa de salir de la niñez; sin otro pariente más cercano del marido, además de su cuñado, un joven soldado todavía soltero, trasladó su residencia a Berlín y allí comenzó nuestro largo martirio moral. Si hubiera sabido que esta resolución suprema que tomó sería la fuente de tantos problemas para mí, me habría dejado morir en Francia, ¡el lugar de nacimiento de su amado esposo e hijo!

Entiendo; sin embargo, ahora que me siento abrumado por un dolor inagotable, y sé por qué decidió buscar a sus parientes consanguíneos: nuestra alma, cuando sufre atrozmente, no puede exiliarse de toda vida social, ya que anhela, más que nunca, por el cariño, por la unión con otro que la comprenda, que alivie sus tormentos íntimos y, en este período de angustia, se alía con la primera persona que encuentra, que le tiende una mano generosa. Así, ciertamente, pensaba mi pobre madre cuando buscó las tierras tudescas, donde esperaba encontrar consuelo familiar y perdón paterno, pero esta vez, como casi siempre sucede, su corazón herido la engañó y, en lugar de ternura, solo encontró durezas y decepciones.

Cuando llegamos a Berlín, nos fuimos a vivir con mi abuelo materno, ya viudo. Un anciano austero que me infundía miedo y respeto, que nunca me acariciaba y que a veces era demasiado severo con su nieto pequeño, que, para él, un patriota extremo como todo prusiano sabe ser, tenía el imperdonable defecto de ser... ¡francés!

Mi madre - siempre inconsolable, debido a la pérdida irreparable que había sufrido -, nunca pudo encontrar alivio a su dolor indomable. Pasó sus días refractaria a la sociedad, recluida en su habitación, siempre triste, teniendo solo que aliviar los dolorosos recuerdos de su marido, con mi presencia, abrazándome tiernamente y cubriendo mi frente de besos cada vez que me acercaba a ella, y solo sabía sonreír cuando le devolvía sus muestras de suavidad maternal.

Como se puede imaginar, yo, todavía joven, comprendí parcialmente nuestra situación de dependencia de un *ménage*[6] que no era el nuestro. Mi abuelo - estricto e inflexible -, no había consentido voluntariamente en el consorcio de su única hija y todavía no ha le había perdonado su rebelión contra su autoridad, al verla regresar de un país que le inspiraba aversión, viuda y con un hijo pequeño que criar y educar. Lejos de conmoverlo, la desgracia de mi madre exacerbó sus viejos resentimientos. Le

---

[6] Hogar, hogar.

recriminó y de ahí surgieron sus molestias y mal humor contra el travieso Paulo - el nieto extranjero, fruto de un himeneo que no había bendecido.

Los niños; sin embargo, tienen una intuición admirable, más celestial que humana - si realmente tenemos, como dicen los teólogos, un alma imperecedera, de génesis divina -; comprenden, de un vistazo, todo lo que se refiere a su vida, sin que sea necesario para aclarar su situación social.

Me entristeció profunda e inexplicablemente ver a mi madre, siempre con los ojos nublados por las lágrimas, saber que sufría vergüenzas y humillaciones, ver que estaba perdiendo, poco a poco, su belleza plástica ideal, que yo admiraba con la arrobamiento de un ferviente creyente contemplando la efigie de un ser divinizado, exquisitamente modelado por un artista egregio, pero, con mi corazón vibrante y propenso a las festividades de la infancia, me sentí avergonzado por su infinita melancolía y, siempre que era posible, eclipsaba su presencia, para divertirme en compañía de tres primos pequeños - hijos del único hermano de la mujer que me había concebido -, que no dejaban de ir todos los días a casa de nuestro abuelo, no solo para animarlo, sino también para ser acariciados. Él, tan duro conmigo, supo sonreír, volverse jovial, haciéndome comprender categóricamente la diferencia entre nosotros:

    - Yo, francés, huérfano e intruso; ellos, los prusianos, felices y adorados.

CAPÍTULO II

No puedo dejar de describirles la impresión que sentí cuando, por primera vez, conocí a mis primos. Me parece que todavía los veo cuando llego a Berlín. El mayor, Carlos y Mateus, gemelos, rondaban ya los tres años; eran vigorosos, impulsivos, tenían modales bruscos y despóticos, tez oscura siempre brillante, ojos glaucos, que delataban la violencia de instintos nada nobles; penetración, ferocidad y sagacidad como las de los halcones. Sentí una repulsión instintiva hacia ambos, comprendí que teníamos temperamentos antagónicos, mientras experimentaba un sentimiento de ternura y de encantamiento cuando conocí a su hermana pequeña, una graciosa niña de siete años, de cabello dorado y rizado, de cabello cerúleo, ojos, profundamente meritorios, en fin, parecido, de físico gentil, a un querubín desterrado del Paraíso y aun recordado y nostálgico de su divina y lejana patria.

Hoy puedo afirmar que su alma de lirio está de acuerdo con su cándida y angelical belleza. La naturaleza, amigo mío, que a muchos parece inconsciente y a otros actúa de acuerdo con un poder que desconozco y no tengo deseos de investigar, no se equivoca - debo decirlo -, casi nunca en sus obras, especialmente en lo que respecta a las criaturas humanas; la cirugía plástica es siempre la revelación de lo que encierra el alma, de lo que son los sentimientos y, por tanto, los frenólogos pueden, con datos positivos, describir las tendencias de un individuo a través de rasgos faciales o de las características de su organismo.

No me engañé con los sentimientos de mis primos, y el tiempo reveló y confirmó lo que, cuando era niño, imaginaba de todos ellos. Carlos y Mateus - que me doblaban la edad y la de su hermana -, fueron casi siempre despiadados conmigo; solo querían resaltar su fuerza muscular y, a veces, me llamaban con burla y petulancia, lo que me repugnaba hasta la última fibra de mi corazón, para que lucháramos para que yo fuera derrotado y tuvieran la oportunidad de decirme:

- ¡Eres francés y por eso no puedes compararte con nosotros, alemanes invencibles!

- ¡Si no fuera pequeño, les ganaría a los dos juntos! - Les respondía con cara llena de odio, expresándome imperfectamente en un idioma que no era el mío, lo que aumentó la hilaridad y burla de ambos.

Rara vez podíamos relajarnos en completa armonía, casi siempre me causaban insatisfacción y luego, indignado e impotente, corría, con el rostro empapado de lágrimas, hacia mi madre, que me abrazaba en silencio, con ternura. ¡En esos momentos dolorosos - una víctima del absolutismo de sus familiares, que demostraron lo que luego serían para mí - confundió sus llantos con los del niño miserable que, muy pronto, había perdido a su más dedicado protector, arrebatado por una muerte despiadada!

Mi abuelo apareció entonces en la puerta de la cámara, violentamente empujado, vacilante en su andar. Con voz turbada por la ira, reprochó injustamente a su infortunada hija:

- ¿Así lo estás educando, Amélia? Él, estoy seguro, crecerá descarriado, con tendencias hacia lo nocivo y se convertirá en un hombre sin cualidades morales apreciables, inútil para la sociedad. ¿Por qué no te gustan tus primos? Los insultas sin motivo y, en lugar de castigarlos, los animas a seguir actuando incorrectamente. Pronto verás los buenos resultados de tus mimos.

Mi madre permaneció en silencio, angustiada.

Mis adversarios - así puedo llamarlos, sin violar la verdad -, se burlaron de nuestro dolor tácito e inexpresable, y luego se destacaron entre ellos, como el arcángel de la paz, la tierna, bella y cándida prima - a quien entregaré el nombre de Elizabeth o el diminutivo familiar de Bet, e iba a consolarme y abrazar a mi madre.

Otra vez, entonces me vio resignado, me saludó de lejos, dulce, suavemente, con sus manitas rosadas que, en esos momentos, parecían el aleteo de dos alas nacaradas de algún pájaro quimérico, escapado de un dorado, llamándome a nuestros entretenimientos favoritos. Contemplándonos, uno al lado del otro, la que me dio el ser dijo, repetidas veces:

- ¡Qué bonitos y parecidos son, Dios mío! Se parecen tanto como si fueran gemelos. Nadie puede negar que la sangre los une fuertemente y ¿quién sabe si el destino también? Sin embargo, presumo que solo noto la analogía física con que el eterno los dotó, porque el orgullo de nuestros familiares los separa, dándole a uno supremacía sobre el otro. ¿Qué te espera en el futuro, Dios mío?

Paulo Devarnier hizo una pausa, un paréntesis en su narración, diciendo:

- Amigo mío, hoy, reflexionando plácidamente sobre los deplorables incidentes ocurridos durante mi infancia, creo que la infancia, tanto como la juventud, la virilidad y la decrepitud, merece un estudio concienzudo por parte de los psicólogos. El niño es, casi siempre, un retrato apenas esbozado, con tintes fuertes e imborrables, de cómo será en su juventud, o a lo largo de su vida; los sentimientos todavía están en plena expansión, como la lava que brota de un cráter cuando el volcán está en período de erupción.

Se manifiestan, por tanto, con una espontaneidad y una impetuosidad que, después, no podrán apreciarse de la misma manera, porque la educación y las comodidades sociales los torturan, los restringen, dejándolos - perdóneme la comparación tan vulgar -, como esos títeres que, de enormes proporciones, parecen pequeños, porque están comprimidos dentro de un estuche: ¡basta que alguien lo abra para revelar su gigantesca estatura! Sin embargo, omito consideraciones superfluas sobre el carácter infantil, para no aburrirlo, usurpando darle un tiempo precioso y también poder continuar mi confesión.

Los primos de los que le hablo, Carlos y Mateus Kceler, siempre han sido mis adversarios, ya sea por instinto perverso, por absoluta incompatibilidad de temperamentos, o, lo que quizás tenga más fundamento, por odio implacable a la raza, como dicen. nunca unidos fraternalmente, hijos de la heroica Francia con los de la altiva Alemania. Pero, lo que es, para mí, indudable es que, desde pequeño, nuestros sentimientos ya estaban en conflicto, la juventud nunca pudo cambiarlos y, por eso, me atrevo a decir sin desganas: nunca, nunca estaremos unidos por el vínculo más tenue de afinidad espiritual o de afecto recíproco.

Hasta que crucé las fronteras de mi país desconocía la existencia del amor cívico. Lo sentí, por primera vez en mi vida, brotar en mi corazón, cuando fui tratado con sarcasmo por mis familiares, quienes me humillaron por ser de otra nacionalidad. Mientras me acurrucaba, entre lágrimas, en el regazo de mi madre, la vi cerrar la puerta del dormitorio y ordenarme postrarme, con mis manitas entrelazadas, como si fuera hora de irme a la cama. Solo entonces me dijo seriamente:

- Ven y reza al buen Dios, hijito, para que nos proteja y haga que nunca te arrepientas de ser francés y puedas, más adelante, servir a tu patria, como tu padre, que consagró su vida hasta el final.

- Pero, ¿qué es una patria? - Murmuré, ingenuamente, antes de iniciar la súplica a la que me invitó, con intención de los muertos inolvidables. Me dio la explicación deseada a mi alcance, concluyendo así:

- Nuestra patria, mi Paulo, debe ser más venerada que la de otros pueblos que muchas veces nos detestan y se muestran despiadados con nosotros en tiempos calamitosos de guerra.

- Y tú, madre, ¿no naciste en el mismo lugar que el buen papá?

- No, hijito, tu padre era francés como tú y nunca te viste abriendo los ojos a la luz de un país glorioso como Francia, de donde vinimos no hace mucho. Nací en esta tierra en la que ahora vivimos, que se llama Alemania, que es mi patria y la de tu abuelo.

- ¡Antes tú también eras de Francia, como mi papá! No me gusta aquí, ni me gusta el abuelo... ¿Cuándo volveremos a nuestra patria, mami?

Al no obtener la respuesta deseada por parte de mi madre, comencé a recitar en silencio una oración que me sabía de memoria, permaneciendo después en silencio para que ella me enseñara el ofertorio. La mujer torturada, sin embargo, no pudo decirme nada, porque se encontraba en una de sus crisis de angustia: sollozaba, arrodillada a los pies de la cama, frente a un panel de la Madre Dolorosa, que había pertenecido a su adorado marido. Es que yo, querido amigo, pronuncié con franqueza verdades que, ciertamente, fueron el tormento constante de su alma impresionable y sentimental. Desde esos momentos entendí, lúcidamente, por qué mis primos se dirigían al pequeño Paulo con arrogancia y desdén y por qué nuestro abuelo incluso los acariciaba con una mirada que, para el pobrecito francés, tenía un rigor inexorable: - nacimos en naciones diferentes, que ¡no eran amigas!

Tan pronto como terminé la oración, comencé a meditar, por primera vez, sobre lo que esta palabra – patria -, expresa para que quedara grabada en mí de forma indeleble en el retentivo. De repente, escuché un suave golpe en la puerta. Al abrirlo me encontré con Elizabeth, el ángel de la guarda de nuestra familia, el que ponía fin a todos los conflictos domésticos con un beso de paz en la frente de los contendientes, que no se atrevía a profanar la pureza de sus intenciones y se apresuraba a firmar el armisticio que ella deseaba. Intenté hacerla entrar y sentarse a mi lado.

Al lado de Elizabeth me sentí abrumado.

No me fue posible olvidar que, aparte de mi madre, solo ella me amaba y me defendía con sus brazos rosados y diminutos contra cualquier acto de violencia de sus hermanos, quienes no podían transgredir su voluntad, así como Lucifer, ciertamente, es obstaculizado y restringido por la voz poderosa de un querubín, cuando arrebata su hermosa presa, protegiéndola bajo sus largas alas de nieve y luz. Eso pensé, durante mucho tiempo, al recordar el prestigio que Bet, cuando era niña, tenía sobre mis primos. Hoy;

sin embargo, querido amigo, como soy escéptico de las cosas trascendentales, puedo asegurarle que, en la vida real, ahora sucede lo contrario de lo que afirma la Teología: ¡es el arcángel quien está bajo el control de dos crueles satanás! ¡Un amargo sarcasmo del destino que me ha hecho brotar muchas lágrimas!

Sin embargo, vuelvo al hilo de la narración: el día al que me refiero, Elizabeth entabló un inocente diálogo conmigo, y, como si hubiera oído lo que hablábamos su tía y yo antes de su llegada, me preguntó contarle de allí, de mi tierra, con una curiosidad ya femenina. Al escucharnos, mi madre, la mártir ignorada, logró sonreír.

No hay más que un vago recuerdo en mi mente de todo lo que hablamos en ese momento, pero supongo que fue lo siguiente, más o menos:

- Allí hay flores como aquí, llueve, hay estrellas... pero todo es más bonito que en tu tierra, Bet.

- ¿Y? ¡Quiero visitar Francia, Paulo!

- Te llevaré a mi tierra, cuando seamos mayores. ¿Lo quieres?

- ¡Si quiero! Lo que no sé es si mi papá me permitirá ir. ¿Prometes traerme más tarde, Paulo?

- Sí - respondí con aprensión, probablemente mintiendo por primera vez, pues pensaba exactamente lo contrario de lo que había dicho en mi débil declaración: era mi mayor deseo llevarla a Francia y nunca dejarla regresar a las abominadas tierras de nuestro abuelo y el de tus hermanos.

Allá el corazón infantil es maravillosamente premonitorio: sin ser realmente consciente de lo que había dicho, en la completa irresponsabilidad de la infancia, acababa de formular un deseo que, después de tantos años, sigue siendo mi mayor, mi único ideal. Y que no ignoraba la situación bochornosa de mí y de la persona a quien debo la vida, en casa de nuestros familiares; entendí la animosidad de todos ellos contra nosotros y, en consecuencia, estaba ansioso por liberarnos de la posición humillante en la que nos encontrábamos, en casa ajena, lo que podríamos lograr si fuéramos con la gentil Elizabeth a mi país. Este pensamiento fue constante durante mi infancia, haciéndome soñar despierto, durante horas y horas, sobre cómo secuestrar a mi prima pequeña - como una princesita de cuento de hadas -, ya que esa era la única solución que podía encontrar para ver nuestros sueños cumplidos, imaginando el deseo supremo de mantener la calma en un territorio lejano, no sajón.

Mira, amigo mío, en qué trabajaba mi cerebro a una edad en la que otros niños solo planean bromas y juegos. Desde entonces, un dolor innombrable y latente roe mi corazón, germen del mismo dolor que hoy me atormenta: ¡imaginar que Elizabeth y yo tendríamos que vivir separados por los siglos de los siglos! Y entonces, como ahora, preferiría sufrir las mayores tribulaciones, en Berlín, que habitar la región más deliciosa y paradisíaca de este globo, ni mucho menos. Pasaron dos años desde la escena que describí resumidamente. Comencé a asistir a clases en la misma escuela donde estaba matriculada la mimosa Bet, lo que despertó en mi contra el vitriolo de mis primos, que estaban estudiando en una escuela secundaria y ya habían comenzado su entrenamiento militar. Esa época; sin embargo, en la que comencé mis estudios, fue la época dorada, la época florida de mi existencia.

Pasar por la casa de la encantadora Elizabeth, verla esperando ansiosamente mi llegada, quitarle apresuradamente el maletín en el que guardaba sus libros y su almuerzo; saliendo, uno al lado del otro, en busca de la escuela, viendo pasar juntos una fracción del día, aprendiendo, muchas veces, del mismo compendio, la misma lección; deleitarnos, en nuestras horas de ocio, en un magnífico parque, lejos de mis primos y de nuestro abuelo: era como estar prisionero del Olimpo algunas horas. Cada día me sentía más feliz que si viviera con los dioses.

Se puede comprender, por tanto, la tristeza que se apoderó de mí cuando tuve que llevar a mi amable amiga a mi casa paterna y regresar solo a la de nuestro abuelo, que; sin embargo, comencé a asistir a clases en el establecimiento educativo donde él vivía. conmigo, se volvió menos estricto conmigo.

¿Por qué? Un día en que el austero anciano besó mi frente por primera vez, le pregunté a mi madre la causa de la transformación ocurrida en su padre y ella me respondió en secreto:

- Es que, mi Paulo, ya te estás olvidando de tu lengua materna y estás aprendiendo la suya; por eso está contento porque quiere que tú te naturalices más adelante como alemán.

- ¿Qué significa estar naturalizado, madre mía?

- Es negar la tierra en la que nacimos, que el Creador nos concedió, para servir la de otro. Y...

No la dejé terminar la frase, solo empezarla: rápidamente entendí todo y un vívido destello de bosques ardiendo pasó por mi cerebro, un destello de dolor e indignación me quemó intensamente y, en esos segundos, si fuera posible, habría abandonado, para siempre, las regiones toscanas, en compañía de mi madre, a quien le dije, en el apogeo de mi exaltación:

- ¿Consientes, madre mía, que mi abuelo me obligue a cometer un acto indigno? ¡Te diré que nunca dejaré ni dejaré de ser francés como mi querido padre! ¡No quiero ser prusiano, madre mía! Tengo aversión a la tierra del abuelo.

- ¿Y la de Elizabeth? - Respondió ella, sonriendo, intencionadamente.

Entonces cambié mi forma de pensar:

- Ella se irá de aquí... y se irá con nosotros a Francia, cuando yo sea mayor...

- ¡Si puedes lograr tu propósito sin una lucha tenaz en la que, tal vez, seas derrotado, mi pobre Paulo! - Dijo, proféticamente, quien me dio el ser, con inexpresable melancolía, prediciendo, luego, todo lo que me sucedería en el futuro, a través de una facultad infusa que solo tienen las madres extremas o las Pitonisas verdaderamente inspiradas por los números. Luego me besó en la mejilla y, temiendo que alguien más que su amado hijo la oyera, cerró la puerta de la habitación donde estábamos y declaró, con voz muy velada:

- Seguirás, mi Paulo, aprendiendo la lengua vernácula, para que mi padre, a quien respeto mucho y no quiero disgustar más, no se enfade con nosotros; sin embargo, me comprometo a enseñarte la lengua francesa en secreto, para que no vengas a olvidarla. No le digas nada a nadie. Todo el mundo dará por hecho que te estoy orientando en las materias en las que tendrás que aprobar el examen, pero, en realidad, solo te enseñaré el idioma de tus compatriotas.

¡Confiarle un secreto a un niño!

Debes saber, amigo mío, que muchas veces un niño la guarda mejor que un adulto: porque aun no sabe traicionar la confianza que se le ha dado, o porque tiene miedo de ser castigado.

Así fue como, en constante desacuerdo con mis familiares, a causa del vivo odio que ellos albergan hacia mis compatriotas, llegué a los catorce años.

Cuando comencé a desarrollar mi intelecto y mi físico, y especialmente después que mis primos asistieron a una escuela militar, comencé a progresar en mis estudios, revelando una apreciable inclinación hacia las ciencias exactas - según la opinión de los profesores -, mi abuelo se transformó todo hacia mí: me acarició, me adoró y elogió mis cualidades mentales más que las de sus otros dos nietos, satisfaciendo felizmente todos mis deseos.

Había sofocado el orgullo prusiano, pero para facilitar la ejecución de un plan muy cívico: la conquista, a través de vínculos afectivos, del corazón evidente, pero sugestionable del pequeño extranjero francés, que a todos parecía ya eternamente encadenado a la tierra del sajones famosos. Viví, durante algún tiempo, bajo las alas de un sueño verdaderamente edénico, del que nunca querría despertar, de ser así permite mi estrella. Sin embargo, mi triunfo ilusorio duró poco; el firmamento de mi existencia, que entonces aparecía sereno, encantadoramente opalino, de repente se nubló, se llenó de cúmulos negros y lanzó tormentas que, como víboras de fuego, se dispararon contra mi corazón, quemándolo por los siglos de los siglos, carbonizándolo. anhelos, todas las esperanzas prometedoras.

CAPÍTULO III

Había completado con nota destacada el curso preliminar y estaba matriculado en un centro de enseñanza secundaria. Mi abuelo fue afable y magnánimo conmigo, ensalzando mis predicados intelectuales ante amigos y parientes, y esta violenta transición a una criatura con un carácter sobrio como el suyo, no propenso a estallidos ruidosos de sentimientos íntimos, me hizo sentir aprensivo, preguntándome si él había concebido algún proyecto enigmático sobre mí. No pude evitar expresar lealmente estos temores a mi madre, quien, en el último período de una afección cardíaca, vivía recluida en su habitación, más silenciosa, angustiada y pálida que nunca.

La encontré recostada en una *chaise longue*, me senté a su lado y le expliqué mis temores. Al principio me pareció que no prestaba atención a lo que decía; luego, me hizo levantar y quitar la pantalla de la lámpara, que ya estaba encendida; me ordenó sentarme frente a su silla, me miró largo rato, su mirada penetró en lo más profundo de mi alma, y solo entonces comenzó a hablar pesadamente, tratando de controlar una emoción que la puso casi lívida:

- Hijo mío, el cambio que notaste en tu abuelo y que no pasó desapercibido para mí, proviene que él quiere que, luego de completar tus preparativos, comiences tu entrenamiento militar en la misma escuela donde están tus primos. Completando sus estudios, pero puede ser inscrito como su alumno y prusiano. Para lograrlo, por medios suaves y afectuosos, tratará de ganar tu corazón, para que no te opongas a sus proyectos.

Sé que esto te molesta, tanto como me mortifica a mí, desde hace mucho tiempo. Ya entiendes que la tierra donde nacimos, cualquiera que sea, nunca debe ser negada y especialmente por ti, mi Paulo, hijo de un soldado muy noble, de un guerrero insigne, como fue tu padre, ¡que inmoló su existencia en el altar sacrosanto de su amada patria! Cómo puedes repudiar tu lugar de nacimiento, olvidar que también fue el lugar de nacimiento de un ser a quien debemos venerar en la vida, y, más aun, después nos espera en el Más Allá: ¿tu padre? Que el cielo me perdone por tener que ir en contra de las ideas de mi padre, para defender los derechos inviolables de mi idolatrado hijo y marido.

¡En qué dolorosa emergencia me encuentro, oh Dios mío! Veo, de un lado, a mi padre anciano, enfermo, sin fuerzas para sufrir un gran shock moral; del otro, ¡mi amado hijo amenazado con ser saqueado de su patria! Tú, hijo único de un heroico soldado francés, que ciertamente maldecirá tu conducta o tu cobarde sumisión, si accedes a las súplicas de tu abuelo. Sobre todo, temo compartir la incriminación de los amados muertos, con quienes tendré estar en corto plazo, por no haber sabido conjurar el peligro ahora inminente sobre tu frente. Sufriría, locamente, solo con la idea que su alma, que a menudo siento a mi lado, velando por nosotros, se detuviera, aprobando una acción de su esposa o de su amado Paul.

No puedo, por tanto, posponer para más tarde la ejecución de un plan de salvación que he elaborado para ti, pero que, para no perjudicar a tus hijos, el alma de un visionario, que florecía en la vida, acariciando sueños de gloria y fortuna, aun no había tenido el coraje necesario para ponerlos en práctica. Escucha, pues, hijo mío, lo que te voy a decir, con la mayor atención: preveo que mi existencia llega a su fin; el dolor incontrolable que ha estado picando mi corazón, sin cesar, desde que enviudé, lo enfermó y pronto – después de haberme azotado tanto –, me dio el descanso eterno.

¡Sé valiente, Paulo, no llores así!

Déjame continuar, porque no sé si mañana podré aconsejarte lo que debes hacer para no convertirte en un francés execrable.

Tienes un tío paterno, residente en Francia, militar como tu padre, al que quiero que le escribas y venga a recogerte.

- ¡Pero esto es una traición hecha a mi abuelo, a mi madre, y mi corazón se rebela ante la deslealtad!

- ¿Y si accedes a los planes de estos familiares, no serás doblemente desleal? ¿No traicionarás a Francia y a tu padre? Imagínate, Paulo, que en el futuro Alemania pelea con Francia. ¿Serás tú un transgresor tan abominable que tomarás las armas contra tu propia patria?

- ¡Nunca, madre mía! Pero, ¿por qué quieren obligarme a ser soldado? Prefiero ser científico, formar una familia, vivir tranquilamente en un hogar feliz.

- No se puede vivir feliz sin paz de conciencia, hijo mío; y si te quedas aquí no la tendrás, porque en cuanto yo muera, te obligarán a naturalizarte prusiano.

Caí de rodillas, suplicando con las manos:

- ¡Lástima, madre mía, no tengo ganas de separarme de Elizabeth!

Ella me abrazó conmovida, diciendo con voz entrecortada por los sollozos:

- No dudes de mi cariño, Paulo, pero no puedo estar de acuerdo con una cobardía indescriptible.

¡Sé fuerte y no me mates de emoción, hijo mío! Hace tiempo que quería decirte lo que te digo ahora, pero me resistía, temiendo angustiarte y también que me faltaría la energía necesaria para darte una orden suprema, o mejor dicho, haceros una súplica, que será la definitiva y que, por tanto, espero, no dejes de responder.

Debes regresar a tu tierra, mi Paulo. Allí estudiarás lo que quieras, seguirás la carrera por la que sientas mayor vocación, luego regresarás a Berlín y, ¡quién sabe! Tal vez puedas casarte con Elizabeth.

El hermano de tu padre se llama Félix Devarnier y aquí está su dirección.

¿No me prometes ahora, Paulo, escribirle mañana explicándole tu situación y rogándole que venga a buscarte... cuando deje de existir?

¡Dilo, hijo mío!

Fue entre sollozos que le hice a mi madre la promesa formal de obedecerla. De más está decir que esa noche no pude dormir tranquilamente, solo logré conciliar el sueño muy tarde, al amanecer, habiendo sido asaltado en sueños por siniestras apariciones de luchas y desgracias que pronto me vendrían en abundancia a lo largo de todo el viaje de mi existencia llena de obstáculos.

Al día siguiente de aquel en que mi espíritu fue sacudido por tan fuerte emoción, mi madre dictó una carta que, temblando y temeroso, deteniéndome en cada palabra, escribí lentamente, como si estuviera condenado a escribir una sentencia desastrosa e irrevocable que yo mismo debería cumplir. Después de leerla - corrigiendo algunos errores, pues la misiva estaba escrita en francés, que me parecía un idioma exótico -, me ordenó llevarla a una oficina de correos para registrarla con la dirección de mi tío Félix Devarnier.

Obedecí, sintiendo mi corazón agitado por un presagio de amargura, me pareció que, a partir de esos momentos, mi infancia había terminado y comenzaba otra etapa de mi existencia, para la que presagiaba incesantes desgracias. Tuve el ineludible presentimiento que, a partir de entonces, estaba destinado a sufrir sin fin.

¿Por qué? ¡Allá! Amigo mío, creo que estos misteriosos pronósticos de lo que nos sucederá son imágenes de acontecimientos futuros que de repente se aclaran, dibujadas que ya estaban en un ambiente íntimo - bajo la influencia de un poder que desconozco -, y voy más allá que nuestro bien o pero nuestro destino no depende de nuestros esfuerzos ni de nuestro libre albedrío, porque está dibujado por una mano implacable y no hay nada que pueda detener o revocar las intenciones inherentes a nuestra vida, desde el primero hasta el último momento.

Me imagino que, así como en una corriente de agua hialina se reflejan todas las siluetas, todas las formas, todas las sombras y todos los colores de los cuerpos que se encuentran en sus orillas o en el cielo, así en el abismo del caleidoscopio de nuestra en el alma siempre se vislumbra, a veces fugaz, otras veces clara como una tabla pintada por un *Correggio*[7] de todos los éxitos futuros. Así, lo que nos parece una oscura premonición no es más que la proyección de una realidad futura, que día a día se hace evidente, poniendo en foco todas las imágenes que aparecían solo esbozadamente, inhumanamente, como un Torquemada [8], el destino apenas vislumbrado ejecuta lo que nos parecía una ilusión y, así, poco a poco aplasta el corazón, cosechando todas las quimeras, convirtiendo en cenizas todas nuestras aspiraciones más queridas.

Perdona; sin embargo, buen amigo, mis digresiones filosóficas. Soy, como decía mi madre, un visionario, pero ahora puedo añadir a lo que ella decía: casi todos mis ideales ya han caducado y solo queda el último: la muerte o la nada, lo que me hace feliz, parece lo mismo. Ya no soy un ideólogo, sino un perdedor en las justas que libré con el destino cruel, que ha atormentado mi alma con la crueldad de un Tritón.

Estaba en problemas desde que mi madre me impuso la condición de regresar a Francia. Me asusté por la revelación que me había hecho que nuestros familiares intentarían obligarme a renunciar a suelo francés; me entristeció el corazón saber que estaba a punto de perder a la madre más abierta de mente; sin embargo, la idea de tener que separarme de Elizabeth, quizás para siempre, ¡superó todos mis arrepentimientos! Desde que vivía en Berlín no había pasado un solo día sin verla; habíamos crecido uno al lado del otro, como gemelos que se idolatraban; nuestros pensamientos eran de la misma opinión: nunca estuvimos en desacuerdo;

---

[7] pintor italiano (1489-1534).

[8] Término originario de Tomás de Torquemada, famoso por su fanatismo religioso y crueldad; su nombre se convirtió en un símbolo de la Inquisición.

Alusión al verdugo que obedeció ciegamente las órdenes de Luis XI. - Nota de la psicógrafa.

sabíamos - sin habernos confiado todavía -, que nos amábamos como hermanos y como novios... ¡desde que teníamos siete años!

¡Y qué elegante se mostró entonces la querida Bet al completar sus tres lustros primaverales! ¡Qué belleza arcangélica la suya! Cómo los ojos de todos se volvían curiosos al verla pasar y; sin embargo, sus radiantes ojos color turquesa, mercenarios y tiernos, solo buscaban los míos, que no se cansaban de contemplarlos con arrobo.

Nuestros ascendentes percibieron claramente el sentimiento tremendo e indisoluble que unía nuestras almas, se alegraron por ello y sonrieron sonrientes. De esta manera, arrestarían indefinidamente al pequeño ex patriado francés por el corazón, que pronto sería pisoteado bajo tantas torturas. Después de más de una década, después de los incidentes que pretendo contarles, todavía siento el dolor retumbar dentro de mí, como la concha que, exiliada del mar, conserva incesantemente su ruido, que parece oculto en sus volutas, eternamente.

Al regresar de la oficina de correos, donde había ido a recoger la carta dirigida a mi tío Devarnier, que, según mi impresionable espíritu, tomaba las proporciones de un Himalaya de bronce pegado a mi pecho, decidí confiarme a la dulce Elizabeth, quien ciertamente tendría palabras caritativas para disipar en parte mis sombríos temores. Ella, que me había visto pasar hacia la agencia, me esperaba en el pequeño jardín de su casa, leyendo un libro de Goethe, que le había regalado en su última Navidad, y enseguida observó mi palidez y la preocupación de mi espíritu... Ella me interrogó, temerosa que hubiera sucedido algo lamentable:

- ¿Qué tienes, Paulo? ¿La tía Amélia empeoró?

- ¿Sabías que ella está muy mal?

- Sí... hace mucho tiempo... Los médicos creen que su enfermedad es incurable.

- ¿Y por qué preferiste que viviera en el engaño y nunca me dijera, honestamente, lo que ahora me revelas sobre la enfermedad de mi madre?

- Para no angustiarte, Paulo...

Permanecí en silencio por unos momentos. Bet pensó que yo estaba enojado con ella por primera vez. La calmé. Entonces le dije:

- Tengo una revelación que hacerte. ¿Podrás guardar un secreto de forma inviolable, Bet?

- ¿Un secreto, Paulo? Si es tuyo, ¿cómo voy a no saber conservarlo durante toda mi vida?

La miré en ese momento, amiga mía, y casi no tuve el valor de transmitirle mis pensamientos para no verla sufrir. Era tan hermosa, tan serena, que dudé en llevarle a su buena alma el dolor que ponía en apuros a la mía.

Elizabeth; sin embargo, insistió tanto en que le dijera toda la verdad, que no pude resistirme a sus súplicas y, en una confesión sincera de quien aun no sabía mentir ni simular sentimientos, le conté todo sobre la decisión que mi madre había tardado en devolverme a Francia. Vi, mientras le hablaba, ir palideciendo gradualmente y sus ojos llenándose de lágrimas. El rostro que hacía unos momentos parecía tallado en nácar precioso, de repente se vuelve jaspe, como el firmamento en una zona tropical, al atardecer, cambia bruscamente del color púrpura al de ceniza. Poco después adquirió el matiz del alabastro más blanco.

Lloramos durante mucho tiempo, sentados en el mismo banco del jardín, con las manos entrelazadas por primera vez, sintiendo que, ante el presagio de una separación, nuestras almas se volvían más conectadas, transfundidas en una sola. Después de un largo silencio, como si ya no estuviéramos en la infancia o como si, de repente, nuestro espíritu hubiera alcanzado una edad secular, comenzamos a conjeturar sobre el futuro, que se acercaba tormentoso y lleno de adversidades.

Bet no me acusó ni una sola vez de haber accedido a los deseos de mi madre; ella simplemente parecía triste y aprensiva. Sin embargo, al verme infinitamente abatido y consternado, trató de consolarme:

- Sabes, Paulo, ¿qué será de nosotros? Lo mismo que tu madre; vendrás de Francia a recogerme, cuando seas oficial o termines tus estudios.

- Eso espero, Bet, pero lo que me molesta es que tengamos que estar separados, y ¿quién sabe si me olvidarás poco a poco, o si tendrás la paciencia de esperarme unos años, hasta que yo pueda venir a buscarte?

- ¿Yo, Paulo? ¡No me ofendas dudando de mi cariño! ¡Te juro que te esperaré, pase lo que pase en el futuro! Siempre te seré fiel y nunca consagraré a nadie más la amistad que tengo contigo.

- Pero tus hermanos, sobre todo los miembros de nuestra familia, estarán contra nosotros. Siento que me odiarán inexorablemente si regreso a Francia.

- Pase lo que pase, Paulo, siempre seré… ¡tu novia!

¡Comprometido! Nos prometimos, pues, como marido y mujer a los catorce años y el secreto de nuestro amor cándido y puro, que hasta entonces nunca había aparecido en nuestros labios, que solo irradiaba de nuestros ojos, en medio de la timidez de las almas castas e ingenuas, el dolor. En él se hizo evidente de forma inesperada y una alegría incomparable - mezclada; sin embargo, con una tristeza amarga, como un vaso de néctar en el que alguien hubiera infundido ajenjo -, inundó mi corazón, enfriando el tormento que lo abrasaba con el vaticinio de una angustia inevitable. Así, mientras mi alma se iluminaba de felicidad, mis ojos se nublaban con lágrimas amargas.

✳ ✳ ✳

Pasaron algunos días después de nuestra mutua confesión y, cada vez que estábamos solos, repetíamos casi las mismas palabras, que traducían miedos, esperanzas, amor, proyectando también lo que haríamos - con las pupilas húmedas de lágrimas, la linfa del sufrimiento goteando del corazón presionado por el bárbaro guante del destino, en el momento en que debíamos separarnos unos de otros, transfundiendo nuestras almas en recíprocas protestas de afecto, jurando que nunca seríamos desleales, prefiriendo la muerte a la perfidia.

Una tarde, al regresar de casa de Elizabeth, encontré a mi desgraciada madre mucho más pálida que otros días, con los labios rojos por una ola de sangre, la mirada fija en el techo, la mano derecha apoyada en el corazón, refugio de todos. La tortura que había sufrido en silencio, proscrita en su propia tierra, condenada a una reclusión perpetua, decretada en el anhelo inagotable de su amado marido. Cuando me acerqué a su cama, no pude evitar soltar un estridente grito de angustia. Luego me miró por un momento - con una expresión inolvidable en sus ojos, en la que pude entender cuánto sufrió por dejarme solo, expuesto a las tormentas de la vida y, al mismo tiempo, una súplica, la última, para que cumpla su promesa. Luego, sin poder pronunciar una sola palabra, cerró los párpados, como si esperara exclusivamente mi presencia para abandonar la existencia, esa existencia de mártir inconsolable. ¡Expiró casi abandonada, como había vivido, la infortunada e incomprendida criatura!

Permíteme, querido amigo, hacer una pequeña interrupción, omitiendo lo que debes comprender con lucidez: mi dolor inconmensurable por perder a quien me dio mi ser, dolor que hasta el día de hoy permanece casi intacto en mi corazón, porque recién ahora entiendo la tortura en la que vivió la infeliz viuda, que nunca pudo encontrar alivio al dolor que padecía por la separación de una persona a la que amaba más que a su propia vida. Desde entonces, el amor que le dediqué se convirtió en adoración, ¡en veneración intraducible!

El dolor despierta y madura nuestro espíritu; en pocos días dejé de ser niño, sintiendo una íntima y radical transmutación de sentimientos e ideas. Mis pensamientos se volvieron serios, reflexionados, como si ya hubiera vivido medio siglo, y a veces me preocupaba que mi cabello se volviera níveo. Pero, para mitigar mi desgracia - la primera tormenta que atormentaba tenazmente mi alma, despertándola a los grandes choques morales -, tuve la ternura de Elizabeth y la caricia paternal de nuestro abuelo, que me trató con un cariño indescriptible, que me hizo muchas veces lamentar el remordimiento por haber escrito aquella maldita misiva a mi tío Félix, imaginando que quien intentaba suavizar el golpe que había recibido en mi corazón pronto vería el suyo destrozado por mi ingratitud, herido por mí, involuntariamente, su alma de patriota extremo y que ya no tiene la energía para soportar estoicamente los golpes de la adversidad.

CAPÍTULO IV

Transcurrió algún tiempo después del desafortunado suceso que acabo de mencionar y cuyo recuerdo todavía me duele profundamente.

Como dije, me volví taciturno, meditativo, me acostumbré a sonreír, sintiendo que, en el fondo, una extraña individualidad había reemplazado a aquella con la que nací. A medida que la personalidad infantil se iba adelgazando y diluyendo, que finalmente se había disipado o pulverizado como escombros arrojados a un barranco, emergió otra definitiva, basada en fundamentos inmutables: la varonil. Ya no era el niño locuaz, irreflexivo y esperanzado que alguna vez fue. Durante los días de luto que siguieron al fallecimiento de mi madre, mi espíritu, a pesar de estar aturdido, se había desarrollado, se había metamorfoseado. A veces tenía la impresión que un titán estaba encerrado en la pequeña prisión de mi organismo, como lo tendría un cedro si tuviera sensibilidad, en el que aparecía un brote y, al cabo de años, se movía, superando el propio tallo en el que se encontraba había germinado...

Más que nunca, el culto inefable que consagré a Elizabeth se fortaleció en mi ser y, si hasta ese momento me resultaba doloroso imaginar mi salida de Berlín; después de quedarme huérfano por segunda vez, me pareció una barbaridad indescriptible llevar a alguien - aunque fuera algún Edén -, a otra región alejada de aquella donde estaba la tumba de mi madre y donde se encontraba el único alivio a mis penas - ¡Elizabeth!

No pude, en otro lugar, disfrutar del consuelo que, en Berlín, alivió en crepé las penas de mi alma: hablar con la afable novia, renovar nuestras protestas de mutua felicidad, confundir nuestras lágrimas, que todos creían originadas por el reciente éxito que lamentaba, pero vinieron de la expectativa en la que nos encontrábamos, del colapso de nuestros sueños, de la caída, sobre nuestras frentes, de una desgracia inevitable, que, tal vez para siempre, nos alejaría cruelmente unos de otros, porque las inquietudes de nuestro corazón no eran infundadas: un oráculo misterioso que se esconde en el santuario de nuestro pecho.

A veces, en breves momentos, pensaba, rebelándome contra mí mismo:

- ¿Por qué debería dejar Prusia, si solo aquí puedo alcanzar la felicidad deseada, mi relación con Elizabeth?

¿Qué importa servir a la patria de Elizabeth, a la patria de mi corazón que la idolatra?

Pero pronto una austera represión me hirió vivamente en la conciencia:

- ¡Qué! ¿Pues vas a repudiar la tierra de tu padre, que murió defendiéndola, como adherente? ¿Vas a traicionarlo a él y a tu desafortunada madre, que confió en la nobleza de tu carácter y a quien juraste cumplir su última voluntad?

Tuve, en esos momentos de conflicto secreto, la visión entristecida de la amada muerta, siempre con el hábito negro de la viudez, muy pálida, contemplándome como ella lo había hecho por última vez, en el lecho de la agonía. Así que ya no intenté reaccionar: ¡cerré los párpados, me dejé llevar por el torbellino vertiginoso de este destino que me había despojado, una a una, de las ilusiones de mi juventud, de todas las esperanzas de la vida, que arrastró como una galera arrastra sus grilletes malditos, sabiendo que nunca será liberado!

Un día, al regresar de casa de Bet, oí claramente voces alteradas que venían del salón de la residencia de mi abuelo y, como una de ellas me era desconocida, me detuve en el umbral de la puerta, vacilando en entrar en la habitación para que dirigió el acceso.

Alguien dijo:

- No estoy aquí para cometer arbitrariedades, señor; tengo derechos indiscutibles sobre él, ya que primero su padre y luego su madre me lo entregaron antes de fallecer.

- ¿Qué hizo con todos los documentos que respaldan lo que afirma, señor? - Dijo mi abuelo, con desdén y fastidio.

Hubo una breve pausa, que interrumpió el discurso del desconocido:

- ¡Aquí ellos!

Un silencio fúnebre siguió a las voces exaltadas y luego escuché claramente la de mi abuelo, expresando enojo, indignación y dolor:

- ¡Bastardos! En mi casa me trataban con todo el cariño y así me traicionan cobardemente, ¡sin que yo lo sospechara!

Sus últimas palabras estuvieron mezcladas con lágrimas y sollozos desenfrenados.

En ese momento abrí la puerta y, entrando cautelosamente en la habitación, vi a un extraño, de aspecto altivo y sugerente, con uniforme de teniente francés, tal como una fotografía de mi padre, cuidadosamente conservada por mi madre quien siempre lo miraba con los ojos llenos de lágrimas. Estaba de pie, con las mejillas sonrojadas por la intensa emoción. Pero lo que me quebró el ánimo, dolorosamente, fue ver a mi abuelo con su cabello níveo alborotado, inclinado sobre una consola de mármol, sollozando, con una carta colgando de su mano derecha encogida y temblorosa. Confieso que, por primera vez, sentí una ternura infinita por aquel venerable anciano y, con el alma afligida, aguijoneada por el remordimiento y una pena indescriptible, sentí el impulso de arrodillarme a sus pies, suplicando perdón para mí y para mi pobre madre, porque comprendí, de un vistazo, de qué se trataba, cuando vi escapar de sus manos convulsionadas la carta fatal, la carta de la avalancha, la carta del leviatán, que, durante mucho tiempo, había estrangulado atrozmente mi corazón, aplastando también, dentro de él, mi felicidad idealizada, destruyendo el único sueño de mi vida, porque nunca lo veré realizado en este planeta maldito: ¡mi unión con Elizabeth!

Al sentir mi acercamiento, entre el sonido de pasos temerosos, mi abuelo se levantó y, con el rostro inundado de lágrimas, señalando la puerta, me dijo, vibrante de ira:

- Lamento haber criado a lo que era un hijo amado, a quien había educado, a quien ya apreciaba tanto como a mis otros amados nietos - triunfando sobre un disgusto que había creído invencible -, y que; sin embargo, combinado con esa desgracia, que todavía estoy de luto, me engañó infamemente, sin tener piedad de mis canas y de tanta amargura que he sufrido para darme ¡un golpe tremendo! Tú tampoco eres nada para mí; eres, de ahora en adelante, un extraño; ¡eres una vez más un francés al que odio y maldeciré hasta el último momento de esta vida! ¡Vete! He aquí el hermano de aquel que ha sido causa de todos mis dolores, de todas mis amargas desgracias, de todos mis más profundos desengaños: ¡sigue a aquel, desgraciado, que te llamó a traición! Puedes irte ahora y no recordarme más a mí ni a mis familiares: eres un intruso detestado, un expósito en mi familia y nunca... ¡escucha atentamente mis palabras para que nunca las olvides! ¡Nunca te permitiremos casarte con mi querida nieta Elizabeth! ¡No creas que harás como tu padre, no, traidor! Ahora sabremos defendernos de las aves rapaces de nuestra felicidad, provenientes de esa odiada Francia.

El desconocido, que era mi tío Félix Devarnier, interrumpió su apóstrofe diciendo:

- Señor, acaba de insultarnos brutalmente y yo sabría repeler la afrenta hecha a mis seres queridos, si no se levantara entre nosotros un muro que no me atrevería a escalar: ¡la diferencia de edades! Respeto sus grises. Además, creo que ahora mismo está loco y, por tanto, lo que tengo que hacer es irme de su casa, llevándome a mi querido sobrino para siempre. ¡Vamos, Paulo Devarnier, no quiero que te quedes aquí ni un momento más! Ahora entiendo tu situación y la de la pobre Amélia, que debió morir aquí de desamor. Si lo hubiera sabido... te espero unos minutos, el tiempo necesario para empacar lo que te corresponde.

Declaro, amigo mío, que, en aquella hora tormentosa, ya no sabía dónde estaba ni qué hacía: ¡fui dominado, dominado, aplastado por los engranajes de la suerte despiadada! Salí de la habitación tambaleándome y me dirigí a la habitación donde había muerto mi madre.

Me apresuré a empacar en una pequeña maleta algunas ropas, algunos objetos que pertenecieron a mis padres, me detuve frente a la cama donde había visto agonizar a la triste mártir, miré el exquisito lienzo suspendido en la pared, representando a la Madre Dolorosa - que parecía estar mirando me vi entre lágrimas, como también lo vi -, y automáticamente regresé al lugar donde estaban mi abuelo y mi tío.

Intenté, entre lágrimas, abrazar a mi querido abuelo - así lo había sido desde aquellos angustiosos momentos en que lo vi sufrir tanto por mi culpa, a pesar de la dureza con la que me había tratado -, pero sentí repulsión, tal vez inconscientemente, como si sus facultades mentales fueron borradas por el amargo disgusto que encadenaba su alma.

Aquella visión dolorosa de un anciano sollozando, inclinado sobre el mármol que hacía juego con el color de su cabello blanco, me persigue hasta el día de hoy, en cada momento de mi convulsa existencia, rompiéndome tenazmente el corazón. Pienso que la insidiosa que cometí contra el pobre anciano que me adoraba fue el origen de mi infinita amargura. ¿Por qué no me quedé, en esos momentos, a los pies del austero anciano? ¿Por qué no negué mi patria, llevando alegría a dos criaturas que me idolatraban: una, al borde de la tumba; ¿Otro, apenas salido de la cuna? ¡Allá! Amigo mío, yo fui arrastrado por el destino, como todavía lo soy ahora.

Salimos de casa de mi abuelo, dejándolo inconsolable, de luto, sin querer verme al momento de la salida, y nos dirigimos a una plaza, en busca de un vehículo. Apenas conteniendo las lágrimas que nublaban mi visión, le rogué a mi tío Félix que me llevara a la residencia de los padres de Elizabeth, de quienes quería despedirme, para encontrar, en una palabra, el consuelo que me animara a sufrir, en mi tierra natal... mi amargo exilio - cómo sería para mí vivir en cualquier país que me alejara de su corazón amigo y afectuoso -. Él accedió a la petición, después de muchas vacilaciones. En casa de Bet nos trataron con frialdad, pero no con descortesía.

Mis primos estaban ausentes y su padre, en cuanto supo que yo me marchaba a Francia, valorando el disgusto que mi inesperada decisión había causado a su padre, acudió al quirófano, pretextando un trabajo que no podía aplazarse.

La querida Bet y yo, que no estábamos de humor para irnos, nos quedamos uno al lado del otro, sin decir una sola palabra, con los ojos llenos de lágrimas.

Compasiva de nuestro dolor, mi tía Helena, con voz emotiva, llevándome aparte, me dijo:

- Hijo mío, nunca me opondré a tu afecto por mi Bet, pero veo que tendrás adversarios inexorables en tu tío Guillermo y en tus primos, que, como sabes, nunca te estimaron y que, de ahora en adelante, ascenderán en contra de ti. ¡Coraje!

Lo que pueda hacer por ti y por Elizabeth lo haré. Sin embargo, fuiste muy culpable y tal vez fuiste la causa de la muerte de mi suegro, lo cual, si eso sucede, complicará tu situación. Ahora vete, hijo mío, estudia, alcanza una posición social y regresa, ese tiempo todo se desvanece y se disipa.

Y fue así, querido amigo, al escuchar estas palabras de consuelo y de suave censura - sin pensar en defenderme para no traer odio a la memoria de mi madre -, que dejé Alemania y a quienes amaba, sacrificando mi felicidad por Francia. Años más tarde, desvanecidas todas mis esperanzas más descabelladas, me encuentro en la angustiosa situación de un náufrago, flotando en un océano embravecido, tambaleándose entre las olas, a punto de sumergirme para siempre, sin el más mínimo atisbo de salvación.

- ¡Eres joven, generoso y audaz, y no debes dejar que el pesimismo te abrume! - Le dije a Paulo.

- ¡Estoy cansado de luchar en vano contra un destino hostil y cruel y sé, por ineludible augurio, que nunca podré alcanzar el único objetivo de mi existencia, que tú sabes cuál es! Esta espada, amiga mía, que representa mi patria, la inmolación que hice de mi felicidad ideal, todavía dará tregua a mi sufrimiento: no te sorprendas cuando sepas que, con ella, tengo destrozado el corazón, exhausto por el sufrimiento.

Sin embargo, queda muy poco que contarle sobre mi regreso de Prusia, mi estancia en suelo francés, para hacerle saber lo que he soportado en más de diez años de verdadera tortura moral.

CAPÍTULO V

Regresé a la tierra que me vio nacer, con el corazón saturado de penas, de una tristeza indescriptible, sintiéndome solo, abandonado entre personas indiferentes o desconocidas. Me dolía el alma a cada momento perder las caricias de la querida Bet. Extrañaba a casi todos nuestros parientes consanguíneos y, especialmente, a nuestro abuelo. Sus últimas palabras siempre vibraron, como hasta ahora, en mis oídos, apuñalando de dolor mi sensible corazón.

Escribía a Elizabeth con frecuencia, confiándole extensamente mis pesares y mis temores, recibiendo a cambio noticias que me llenaban de alegría, aliviando la tortura de mi gran anhelo.

Pero lo que dije fue efímero, porque, después de dos meses de ausencia de Berlín, ya no recibía ninguna carta de mi prometida y las dirigidas a ella me las devolvieron intactas. ¿Qué había pasado? La duda, el miedo a algunas enfermedades de Bet, el tormento del celo atormentaba continuamente, mi espíritu y, en ocasiones, mi salud se veía afectada, obligándome a dejar mis estudios para, en compañía de mi tío paterno, emprender una gira por el mundo, Italia y todo el sur de Europa, con el fin de aclarar y tonificar el cuerpo. Después de una pausa de unos meses, continué mis estudios y finalmente logré completarlos, habiendo optado por la carrera de ingeniería militar, por consejo de mi protector, quien, después de graduarme, emprendió conmigo un largo viaje a través del continente oriental... Cuando desembarcamos en Hamburgo, le pedí permiso para ir a Berlín, prometiendo pasar el menor tiempo posible en la bella capital prusiana.

Tan pronto como llegué allí, al anochecer, me dirigí inmediatamente a la residencia de Elizabeth. Vivía en una casa que era de sus padres, por lo que era probable que no se hubiesen mudado. Sentí mi corazón anarquizado por la emoción que se apoderó de mí. La cuestión es, amigo mío, que no había sabido nada de mi prima en casi una década y debes entender cuánto temía encontrarla con sus ideas cambiadas sobre mí. Quizás ya era la prometida o la esposa de otra persona. Por las aclaraciones obtenidas, al llegar a la calle donde la había dejado supe que aun vivía en la misma casa. La encontré en el jardín, como esperando a alguien, melancólica, demacrada, con un vestido ligero. Tan pronto como mis ojos se fijaron en ella - con una avidez insaciable, nacida del anhelo y del amor -, noté que una gran tristeza atormentaba su alma.

Me reconoció casi tan pronto como me vio, pero mi presencia le inspiraba más miedo que alegría.

- ¡Querida Bet! - Finalmente pude murmurar.

- ¡Paulo! ¡Qué sorpresa me diste!

- ¿Cómo podría decirte que estuve en Prusia, si hace tantos años que dejaste de escribirme y mis cartas, a mi martirio, me fueron devueltas intactas?

Ella apartó sus hermosos y meritorios ojos de los míos y comenzó a sollozar.

Sus lágrimas me hicieron enloquecer de desesperación y hacer germinar en la mente una sospecha mortificante.

- ¿Ya estás comprometida con alguien más, Bet?

- ¡No, Paulo, nunca estaré comprometida con nadie más que con aquel a quien prometí permanecer fiel y sabré cumplir mi juramento!

- ¡Gracias! ¡Gracias! Pero, ¿por qué dejaste de escribirme, querida Bet?

- Porque te odian tanto y no han consentido... desde que nuestro abuelo enfermó por tu culpa, cuando te fuiste a Francia.

Mi corazón, atormentado por una desconfianza atroz, destrozado por las dudas y el celo inquieto, exigía una explicación completa de ese largo silencio, durante años interminables y malditos, en los que mi alma luchaba en un fondo de dolor inexpresable, y por eso le supliqué:

- ¡Cuéntame todo lo que ha pasado desde que nos separamos, Bet! ¿Lo que ha sucedido? ¿Lo qué has sufrido?

- ¿No sabes, Paulo, que nuestro pobre abuelo murió pocos meses después que tú te fueras a Francia? No lo sabías hasta ahora, ¿verdad? Le escribiste una vez, pero él te devolvió la carta. Nuestro abuelo era muy orgulloso.

Mi desgracia proviene de su enfermedad. Te culparon de su enfermedad y de su muerte. Me admitieron en una escuela con prohibición formal de escribir, aunque fuera a mi pobre madre. Así fui secuestrada durante cuatro años, sin que yo pudiera salir, me ordenaron pasar mis vacaciones en casa, con los profesores vigilándome como si fuera un delincuente. Cuando regresé a casa, ya no era una niña y me interrogaron sobre ti. Me preguntaron si todavía tenía intención de casarme contigo. La respuesta afirmativa que di a mis hermanos los exasperó y me dijeron enojados:

—¿Quieres aliarte con el asesino de nuestro pobre y amado abuelo?

Como yo permanecía en silencio, bañada en lágrimas, decidieron mantenerme en prisión por un tiempo más. Mi madre protestó, pero sus súplicas fueron rechazadas: tuve que permanecer en un internado por otros dos años. Solo regresé cuando mi madre, abrumada por el dolor, estaba casi agonizando, pero he vivido tan espiada que no me era posible escribirte y, además, no sabía el rumbo que debía dar a la correspondencia.

- Sigo viviendo en la misma casa que mi tío Félix, mi Bet. Pero escúchame ahora: ¿nuestro abuelo nunca me ha perdonado el dolor que le causé?

- Lamentablemente no, pero creo que quizás su mayor dolor vino por tu ausencia. Si hubieras venido, te habría perdonado, Paulo. Me parece que te idolatraba.

- ¿Por qué no me lo dijiste, Bet?

- ¡No me dejaron, Paulo! No me permitieron escribirte una sola palabra: ¡se convirtieron en mi propia sombra, siguiendo cada uno de mis pasos!

Ahora, Paulo, te voy a confiar la causa del dolor más amargo que experimento: mis hermanos y mi padre siguen odiándote, hablan de quitarte la vida si te ven aquí, persisten en una intención que te consideran criminal, y mi desgracia de nuestra madre - que sigue prometiendo hacer todo lo que pueda por nosotros -, ha sufrido mucho. ¡Esta amarga lucha, que nos mortifica desde hace años, la ha dejado a veces postrada en la cama y su salud, cada vez más frágil, se encuentra moderadamente comprometida! ¿Cuánto hemos sufrido? ¿Qué será de mí si me falta protección materna? Mira, Paulo, si me veo igual. Te parezca la misma Bet que dejaste cuando te fuiste de aquí.

La miré largo rato y, leyendo en su rostro, que se había vuelto jaspe, todas las largas torturas que la atormentaban íntimamente, comprendí que nunca la había amado tanto como entonces, divinizada por el martirio moral que, durante más de una larga década, ella aguantó heroicamente, ¡gracias a mí! ¡Cómo encontré a aquella pobre criatura digna de mi infinito amor!

Me sentí compensado por todo el sufrimiento, todas las agonías, bendiciéndolas por ella. Tomé sus manos frías, las estreché con indecible ternura y le dije:

- ¿Quieres que nuestra larga tortura termine ahora mismo, Elizabeth?

- ¿Cómo, Paulo?

- Me espera un carruaje: escapemos de Berlín y, lejos de nuestros adversarios, podremos realizar el ansiado consorcio.

Ella palideció cada vez más, hasta ponerse color de cera, meditó unos instantes y respondió con una amargura sin precedentes, sacudiendo su rubia cabeza:

- No, Paulo, hoy nuestro martirio aun no puede consumarse. ¿No sabes que mi madre se está muriendo? ¿Cómo podría dejarla en su lecho de dolor, sin poder bendecirme en el momento extremo? ¡Todavía no podemos poner fin a nuestro sufrimiento interminable, querido novio! No construyamos nuestra fortuna sobre una tumba - que tal vez se abriría más rápidamente con mi repentina partida -, ya que no quiero que el cielo nos maldiga ni que el crespón del remordimiento ensombrezca nuestros corazones. ¡Pero el tiempo se acaba, mi Paulo, y están por llegar! Vete sin demora a ver a nuestro único amigo, antes que tus adversarios irreconciliables nos lo impidan. Tomó mi mano, como si sostuviera la de un niño, angustiada y radiante, y me llevó a la habitación donde estaba su madre, en una *chaise longue*, recostada, pálida y lánguida por el dolor y los achaques físicos, revelando una enfermedad grave e incurable en su rostro. Cuando me vio, su agitación era visible, pues me reconoció inmediatamente y habló con tono de ternura maternal:

- Paulo, hijo mío, ¿cuándo llegaste?

- No hace mucho, y espero salir dentro de unas horas. Vine aquí especialmente para estar contigo y con mi nostálgica novia... Solo entonces, a la luz de una lámpara, pude contemplar a la amada Elizabeth, tratando de satisfacer el alma que había estado separada de la suya durante más de diez años... Ya no era la misma Bet de rostro ovalado, nacarado e infantil que yo conocía, pues el sufrimiento la había demacrado y había chupado, como un vampiro, su color rosado de flores de manzano; pero había algo de alabastro y de luz, una dulzura de seres divinizados e incontaminados, la misma expresión de bondad, candor y perfección moral que denuncian los seres santificados por el martirio, a los cuales, ofreciéndoles culto, debemos mirar arrodillados, con el pensamiento elevado a esferas luminosas., ajenos a la humanidad miserable e infeliz.

Mirándola, conmovido hasta las lágrimas, que llenaban mis ojos, por momentos, sin entrar en detalles, expliqué mis planes a las dos santas criaturas, que me escuchaban en silencio. Les dije que había terminado mis estudios y por eso solo tenía un deseo: ¡casarme con quien sufría por mí y a quien idolatraba sin límites! Concluí mis pensamientos en estos términos:

- Elizabeth tiene casi mi edad y encontraremos apoyo a nuestros deseos en las leyes de su país.

- Pero - reflexionó mi tía, tristemente -, ¿dónde y cómo podemos lograr su consorcio? ¿Cuáles son las leyes contra el despotismo de nuestros familiares, que despojaron a mi Bet de mis afectos durante seis largos años? Son capaces de matarlos a ustedes, mis queridos y pobres hijos.

Estaba a punto de responderle y proponerle el plan que había concebido - el secuestro de Elizabeth -, cuando, de repente, como agentes satánicos rojos, furiosos y feroces, aparecieron mis primos en la puerta de la habitación, y, al verme en una afectuosa efusión de ideas, como indicaba nuestra apariencia tranquila y nuestras manos unidas, una repentina blancura de yeso enmascaraba sus rostros, que eran, invariablemente, brillantes.

Rápidamente me reconocieron porque aun conservo muchos rasgos faciales de mi adolescencia. Ni los años pasados lejos, ni los lazos de parentesco que nos unen tan íntimamente, ni un átomo de lástima por un acto que realicé cuando aun era un niño irresponsable, ni la presencia de una pobre madre enferma pudieron mitigar el orgullo y la furia de esos dos hermanos.

¡Individuos truculentos, que me aborrecen como si fuera el bandido más degradado!

Me miraron con desprecio y arrogancia, dejando que sus ojos llameantes, lanzando chorros de fuego diabólico, hicieran estallar su odio hacia mí. Carlos gritó, agitando los puños, como solía hacer para amenazarme, cuando yo era un niño indefenso:

- ¿Te atreviste a venir a esta casa, vil traidor?

Como electrizado, impulsado por potentes baterías, me acerqué a quien había pronunciado aquellas ignominiosas palabras, empuñando un revólver, cuando vi que la paciente se levantaba y, interponiéndose entre los dos, le decía al ofensor, con una energía que no admitió respuesta:

- ¡No lo insultes más, Carlos! ¡Si me desobedeces te maldeciré, serás responsable de mi muerte y Dios no dejará de castigarte severamente!

Luego, cambiando de tono, me dijo suplicante:

- Paulo, te ruego, en nombre de Dios y en el de tu madre, que no rechaces la afrenta que acabas de recibir y que salgas en paz de nuestra casa, para que se evite una desgracia irremediable.

- ¿Defiendes a un traidor, a un francés, madre mía? - Rugió Carlos, de cuyas pupilas dilatadas parecían brotar llamas infernales.

Estuve nuevamente tentado de darle una respuesta equivalente a un insulto, pero de repente vi a mi infortunada tía caer desmayada a mis pies, y Bet - mi novia idolatrada -, correr sobre el cuerpo inanimado, tratando de levantar su cabeza canosa. Y así, arrodillada y sollozando como estaba, me dirigió una mirada inolvidable, entre lágrimas, como suplicándome piedad, protección o que firmara conmigo un pacto eterno de fidelidad y amor. Entonces supe contenerme a tiempo para evitar un delito, le apreté la mano derecha para demostrarle que había comprendido sus pensamientos y luego, mirando altivamente a Carlos, le dije:

- No es el momento adecuado para desafiar mi dignidad, que ultrajaste vilmente, pero todavía podré demostrarte que el temperamento de una espada francesa no es inferior al de una prusiana... incluso la vidente Elizabeth continuó sollozando convulsivamente. Sin haber podido dirigirle ni siquiera una palabra de cariño o consuelo, me fui apresuradamente y, sintiendo a partir de esos momentos una tormenta de odio, desesperación y revuelta hacía estragos en mi cerebro, ya no me era posible olvidar la escena muy conmovedora de la que fui testigo. Ese nicho y esas criaturas permanecieron, hasta el día de hoy y para siempre, grabados en mi mente, como si hubieran sido pirografiados allí, para mi constante tormento. Me parece escuchar, sin cesar, la voz enojada de Mateo que dice, mientras cruzaba el umbral de la habitación con el corazón punzado por el dolor:

- ¡Maldito Devarnier! ¡Arruinaste nuestra familia! Tienes una influencia nefasta y satánica que nos provoca desgracias cada vez que aparece uno de ustedes.

Puedes imaginarte cómo hice el viaje de regreso a Francia, querido amigo. No estoy mintiendo al declarar que, en lugar de llevar esta existencia incómoda como llevo desde que me fui a Berlín, hubiera sido preferible que, en el momento de salir de la residencia de Elizabeth, el sable de Carlos me hubiera atravesado el corazón.

Y llevo casi tres años viviendo así, amigo mío, sin haber puesto fin al drama de mi vida, sin haber recibido la más mínima noticia de mi prometida y sin haber podido todavía regresar a Berlín para cumplir lo que le prometí a Elizabeth. ¿Qué le pasó durante este período de tiempo? ¿Qué nuevos tormentos le han infligido sus verdugos?

Piense en la inquietud y la agonía de mi vida desde entonces, esperando constantemente noticias alarmantes de Alemania, donde ahora el gobierno francés no me permite ir. A veces me pongo más pálido y siento que el corazón se me hunde en el pecho, en una angustia sin precedentes, cuando veo que un extraño se acerca a mí. Creo que solo quieres decir:

- ¿Es usted Paulo Devarnier? Bueno, vengo a informarles que Elizabeth Kceler ha fallecido.

A veces compro un diario Tudesco e, instintivamente, busco la sección de necrológicas, o lo dejo caer de mis manos, sin tener el valor de recibir de repente alguna nueva información deplorable sobre mi prometida.

Así vivo en la amargura. Y lo que más me remueve la conciencia es pensar que la madre de Bet - única criatura que protegió nuestro afecto inmaculado, comprendiendo su intensidad y nobleza -, murió a consecuencia del susto recibido aquella noche que estuve en su casa. Esto significa que mi esposa indefensa debe encontrarse enferma, pisoteada y sufriendo continuos dolores de cabeza por mi culpa. Me parece verla, sin cesar, haciendo una genuflexión - similar a un arcángel de mármol en una tumba -, tal como la vi por última vez, y un pesar innombrable devora mi pecho ¡por no poder arrebatarla al mefistofélico juicio de tres verdugos endurecidos! Sin quererlo, he sido en realidad la causa de la desgracia de tantas almas puras merecedoras de las mejores porciones de felicidad terrena. A veces estoy de acuerdo con mis adversarios: en realidad me parece que el destino nunca deja de perseguirme, que nací de una unión no bendecida por el llamado Creador del Universo y, por lo tanto, traigo desgracias a quienes a quien estoy apegado o que me honran con su amistad. ¡Aun te aviso a tiempo, querido amigo!

- No, amigo mío - respondí - actúas en un error absoluto: el Eterno, la Justicia Suprema no castiga a nadie, por alimentar el más noble de los sentimientos humanos: ¡el amor o la amistad! Solo has sido víctima del orgullo indomable de tus familiares, quienes, injustos contigo, nunca te juzgaron imparcialmente.

Tus primos fueron y son tus enemigos acérrimos desde que te conocieron, siempre se han considerado tus superiores - a pesar del parentesco íntimo que los une -, por odio o prejuicio de raza, que los ciega y que también nos separa, quizás eternamente, a los franceses y a los prusianos, ambos del mismo continente.

No deben, por tanto, persistir en estos sombríos pensamientos de pesimismo o fatalismo.

¿Quieres que te dé un consejo paternal?

- ¡Sí!

- Se me ocurre entonces una idea que someto a tu consideración: ¿por qué no envías un emisario a Alemania para traerle noticias positivas sobre su prometida?

¿No es mejor tenerlas - cualesquiera que sean -, que sufrir el tormento de esta incertidumbre? Es mejor conocer la realidad - por dolorosa que sea -, que permanecer en una angustiosa perplejidad.

- Lo acepto, amigo mío - exclamó -, y lo llevaré a cabo: soy un náufrago y no debo rechazar la cuerda de salvamento que me arrojan tus manos generosas.

Al día siguiente de haber hablado durante tanto tiempo, Devarnier puso en práctica la idea que yo le había sugerido: un emisario salió de Bruselas hacia Berlín, con instrucciones detalladas sobre lo que queríamos obtener: noticias detalladas y positivas de Elizabeth. Esta delicada misión fue confiada a un servicial e inteligente compatriota nuestro, quien hizo enormes esfuerzos para llevarla a cabo satisfactoriamente.

CAPÍTULO VI

Pasaron algunos días sin que tuviera la oportunidad de estar con Paulo Devarnier. Una tarde, suponiendo que estaba enfermo, preocupada por su ausencia, decidí ir a buscarlo a su casa, donde me informaron que mi confidente había partido inesperadamente, hacía apenas unas horas, hacia Francia, en cumplimiento de un deber de servicio militar urgente, y que había dejado a alguien encargado de entregarme una nota expresada en pocas palabras, redactada con plantilla y con visible nerviosismo. Aun los conservo casi ilesos en mi memoria y los reproduzco aquí:

"Llamado inesperadamente a Francia, partiré con el espíritu oprimido por un pesar inexpresable, ya que aun no he recibido de Prusia las noticias deseadas. Anticipando este éxito, le pedí a mi amigo F... que, en el caso que a su regreso ya no me encuentre aquí, le cuente todo lo sucedido durante la misión que está llevando a cabo y, entonces, me hará lo inolvidable favor de darme explicaciones detalladas sobre lo que me interesa saber, sin ocultarme la realidad, por oscura que sea. ¡Adiós!

No sé cuándo nos volveremos a ver, pero supongo que será en nuestra patria, donde continuaremos nuestras conversaciones amistosas. Perdóname por no ir a abrazarte. He estado enfermo de inquietud y me parece que el más mínimo shock moral me dará lo que tanto anhelo: ¡el descanso perpetuo! Sin embargo, antes que me arranquen el último pétalo de ilusión del alma, quiero saber qué está pasando en Berlín. ¡Humanidad sin sentido! Se aferra, al borde de una enorme vorágine, incluso a una mancha de niebla, para preservar su vida, cuando sería más racional arrojarse, voluntariamente, al fondo del abismo, por aterrador que sea. Le dejo la dirección de mi hostel en París. Un sentido abrazo de despedida del desafortunado Paulo."

Unos días después de recibir esta advertencia, me encontré agitado por los acontecimientos que, inesperadamente, me hicieron infeliz en Bruselas.

Me amenazaron, aun en el exilio que amargó mi existencia durante casi dos décimas de siglo, de ser expulsado de suelo belga, por haber ofrecido asilo, en mi propia casa, a compatriotas perseguidos, ex patriados como yo, cuando iba a ver el mediador de Devarnier. Lo hice sentar y me dijo:

- Señor, ya no me encontré con nuestro amigo común Paulo en Bruselas y fue mejor así. Los informes que he recogido son casi todos desfavorables para nuestro compatriota.

A continuación, les informaré brevemente de todo lo acontecido en relación con el desempeño de mi encargo.

Llegado al final del viaje, fui, según las instrucciones recibidas, a la casa de la prometida de Paulo, pero la encontré ocupada por otros residentes. Después de una investigación rigurosa, supe que la Sra. Elizabeth se encuentra prisionera en una residencia aislada - y más grave, después de la muerte de su madre -, y solo puede aparecer en una ventana acompañada de uno de sus verdugos. Actualmente vive como valetudinaria y espiada, en compañía de su anciano padre quien, por momentos, demuestra que ya no quiere frustrarla en su aspiración de tener una relación con su primo, temiendo que ella sucumba al dolor, como ya le pasó a su esposa. Pero los hermanos de la víctima, que odian cada vez más a Devarnier, no relajan su rigor, no dejan entrar material de escritura en la casa, para que la desafortunada reclusa no pueda transmitir sus pensamientos a su lejano prometido.

Hace unos meses su situación empeoró, ya que sus hermanos querían obligarla a casarse con un oficial del ejército austríaco - quien ignora por completo el compromiso que existe entre su futura esposa y su primo -. Sin embargo, es posible que este vínculo no se realice porque la Sra. Elizabeth está gravemente enferma. No pude hablar con ella, pero logré enviarle - mediante un generoso salario pagado para este fin -, una larga misiva de Paulo, que ciertamente fue leída en secreto, entre lágrimas, a altas horas de la noche, mientras sus opresores dormían sólidamente.

Designé, en la misiva que adjunté a la de Paulo, la hora exacta en la que pasaría por su dirección para recibir la respuesta que buscaba, dándole detalles sobre mí y diciéndole cómo procedería para que no cometiera un error. No sabía lo difícil que era para la desafortunada prisionera escribir, sin el material esencial, y por eso casi no conseguí lo que quería. Le dije que me confiaría solo a mí su respuesta, para que no quedara ninguna duda sobre su identidad.

En el momento acordado, hice una señal casi imperceptible con la mano derecha, a la entrada del jardín - vallado por una verja y una cerca de hierro, que dan acceso a la casa, una fortaleza de estilo casi medieval, situada en las afueras de Berlín, inexpugnables - y suplicaba un óbolo, con voz quejosa y estentórea, a los vecinos que se encontraban en uno de los grandes ventanales apuntados, de extraordinario espesor, reconociendo en ellos a Elizabeth, su padre y uno de sus hermanos.

Ella sabía, advertida como creía estar, de la estratagema que yo utilizaría y noté su sorpresa cuando acudió a su padre para hacerle una petición, muy pálida, vestida con una amplia bata blanca como la nieve, que le daba la aparición de un ser inmaterial, a punto de emprender el vuelo supremo.

Entendí, debido a su ansiedad, que el hermano era el que quería bajar para rechazarme o darme una limosna insignificante. El padre; sin embargo, accedió al pedido de la paciente, quien desapareció por un momento dentro de la casa, apareciendo más tarde en compañía de la criada, a quien le había pagado para que le entregara la mencionada carta. Una vez abierto el portón, Elizabeth, extremadamente pálida, bajó unos escalones de la escalera principal y, en lugar de darme un regalo, colocó en mi sombrero esta nota, escrita en la página en blanco de un librito - quizás de oraciones -, con tinta roja parecida a la sangre, que supongo extraída de alguna flor brillante del jardín de su prisión.

"Hola, señor. Te lo doy para que se lo envíes a nuestro amigo Paulo Devarnier."

Lo leo en unos momentos. Estaba, más o menos, escrito en estos términos:

"¡Mi tormento casi ha terminado, Paulo! Tu Bet morirá fiel a nuestro afecto indisoluble, si no puedes, lo antes posible, sacarla de esta prisión. Me hiciste feliz por unos instantes con la noticia que me dio un generoso desconocido. ¡Gracias! Ya no puedo luchar, mi Paulo, y si tú no eres capaz de poner fin a nuestra gran prueba, mis días están contados. ¡Sálvame! Hasta cuando Dios quiera unirnos. Te extraño a ti y a toda tu alma ansiosa - Bet."

El intermediario de Paulo Devarnier añadió:

- Así, señor, cumplí mi misión. Le pido, ahora, que transmita a nuestro amigo ausente todo lo que acabo de contarle. Lamento no haber podido traerle más gratas noticias a nuestro querido Paulo. Me parece, por lo que dijo la criada de Elizabeth, que los verdugos de la prometida de Devarnier la obligaron a casarse con un oficial austriaco de alto rango, algo anciano, para dejarla en paz.

¿Podrá resistir durante más tiempo la presión a la que está sometida? ¿Cuál será el desenlace de este drama de la vida real? ¿Qué complot idearán los adversarios de Paulo para deshonrarlo? Éstas son las preguntas, señor, que me he hecho durante estos días en el cual me encontraba cumpliendo mi misión, haciendo esfuerzos para recabar información que pudiera aclararme la verdadera situación de Elizabeth, me enteré que la fecha de su matrimonio ya está fijada próximamente y es algo decidido por sus verdugos. No olvides dar esto. Una aclaración al querido Devarnier. Ahora me despido de usted y le aseguro mi más sincera admiración.

Agradecí, como si fuera el propio Devarnier, su escrupuloso e inteligente emisario. Desgraciadamente, no pude exonerarme inmediatamente de la tarea que me habían encomendado, debido a la fase turbulenta que estaba pasando mi existencia en aquella ocasión, cuando fui expulsado del territorio belga. No me refiero a este episodio sumamente doloroso de mi último peregrinaje planetario sino para demostrar las causas poderosas, o las imposibilidades que me impidieron cumplir prontamente un deber hacia un amigo de lo más entregado.

Poco después de haber escrito detalladamente a Paulo, contándole todo lo que había sabido a través de su emisario, cuando ya estaba lejos de Bruselas, fui desagradablemente sorprendido por la noticia de un duelo a muerte, que había tenido lugar en Francia, clandestinamente, entre un militar tudesco y Devarnier, y todos ignoran la ocasión de este encuentro. Mi pobre amigo había sido herido de muerte por su competidor quien, tras el duelo, se suicidó.

Durante algunos meses estuve consternado, considerándome casi responsable de lo sucedido y sin comunicar inmediatamente a Devarnier la información que el enviado había obtenido. Por tanto, no tuvo tiempo de actuar eficazmente para liberar a su novia de las garras de sus verdugos, porque, lamentablemente, la ocasión en que debería haberlos recibido había coincidido con el desenlace de una tragedia en la que, contra su voluntad, había se vio implicado.

Intenté averiguar la identidad del oponente de mi compatriota - porque el periódico parisino en el que leí el relato del triste éxito solo mencionaba las iniciales de los beligerantes -, y supe, a través de un amigo residente en Francia, que se trataba de uno de sus primos, Carlos Kceler, quien, atormentado por el remordimiento, después de haber asesinado a un casi hermano, habiendo enfriado su furia al ver la sangre de alguien que se había dejado matar sin defensa - ciertamente bajo el control de un disgusto insoportable -, se suicidó después de algunas horas de verdadera compunción, ante enterarse que su víctima ya había fallecido.[9]

¿Cómo; sin embargo, se produjo este encuentro militar en París y no en Berlín? ¿Cuál fue la causa que precipitó el desenlace de una tragedia que, por momentos, había previsto, pero no tan

---

[9] Cementerio de París, donde se encuentra el dolmen de Allan Kardec.

sangrienta? ¿Habría intentado el infortunado Pablo, judicialmente, emancipar a su novia de un yugo nefasto, secuestrada en su propia casa? ¿Había recibido entonces la carta que yo le había escrito antes del desastroso duelo? ¿Qué había pasado con la desafortunada Elizabeth?

Solo supe que Paulo Devarnier, atacado por una fiebre violenta, a consecuencia de la herida que recibió de un estoque y que había herido sus pulmones, sucumbió casi loco, en un delirio y en un sufrimiento indescriptible.

CAPÍTULO VII

Nunca volví a saber de Elizabeth y, poco a poco, la tragedia, en la que ella y Paulo figuraban como protagonistas y que me había mortificado profundamente durante unos meses, se fue diluyendo en mi cerebro, como en el atardecer, a punto de ser invadido por oscuridad, el último y fugaz destello del crepúsculo se desvanece. Cuando la recordé, sentí una pena efímera, que tiñó mi corazón de tonos violetas: era justamente el anhelo que sentía por el amigo que había desaparecido trágicamente.

Tan pronto como finalmente pude regresar a mi tierra natal, una de mis primeras ideas fue visitar la tumba de Paulo y hacer consultas sobre ella, a través de su tío, cuya dirección era idéntica a la de su sobrino, a quien me había dejado cuando él jubilado, si es de Bélgica.

Le escribí pidiéndole unos momentos de atención y expresándole mi deseo de ir al Père-Lachaise, donde sabía que yacían los restos de mi amigo. Me respondió amablemente que estaba esperando mi visita a su domicilio. El coronel Félix Devarnier era congraciador y, aunque un poco mayor, guardaba un notable parecido con su difunto sobrino. Me dio una calurosa bienvenida y me habló largamente del difunto, con los ojos húmedos de lágrimas, mostrándome muy agradecido por el recuerdo que tenía de buscarlo:

- Gracias - me dijo muy conmovido -, por el amistoso interés que te inspira el desgraciado Paulo, mi querido hijo, a quien he vivido aislado, sin otra amistad sincera que la que él me dedicó, desde que perdí a mi único hermano, su padre, que había confiado en mí antes de dar su último suspiro, por lo que solo con gran desgana permití que mi cuñada se lo llevara a Alemania, lo que dio lugar al conmovedor drama que vivimos arrepentirse hoy.

Me dediqué a Paulo desde que regresó de Prusia, reconociendo siempre en él una rara nobleza de carácter y unos sentimientos muy elevados. ¡Puedes apreciar, por tanto, cuánto me conmovió su bárbara muerte! Si pudiera ver cómo se extinguió su vida, señor, habría sentido pena: murió delirando, en una desesperación que hacía llorar un corazón de piedra, porque, antes de ser herido, supo que la desdichada novia, obligada por sus hermanos a casarse con un viejo soldado austríaco, había terminado ¡Suicidándose en su noche de bodas, para mantener la lealtad a quien tanto adoraba y era digno de su amor!

Uno de los hermanos de Elizabeth, llamado Carlos, sabiendo que su hermana había sacrificado su propia existencia para permanecer fiel a su amado primo y prometido, lo consideró el único responsable de esta desgracia, lo que alimentó aun más su odio hacia mi sobrino. Entonces vino, especialmente a Francia, para enfrentarlo y retarlo a duelo - que lo ignoré por completo, hasta el momento en que trajeron aquí a mi pobre Paulo, irreparablemente herido. Lo que puedo decirle, señor, es que el remordimiento obligó al asesino de mi sobrino a medir el alcance total de la iniquidad que había cometido. Sació el odio que votó por su primo, no pudo resistir las ardientes incitaciones de un reproche secreto, que ciertamente removía su conciencia. Reflexionó sobre las injusticias infligidas a sus víctimas e hizo como el propio Iscariote: se suicidó, tal vez suponiendo que, de este modo, se liberaría del recuerdo de los crímenes que había cometido durante muchos años, de forma inhumana.

Estuve ausente de París, cumpliendo un deber militar, el día que mi difunto sobrino fue provocado por Carlos Kceler y por eso no pude evitar ese maldito duelo. Recién cuando regresé me enteré., viendo a mi pobre Paulo guiado por sus testigos, con el pecho atravesado por un profundo golpe de estoque.

¡Calculen mi sorpresa y mi dolor! Él, siempre obediente a mis consejos, realizó un acto gravísimo sin mi consentimiento, porque, ciertamente, el malestar que padecía lo dominaba por completo, perturbando su razón, volviéndolo casi loco. Seguramente, amigo mío, no sé qué pasó con mi sobrino. Solo sé que terminó un doloroso drama de rencores injustificables, ignorados por todos en nuestras relaciones. La familia de la madre de Paulo nunca había perdonado el crimen que había cometido un patricio nuestro al casarse con uno de sus miembros por amor, sin recordar - cerebro satánico de Elizabeth -, lo afortunada que había sido mi cuñada al tener a su lado a su amado consorte, quien la adoraba, y que lo mismo le hubiera pasado a su sobrina, si hubiera logrado realizar sus loables y dignas aspiraciones, casándose con su primo, quien le demostró su incomparable cariño.

- ¡Lamento todo lo que le pasó al querido Paulo y comparto tu gran y justo dolor!

- ¡Gracias! Siempre es reconfortante encontrar un corazón amigo que nos comprende y comparte nuestras penas más profundas. ¡Gracias! Estoy a vuestra disposición para mostrarle dónde descansa para siempre mi Paulo.

- Nos espera un carruaje. Podemos irnos ahora mismo, si quiere.

- Sí, su deseo es, para mí, una orden sagrada, que cumplo con la mayor gratitud.

- Antes de partir, querido señor, quiero hacerle una pregunta más: ¿No recibió el desgraciado Paulo una larga carta que le envié, enviándole otra de Elizabeth?

- No señor; fui yo quien las recibió, precisamente el día en que expiró mi sobrino: y, como todas las revelaciones que contenían llegaban tarde, las coloqué en el ataúd mortuorio, casi convencido que así él podría conocer su contenido. También eran flores, enviadas por las lejanas manos piadosas de la novia y de una amiga, para confundirlas con las que desbordaban su ataúd. Sufro, recordando el triste destino de Paulo, pero ¿quién, en este mundo, es capaz de romper las cadenas del destino o de la fatalidad, que nos atan a la desgracia?

Después, en silencio, el serio coronel Devarnier y yo nos dirigimos, en un vehículo veloz, a la gran necrópolis parisina, donde estaba enterrado el cuerpo de Paulo y, en pocos instantes, nos acercamos a su tumba, recientemente construida por Ivo Carrara, en un hermoso estilo renacentista, coronado por un arcángel suplicante y lloroso, que podría simbolizar el luto de nuestra patria por el fallecimiento prematuro de uno de sus hijos más dignos, como la visión que lo torturó en vida: la de la amada novia, sollozando, haciendo genuflexión a los pies de su madre delirante, que la había visto por última vez. "Sí – pensé –, ¡este arcángel es también una Elizabeth jaspeada, que llora su destino fallido! El corazón es un profeta, porque predice el futuro."

Así se expresan los supersticiosos; pero hoy, con mi intelecto despejado por el conocimiento trascendental que he adquirido, sé que no es el órgano decantado – considerado el alijo de todos los sentimientos –, sino nuestro propio espíritu el que, en cada uno de sus estadios planetarios, y en pleno acuerdo con obras altruistas o nocivos, realizada en la encarnación anterior, aloja, de forma indeleble, en sus hojas, las sentencias divinas relativas a su destino. A veces, en rápidos vistazos, realiza una autolectura y, así, muchos secretos del futuro se le revelan claramente, así como un suave aroma revela la existencia de una flor, oculta a nuestra vista, pero no lejos de nuestros sentidos del olfato.

Por eso muchos de los presagios de Devarnier se hicieron realidad es que las páginas de tu futuro fueron leídas por su propia alma, antes que los dedos del implacable tiempo las voltearan, que las destruyeran, desgarrándolas una a una, cada día, hasta llegar al último, cumpliendo todo lo que en ellas estaba escrito… el folio completo del destino de Paulo.

Pocas emociones, en mi última peregrinación a este planeta, sacudieron tan vivamente mi corazón, como cuando descubrí la frente grisácea en el borde de aquel impasible mausoleo…

Una tristeza indefinible llenó mi pecho cuando vi al tío de mi infortunado amigo postrado, con la cabeza inclinada, un pañuelo velando sus ojos nublados por las lágrimas. Tampoco pude contener las lágrimas que, en oleadas, corrían por mi rostro, como si estuviera en la tumba de un hijo amado, lo que de hecho me sucedió durante mi existencia final. Qué triste no tener entonces, como ahora, la certeza inquebrantable que la vida humana es una cadena sin fin, una cadena que se compone de muchos eslabones, cada uno de los cuales termina en la tumba, para ser soldado nuevamente en una encarnación posterior hasta que el espíritu adquiere altas facultades, o alcanza la perfección. Si aquel día me hubiera encontrado ya iluminado por verdades siderales, me habría sentido afortunado, no debilitado, y habría dicho al consternado coronel Devarnier:

- ¡Nos veremos de nuevo, amigo mío!

Aquí solo está la crisálida perecedera, una de las vestiduras de Paulo, una de esas que los gusanos han corroído, mientras su alma, falange de luz, ya está partiendo la extensión cerúlea, donde nosotros todavía encontraremos, donde solidificaremos los lazos de afecto recíproco y fraterno que unen nuestros espíritus y se volverán eternos e indestructibles. Por lo tanto, no debemos lamentarnos por su libertad, ya que estamos ansiosos por el momento de emanciparnos de los dolores y desilusiones terrenales....

Ese día; sin embargo, muchos problemas relacionados con la supervivencia de la inteligencia imperecedera - el alma -, todavía eran insolubles para mí y, por eso, lloré ante la tumba de Devarnier como si nunca fuera a verlo y representara su hogar final. Me incliné, sensibilizado, al borde de una tumba, cuando debería haber levantado la frente al infinito. Me hundí, por unos momentos, en un profundo silencio y desesperación, cuando debería haber liberado el espíritu, mediante una oración vehemente dirigida al eterno. Así, en esos magníficos segundos, me sentiría fortalecido y tal vez lograría levantar una punta del velo que cubría los llamados misterios del más allá, inspirados en Osiris. [10] Pero, en aquel momento, aun bajo el control de las pasiones humanas, solo supo deplorar la muerte de un joven entregado. Luego, entristecido, me separé del coronel Devarnier y seguí, durante algún tiempo, cubriendo de flores el mausoleo de Paul.

Hoy; sin embargo, puedo decir a quienes están perplejos al borde de una tumba, anhelando descubrir los arcanos que ésta esconde en su núcleo:

Investigadores de verdades trascendentes: ¡nada es aniquilado por la muerte, ni siquiera la materia, que se transmuta en miríadas de seres rudimentarios, dando lugar a vibrios y savia de vegetales, que se adornan con flores!

La muerte no es, como generalmente se dice, el sueño eterno, es más bien el despertar del alma -que se encuentra en letargo mientras está constreñida en el caso carnal-, despertar que a veces dura un tiempo muy limitado, porque debe volver a Tierra, para llevar a cabo una nueva misión; no es la desaparición de ninguno de los atributos del alma; es la revitalización y el resurgimiento de todos ellos, como cuando la inteligencia se ilumina como por una proyección eléctrica, para revelar todas las heroicidades y todos los crímenes perpetrados en el curso de una existencia. Es solo descanso para el espíritu incontaminado, libre de crímenes y cuya vida planetaria fue fecunda en lágrimas y actos de abnegación. La vida material es la asfixia del alma en una tumba putrescible, hecha de músculos y huesos. ¡La muerte es la expansión de potencias indestructibles, anestesiadas desde hace algunos años, pero que de pronto se intensifican y constituyen las alas que impulsan el centelleo deífico hacia el Espacio, todas ellas esenciales para la consecución de la perfección suprema!

Algunos brillos más se apagaron después que fui, por primera vez, a la tumba de Paulo Devarnier, y yo también dejé de

---

[10] Uno de los dioses del Antiguo Egipto, protector de los muertos.

habitar ese orbe: había completado una de mis pruebas terrenales más arduas, porque, si a veces la gloria rozaba mi frente con sus plumas brillantes y níveas, amarguras indescriptibles, amargas decepciones, reveses ignorados, maceraron muchas veces mi corazón. Guardo silencio; sin embargo, sobre la adversidad con la que he luchado a menudo, que ha traspasado mi alma, hiriéndola eficazmente en lo más profundo del dolor, afilándola como el acero, dándole un temperamento más duro, haciéndola apta para la presa del deber, invulnerable al mal – para poder retomar la urdimbre de Paulo Devarnier.

En los últimos años de mi viaje por este planeta, el drama familiar que ustedes conocen parecía extinguirse, en su totalidad.[11] Sin embargo, liberado de materia, tuvo para mí continuación, y el epílogo solo puede dibujarse con el paso del tiempo, que todo lo consume y aclara.

La vida humana - de la criatura que parece más humilde, carente de interés, aburrida -, es un romance perenne, tiene momentos conmovedores, heroísmos y degradaciones en series incesantes, y, si hay un - fin - para ella, solo el Eterno lo hará. Sepa marcarlo, he aquí, con caracteres brillantes. Sin embargo, dejo atrás digresiones filosóficas y concluyo la primera estrofa de esta narración para hacerles saber la alegría que experimenté al encontrarme con el noble Devarnier en medio del espacio. Como era natural, al encontrarlo le hice afectuosas preguntas y las respuestas que me dio constituyen las páginas adicionales de su confidencia, agrupadas bajo el título de *Entre la sombra y la luz*. Verás que brilla su lenguaje vigoroso y conmovedor, emanado de un espíritu lúcido y refinado en duras batallas morales.

Al leerlos, probablemente meditarán, lectores, sobre las consecuencias nefastas de estas desarmonías familiares, tan comunes; sin embargo, en la historia de los pueblos, y evitarán, en la medida de lo posible, enjaular en sus corazones sentimientos de odio reprobables, venganza, traición, asesinato.

---

[11] Completamente.

Probar, aprender, evolucionar, alcanzar la meta espiritual: es el destino humano. Quien comete un delito obstaculiza el progreso del alma, convirtiéndola en una galera de sufrimiento.

Lo que consideramos oscuro e ininteligible durante nuestra vida corporal, parece fácil de comprender cuando podemos liberarnos en el firmamento. Así, los enigmas insolubles para la ninfa humana son simples ecuaciones para la mariposa espiritual.

No les sorprenda, por tanto, que, una vez, llorara la pérdida de un amigo, con el alma ansiosa por investigar los arcanos sepulcrales, y que, más de cuatro décadas después, tras haber reproducido la fiel exposición de uno de sus acciones más prolífico en movimientos patéticos, puede sumar innumerables episodios, detalles ignorados por todos en este mundo.

Como en Bruselas, le dejé expresar su pensamiento sin interrupción. Cedo las páginas de esta novela a su segunda confesión, haciéndome solo el transmisor de lo que me mencionó, tal como ocurrió desde el momento en que se consumó aquel nefasto duelo, hasta su ingreso a uno de los mundos que son remansos de paz y felicidad para los héroes espirituales, después de luchas que dejan el alma magullada, como herida, pero con cada gilvaz producido por la espada del dolor un foco brillante, con un brillo igual al de las estrellas más brillantes.

La existencia orgánica de Paulo Devarnier, extinta y llena de juventud, fue entonces sustituida por la psíquica - en la que se integran todos los atributos del espíritu -, y, por tanto, puedo asegurarles que siguió sufriendo, aprendiendo los imprevistos. cosas relacionadas con su superación moral, para regresar una vez más al planeta donde todavía lo atormentaban el sufrimiento, el odio y un sentimiento inmarcesible, sin lograr durante mucho tiempo ver hecho realidad su sueño favorito, que alimentó en vano en un corto período, pero tumultuosa vida: su alianza con Elizabeth.

LIBRO II

En la escuela del infinito

CAPÍTULO I

Si todavía perteneciera al planeta en el que viví el siglo anterior - fértil en prodigiosos imprevistos e inolvidables -, esta sucinta, pero conmovedora novela estaría completamente terminada, lectores, con el punto final que, para muchos de ustedes, la muerte pone en el momento final, la página de una existencia, esculpiéndola en la blancura inmaculada de las tumbas, que participan de la congelación y del indiferentismo que le dan al gran misterio de la desaparición de una criatura del proscenio de la vida, para esconderse en el penumbra de un *backstage* que, por parecer oscuro, inescrutable, casi ninguno de ustedes intenta desentrañar. Sin embargo, les digo que la vida espiritual es un complemento muy ampliado de la otra que es susceptible de extinción: la vida orgánica. Los sentimientos, a veces anónimos, chocan y conflagran en el alma sufriente e indestructible - cuartel general y arena de todos ellos -, y muchas veces aparecen más ardientes y violentos que antes; las facultades intelectuales adquieren mayor lucidez. Los seres recién liberados de la clámide carnal comprenden la causa de nuestras desgracias terrestres; lamentan no haber cumplido con rigor y heroísmo sus misiones y sus deberes sociales y divinos; vagan en el espacio y en la selva humana, esparcida por los continentes, en medio de los cuales dejaron afectos severos e indisolubles, otras veces pasiones impuras, encadenados, espíritus y hombres, recíprocamente, por el amor y el odio.

El amor y el odio son grilletes que forjan los sentimientos, uno hecho con fragmentos de estrellas, el otro con bronce caliginoso, ambos encadenan las almas a través del vertiginoso galope de los siglos, hasta que la luz triunfa sobre la oscuridad, como Hércules de la Hidra de Lerna.[12] Los escenarios cambian, pero los artistas siguen siendo los mismos, hasta que la aspiración de mejorar sus poderes les penetra la psiquis, el deseo de progresar y ascender a los orbes brillantes. Luego regresan a la etapa de la vida planetaria, donde vienen a realizar penosas tareas, a sufrir dolores incomprendidos o a practicar dedicaciones sublimes, sin que, por ser sus vestimentas corporales diferentes, sean incapaces de reconocerlos, ustedes que no conocen la suya y lo que alguna vez fuiste.

Este gran problema, hasta hace poco insoluble - el destino de la humanidad *post-mortem* - tiene hoy una solución evidente e indiscutible, aunque todavía exista una falange de escépticos y obstinados que quedarán fatalmente desilusionados al cruzar los umbrales que dan acceso a la morada salvaje de Átropos[13], donde solo se guardan los restos inanimados de las turas. Quienes esperaban ansiosamente la nada, o el descanso, quedan aterrorizados y perplejos, reconociendo que hay continuidad entre la vida orgánica y psíquica. Entonces, como relámpagos ininterrumpidos, en el cielo oculto que cada uno lleva dentro de sí - la mente -, estallan los argumentos que, a medida que el espíritu evoluciona, se aclaran. Se establece un enfrentamiento entre la vida planetaria y la vida de ultra tumba, y las dos aparecen en un primer momento, en los surcos del alma, como la primera y extrema guarida de la Humanidad, simbolizada por la cuna y la tumba, luciendo así como el antítesis de eso. Sin embargo, a medida que pasan los años, ambas se confunden: ¡son los pródromos de una vida, el comienzo de una nueva existencia! ¿Qué es, en realidad, la cuna? Primer asilo que protege una minúscula envoltura tangible del alma, procedente de los confines exteriores, como una golondrina emigrada de una región lejana y que, tras un viaje

---

[12] Monstruo fabuloso, con siete cabezas que crecieron a medida que fueron cortadas. Fue asesinada por el heroico Hércules (semidiós griego).

[13] Una de las tres Parcas – diosas griegas –, que cortaron el hilo de la vida, que las demás tejieron.

agotador, aterriza, llena de cansancio, en el primer nido que encuentra.

La vida corporal no es, por tanto, más que un breve paréntesis abierto en la eternidad, del que la tumba es el preámbulo, el comienzo de otra existencia, la del Más Allá, más prolongada e integral que la interrumpida por la muerte. Es el regreso a la patria eterna, después del invierno de dolores y pruebas, del que el espíritu podrá escapar si su misión terrena, corta o larga, es un ejemplo incesante de virtud, de abnegación, de deberes austeros, cumplidos. La cuna, por tanto, simboliza el regreso de un alma a la Tierra, donde, ensombrecida por sus poderes más brillantes por un eclipse que a veces dura décadas, se adormece, como una crisálida atrapada en un espeso capullo. La otra, la tumba, que parece ser el fin de todas las cosas perecederas, es donde ella despierta del letargo que la mantenía encadenada al limo infectado - el cuerpo -, que se metamorfosea, en el incomparable laboratorio de la Naturaleza, en larvas voraces y repulsivas. y en flores olorosas: es el regreso a la verdadera patria, de donde fue exiliada, después de un momento de dolor infinito, que parece durar milenios: la vida material.

Y así, después de muchas consideraciones, a veces en el espacio, a veces en la Tierra, uno llega a la conclusión que lo que parecía un antagonismo en el espíritu neófito no lo es en realidad; solo hay diversidad de nombres o ubicaciones. Así, cuna y tumba se confunden, porque una es corolario de la otra, siendo ambas, emblemas del comienzo de dos existencias: la planetaria y la espiritual.

Una es el retorno del alma a un escenario restringido, donde representa una farsa, o un drama, en el que hay movimientos burlescos, trágicos o heroicos, según las potencias psíquicas ya florecidas y el deseo que posee de evolucionar, de cumplir una sentencia divina, sin transgresión. Entonces puede volverse oscuro, tenebroso, si practica lo que no es lícito; fulgido y alvinitente, si se desempeña bien, exclusivamente. La tumba es el regreso del espíritu a la extensión celestial, la liberación de un cóndor encadenado en un estanque, su entrada en un proscenio, que tiene como entorno el éter y donde las estrellas titilan perpetuamente. Sombra y luz, cuna y tumba, muralla y libertad eterna: este es el destino de cada alma definido, con períodos de lucha e intervalos de descanso, hasta que pueda, un día, liberarse a un vuelo definitivo al firmamento constelado, desde donde nunca volverá a este orbe, salvo en cumplimiento de excelentes misiones.

Vuelvo ahora al argumento de la novela que me propuse explicar en estas páginas.

Había pasado el tiempo: un analgésico para casi todos los sufrimientos, un narcótico que anestesia todos los recuerdos, por muy excitantes o absorbentes que sean los éxitos que los grabaron en la memoria, por muy vibrantes que sean los sentimientos que destellaron en el alma, dejando en ella surcos, fuego que parecía inextinguible, como la radiación de las estrellas, en los momentos en que lo iluminaban y quemaban. Después de unos diez años, casi había olvidado el drama familiar que tenía como protagonista a Paulo Devarnier, cuya vida agitada quedó en mi memoria como un sueño fugaz, pero doloroso, cuando, al final de la existencia en la que éramos compatriotas y amigos, Lo reconocí en uno de esos benévolos y develados protectores que esperan la desmaterialización de los seres queridos, para iniciarlos en los austeros arcanos del Más Allá, haciéndoles recordar que, en ocasiones, han estado en lugares siderales.

Al volver a ver a mi querido amigo, cuya desencarnación tuvo lugar en Fáris, mis emociones fueron intensas y, más que nunca, me convencí que la amistad, cuando es digna de ese nombre, cordial y honesta, no se desmorona ni se pulveriza con el corazón que la contenía y que se desmorona en la tumba: se extiende Más Allá de la tumba, como las raíces de un cedro se hunden profundamente en la tierra del Líbano, solidificando el árbol, volviéndolo inquebrantable, secular, poderoso.

Nos reconocemos fácilmente gracias a la famosa transmisión de pensamientos que, en las personas desmaterializadas, es admirable e indescriptible. Hicimos confidencias mutuas y amistosas; le interrogué sobre el pasado, desde que nos separamos en Bruselas, y luego, con la sinceridad que es prerrogativa de los seres nobles, me hizo una confesión detallada, que entrego por completo a las páginas de esta sugerente historia, que tú, ya conociendo el principio, soy consciente que todos los lectores aplaudirán mi idea, porque el lenguaje de Paulo tiene un encanto indescriptible, hace vibrar, conmueve, toca corazones, es expresivo y convincente.

- "Hola:

Mi querido e inolvidable amigo - me dijo, mientras nuestros espíritus dividían el espacio, como si fuéramos pájaros huyendo de una región polar, perpetuamente desgarrada por la dura hibernia - la Tierra -, en busca de un eterno manantial de luz - el firmamento -, te describiré, con calma, lo que me ha pasado desde el momento en que nos separamos en Bélgica. Utilizaré la misma lealtad con la que una vez te conté todos los episodios de una existencia siniestramente interrumpida en París.

Bien sabes que fui llamado inesperadamente a Francia, donde regresé como un hombre encadenado que cumplirá, en una isla prisión, las inexorables exigencias de la sentencia a la que lo condenaron, llevando mi corazón magullado por un sufrimiento inexpresable.

Al cabo de unos días, sin haber recibido la información deseada que había enviado a recoger a Berlín, me encontré una tarde, desanimado y aprensivo en mi oficina, tratando de aclarar mi cerebro, nublado por pensamientos atroces, con algunas lecturas útiles. Sin lograrlo; sin embargo, comprender ni asimilar ni una sola de las ideas explicadas en el libro, que apenas tenía en mis manos, todas las cuales se me presentaron como indescifrables enigmas egipcios, cuando un orador me anunció la presencia de uno de mis primos, el que se llama Carlos, ¡en mi casa! En apenas unos segundos, hice innumerables suposiciones, argumentos angustiosos para mí mismo, mientras reparaba el baño para encontrarme con él. ¿Me buscaría como adversario o como amigo? ¿Me daría noticias sobre Elizabeth? Después de todo, ¿daría su consentimiento a nuestro consorcio? ¿Sabía que envié un intermediario a Berlín? ¿Había muerto mi amada novia? Todavía me estremezco, querido amigo, y sufro, recordando aquellos momentos de inquietud y amargura en los que un sufrimiento superlativo, como un látigo de llamas, desgarraba mi alma hasta los últimos instantes de la turbulenta existencia en que nos conocimos.

Llegué a la sala sin saber si debía acercarme a él. Cuando lo vi; sin embargo, comprendí, mientras me miraba con chispas de odio, que me odiaba más que nunca. Sus primeras exclamaciones confirmaron mis dolorosas sospechas:

- ¡Vengo, desgraciado, a exigirte una deuda de honor! ¡Quiero quitarte la vida a quien hizo infeliz y deshonrada a mi familia, de la que hoy quedan pocos miembros!

- ¡Seguro que estás loco, Carlos! ¿Qué hice para que me acuses injustamente?

- ¡Fascinaste a esa desafortunada Bet!

- ¡Amar no es un delito castigado por las leyes sociales! ¿Por qué te opones a la realización de nuestra felicidad?

- ¡Bastardo! ¡Ella ya era la esposa de otra persona y, por tu culpa, acabó con su existencia!

¡Allá! ¡mi amigo! Han pasado tantos años - medio siglo, diría -, desde que escuché aquellas palabras que penetraron en mi corazón como puñales envenenados; vuelvo ahora de nuevo a la Tierra, a ese planeta de arduas expiaciones, donde el dolor se siembra con la misma profusión que las estrellas en todo el infinito, y; sin embargo, todavía no puedo recordar sin un escalofrío de viva emoción tan atroces palabras, que me hicieron entrar en el delirio, que golpeó mi alma sensible, afectuosa, ávida de noticias de mi amada novia. ¡Me pareció que un terremoto repentino, un cataclismo ocurrió en mi espíritu, o que vampiros de fuego me estaban absorbiendo! ¡Cómo me habían informado de la muerte de aquel ser idolatrado, de Elizabeth, de su suicidio para serme fiel! ¡Brutalmente, en serio!

Sé que, cegado por el odio y la desesperación, en el colmo de mi sufrimiento exclamé:

- ¡Infame! Si vienes a quitarme la vida ¿qué esperas, si ya me has asesinado con tus crueles revelaciones?

¿Por qué retrasas el momento de alimentar tu rencor en mi sangre? ¡Hazme al menos este bien después de haber destruido bárbaramente, para siempre, mi felicidad y la de tu pobre hermana, de la que nunca has sentido lástima, pantera!

- No quiero quitarte la vida como un verdugo o un bandido. Sin embargo, pospondré nuestro encuentro para mañana, en el lugar que elijas, ya que no conozco París. Así, nuestras armas decidirán cuál de nosotros tiene la Justicia Divina de su lado. Se acerca el momento tan esperado para que podamos evaluar el temple de nuestras espadas, como dijiste aquella fatídica noche en que viniste a mi casa, por la que ya habías llorado una vez, para provocar otra desgracia: ¡la muerte de mi madre!

Después de decir estas palabras me arrojó una tarjeta con la dirección del hotel donde se había alojado, me dio la espalda y desapareció.

Aunque bajo el control de una pesadilla satánica y asfixiante, tomé todas las medidas necesarias para que el duelo se celebrara al amanecer. Mi tío Félix estaba fuera cumpliendo una misión militar. Mi espíritu estaba tan trastornado que tomé una decisión muy seria, que fue exponer mi propia vida, sin consultarlo, sin escuchar sus amables consejos, sin siquiera decirle una palabra de despedida o de infinito agradecimiento por todo lo que había hecho por mí... ¡Me encontré, pues, enteramente solo, en aquella noche interminable de dolor supremo! A veces, como si hubiera perdido la noción de la realidad, creía ver a mi querido protector a mi lado y entonces le expliqué, con voz alterada, toda mi desgracia; le pedí perdón por el dolor que le iba a causar y los nombres de Elizabeth y de su madre eran pronunciados constantemente por mis labios afiebrados. No pude descansar ni un solo momento: ahora deambulaba por las habitaciones de nuestra residencia, casi sin darme cuenta de lo que hacía, ahora me detenía, con mis ideas como absorbidas por un íntimo vórtice, sintiendo mi cerebro arder; a veces me inclinaba sobre los muebles, sollozando como un niño abandonado por sus padres y castigado injustamente por extraños bárbaros. Y, para mi mayor tormento, a cada segundo aparecía en mi mente alucinada la visión desolada de mi pobre abuelo, como en el último momento lo vi, con su venerable frente apoyada en lo alto de una consola, confundiendo sus canas con el mármol...

Hubo un momento en que el criado se levantó de la cama, me miró aterrorizado y, angustiado, se ofreció a llamar a un médico, a lo que me negué, pidiéndole solo agua con algún sedante, que no tuvo ningún efecto en mi cuerpo.

Muchas veces pensé que me estaba volviendo loco. Abrí el escritorio, saqué un revólver para poner fin a mi martirio, pero cuando lo levanté mis manos se volvieron inertes, gélidas como si el hielo de la muerte comenzara a invadirlas o si algo insoportable me obligara a retroceder ante la perspectiva de este crimen - el suicidio -, que suponía; sin embargo, era la única manera de liberarme de una tortura inquisitorial, para cuya descripción no encuentro palabras en el lenguaje humano. La destrucción voluntaria de la propia vida fue el único resultado racional que, entonces, me bloqueó del drama angustioso de mi existencia. Sin embargo, estaba decidido: si no resultaba herido de muerte, me suicidaría después del duelo.

No intentaré describir el sufrimiento que atormentó mi alma en aquellos momentos atormentadores de una noche interminable de amargura, en mi jardín de dolor inconsolable e ignorado. Lo que puedo decirte es que sentí que mis facultades mentales anárquica, desconcertadas - como un bergantín enloquecido sin hoja de ruta por falta de brújula -, pero siempre obligado a llevar a cabo el encuentro militar acordado, por el deseo de venganza, que nos atraía fuertemente el uno al otro. También quería mostrarle el valor de las armas que manejaba con pericia, además de no querer que pensara que era un cobarde. Después que quedó claro que no le temía, le dejaría cortar el hilo de mi vida, que parecía árida, oscura, sin una meta a la que permanecer, después del colapso de todos mis sueños, de la catástrofe de todos. mis ensoñaciones, mis ilusiones, el fracaso de todas mis aspiraciones más queridas.

Esas horas; sin embargo, de fiebre, de delirio, de desesperación, quebraron mis fuerzas orgánicas y psíquicas. Al alba, con los primeros rayos del amanecer - que pensé que las escenas serían contempladas por mí - la insensibilidad, la inercia sustituyó a la exaltación en la que me encontraba hasta entonces. Hubo una invasión de indiferencia hacia todo lo que hay en la Tierra en todo mi ser, un ataque de nervios, un enfriamiento repentino del odio que quemaba mi cerebro, una metamorfosis completa de todos mis sentimientos. Me encontré en otro individuo, distinto de lo que siempre había sido, débil, aplastado, indiferente a todo - incluso a cualquier noción de dignidad -, porque me faltaba el único incentivo que tenía para vivir: Bet.

Para mí, todo lo que no fuera Bet, en la Tierra o en el infinito, no fue más que algo nulo, inútil, poco atractivo, desde el momento en que supe que ella yacía en una tumba. Me pareció que había envejecido años en poco más de doce horas; los rincones de mi yo habían sufrido un shock inquietante y, después de los sentimientos ulteriores y voraces que estallaron dentro de mí, experimenté un sentimiento de aniquilación, de inanición total, pensé que iba a convertirme en nada, para siempre. Algo grave, devastador o transformador había sucedido dentro de mí, un fenómeno inextricable. Tuve la impresión de tener encerrado en mi cráneo un impetuoso Aconcagua que, durante algunas horas, había experimentado violentas convulsiones subterráneas que se lanzaban a lo lejos, llamas y lava ardiente, que de repente se calmaron, extinguiendo toda la materia ardiente que se lanzaba al aire y que, en los bordes del cráter, hasta entonces abrasador, comenzó a caer nieve, formando avalanchas titánicas…

Y fue así, vencido por el desánimo, la postración, el agotamiento nervioso, que vi acercarse el momento del duelo y que me dejé herir mortalmente por mi oponente, sin defenderme del todo.

Me llevaron vivo a casa de mi tío y protector Félix Devarnier - quien ya había regresado a París, pero ignoraba el epílogo del sangriento drama en el que fui sacrificado y del que solo se enteró cuando me vio sin vida, golpeado por el florete. Sin embargo, solo duré unas pocas horas.

El delirio me enloquecía constantemente, casi hasta la excitación extrema, y a cada momento me parecía ver pasar a mi lado a mi infortunada e idolatrada Bet, envuelta en ropas blancas - que la había visto por última vez en Berlín -, en una palidez de alabastro, tratando de hablarme sin poder, y luego alejándose, sollozando, cuando comencé a sentir que la cadavérica dolencia me invadía.

Y lo que me pareció solo un frenesí febril, hoy sé que fue una realidad conmovedora. Cuando, por fin, querido amigo, se rompieron los últimos lazos que unían mi alma a la materia; cuando terminó la perturbación absorbente en la que me encontraba durante algún tiempo, como bajo la acción de un poderoso narcótico del que nunca podría despertar, comprendí que la otra vida había terminado y mi carrera militar, tan bien iniciada, fue interrumpida para siempre.

Cuando mis ideas empezaron a aclararse, solo recordaba algunos hechos más recientes, olvidando por completo los más remotos, como si la memoria estuviera fragmentada, como un libro al que solo le quedaran unas pocas páginas, las demás habiendo sido incineradas en una pira.

Empecé a prestar atención a lo que me rodeaba: me encontré en una llanura infinita, en un Sahara por gracia divina cobijado por la hierba cubierta de rocío. A lo lejos, a la derecha de donde yo estaba, había montañas cubiertas de brumas de inmaculada blancura, parecidas a velos de novia. No se veía ningún pueblo. Era como si me encontrara desterrado a un planeta desconocido y yo fuera su único habitante.

Después del estallido de pasiones violentas, las llamas del dolor, la locura, la desesperación, una calma absoluta envolvió mi espíritu. El aislamiento lo excitó suavemente. Me embriagó la paz inefable de la Naturaleza que me rodeaba, provocándome una inercia invencible.

Comprendí que ya no estaba preso de un sueño, sino que la muerte me había liberado de las últimas ataduras que me unían a la vida corporal, y una serenidad reparadora invadió toda mi alma, que; sin embargo, no se sentía feliz, sino en cambio, estaba sumergido en una laguna insondable de dolores.

Me encontraba en la situación de un niño extremadamente susceptible que, después de sollozar durante mucho tiempo, se duerme de repente, vencido por el cansancio, sintiendo un entumecimiento invencible, una anestesia profunda de todas sus facultades intelectuales, pero cuyo sueño, debido a las impresiones dolorosas, recibido, se convierte en gente con visiones siniestras que lo asustan. Cuando despierta, lo primero que le viene a su torturado cerebro es el recuerdo del malestar que le atormentaba antes de acostarse.

Ya sabes, amigo mío, cómo el alma despierta cuando, por una desencarnación reciente, impuesta por designios divinos, se rompen los lazos fluidicos que la ataban a la materia. Otra; sin embargo, fue mi situación, que tal vez no conozcas, razón por la cual, en mi caso, mi existencia fue, en plena juventud, violentamente interrumpida. ¡Me parecía que tendría que permanecer, por toda la eternidad, encadenado a esa vasta y árida sabana, desolado, entristecido, perpetuamente condenado a nunca escuchando una voz humana, ningún sonido, privado de contemplar a ningún ser humano, condenado, en definitiva, a la inercia, al silencio por los siglos de los siglos!

Sin embargo, poco a poco comencé a recuperar la voluntad de actuar, tomando control de mis facultades sensoriales y de mi libre albedrío. Los últimos días de mi vida planetaria se me hicieron claros, como si un amanecer hubiera comenzado en mi espíritu, iluminándolo con una reverberación íntima. Pude así, con agudeza y lucidez, conocer los acontecimientos más remotos ocurridos durante mi estancia en Francia, Alemania y Bélgica, pensar detalladamente en Elizabeth, y, luego, las reminiscencias de los últimos y amargos dolores adquiridos. en mi mente, la impetuosidad de la lava de un volcán, que todos suponían agotado y que, de repente, volvió a estallar y brotó de un gran cráter ígneo.

Todos los recuerdos de la existencia pasada, que solo estaban en catalepsia, se concentraban en lo más profundo de mi sentido, donde todos los recuerdos del pasado yacían enterrados y no había intuición del futuro, los dos sumideros abiertos conectados por un frágil puente, el presente, que entonces parecía dominarme exclusivamente, brotó de mi interior con violencia, produciendo una agitación indescriptible, dándome nuevas energías. Después de unos momentos, mi situación se presentó en toda su realidad.

Esto es lo que probablemente le sucede a un miserable galero que, al ser arrojado a un calabozo infectado, olvida inicialmente el crimen que sirvió de base a la sentencia que lo condenó a perpetuidad, dejando solo la idea del presente mortificante. Al mirar los muros sólidos, húmedos y lúgubres de la prisión, le parece que no solo prohíben su libertad, sino que también aíslan sus pensamientos. De repente; sin embargo, los recuerdos de toda su turbulenta existencia, de todas sus acciones criminales, inundan su cerebro, en torrentes de fuego, y el presente al que había estado expuesto queda desnudo ante sus ojos.

Aterriza, haciéndote rechinar los dientes de miedo, Porque le deja vislumbrar lúgubremente el futuro, ¿y si fuera un océano ilimitado de sombras?

El cabello que era del color de la oscuridad se eriza sobre su cráneo en llamas y de repente se vuelve gris, como si se hubiera vuelto gris.

✶ ✶ ✶

A pesar que ya se había producido el despertar de mi comprensión, todavía me encontraba en la situación desolada de la mencionada galera, sufriendo locamente por los recuerdos de mi pasado, sin vislumbrar nada del futuro. Pero de repente - como si rayos de sol penetraran en el calabozo, por un hueco producido en la noche por el trueno -, en mi alma se concentró un rayo de esperanza, balsámico y alentador: tener la eternidad como futuro, ser libre de mis implacables adversarios - yo tampoco sabía que mi competidor Carlos también estaba encerrado en una tumba y, ciertamente, en la misma inquietante emergencia en la que me encontraba yo -, para poder unirme a la que seguía siendo, para mí, mi novia favorita, ¡una ídolo sagrado! De repente me sentí casi feliz.

¡Mi Bet se suicidó en su noche de bodas para no cometer perjurio! ¡Pobre y querida Bet! Sus actos heroicos fueron un nuevo vínculo que uniría nuestras almas para siempre. ¡Nunca jamás nos separaríamos! ¡Volaríamos unidos por el espacio! Pero, ¿dónde podría encontrar a mi novia idolatrada? ¿Y quién me había llevado a ese páramo interminable? ¿Podríamos estar todavía en el mismo planeta donde vivíamos y estábamos tan bloqueados por la desgracia que, incapaces de resistir sus embates finales, fuimos rechazados por el cruel sátrapa? ¿O estaría en una región de tortura mefistofélica, de la cual Alighieri y los sacerdotes católicos dan descripciones aterradoras?

Nunca dejé de pensar en Elizabeth.

Sin embargo, ¿cómo la encontraría estando solo en un mundo vasto, desconocido y deshabitado? ¿Y si ya estuviera irremediable y eternamente condenado a ese martirio sin precedentes - ignorado por el propio Dante -, de ser exiliado en un vasto orbe, sin poder volver a ver a nadie, debiendo permanecer en esa soledad, desterrado de la sociedad, hasta el final de los siglos?! ¿Y si se viera privado para siempre de encontrar a Elizabeth? ¡Allá! Temblé de un terror inaudito, pensé que estaba al borde de la locura y comencé a gritar, con una voz que creía atronadora, estentórea:

- ¡Bet! ¡Mi querida Bet! ¿Dónde estás? ¡Ven! ¿Dime dónde estás? Quería correr rápidamente en busca de algún ser humano a quien poder transmitir, suplicante, mis pensamientos, rogarle información preciosa sobre mi situación, dónde me encontraba.

Estaba ansioso, ansioso por saber dónde encontraría a mi fiel novia, pero me sentía sujeto de pies a cabeza, como por un arnés blindado, anclado al suelo por un poder incontrovertible, soldado al planeta del que yo era parte integral, sin saber si era el mismo donde yo vivía y donde él había sufrido tantas amarguras. Ya no pertenecía a la Humanidad: era un mineral que sufría.

Solo pude enderezarme en el lugar donde estaba tendido, en posición de durmiente o de entierro, comencé a meditar como debía hacer para salir de aquel calvario.

Cuando la angustia era más intensa, querido amigo, una dulce voz de tono celestial se hizo oír, como respondiendo a las palabras que había gritado en el desierto de mi prisión.

Exulté, suponiendo que era Elizabeth, quien finalmente respondió a la súplica que le había dirigido, viniendo a mi encuentro. Miré hacia arriba, delirando de alegría, hacia la dulce voz. Pero, lleno de asombro, me encontré con un ente de incomparable belleza. Tanta nobleza, melancolía y austeridad resonaban en su rostro radiante, de rasgos escultóricos y exquisitos, que me sentí dominado, fascinado y, al mismo tiempo, diminuto, humillado, reconociendo en ella una superioridad que me aplastaba, como si estuviera en ese momento una oruga reptante, un reptil repulsivo, pulverizado por un bloque estelar. Un escalofrío recorrió todo mi ser y, como un réprobo, bajé la frente. Entonces el ente lúcido, acercándose, puso su diáfana mano derecha sobre mi hombro derecho y me dijo, con energía y amargo reproche:

- ¿Alguna vez te has acordado de Dios, desgraciado? ¿Has levantado ya tu mirada al Cielo, de donde solo puede fluir el bálsamo para tu dolor y tremendas desilusiones? ¿Sabes por qué sufriste tanto en la existencia que recientemente te fue arrebatada criminalmente?

Ante estas imperiosas palabras me estremecí de nuevo, miré la extensión, que era toda luz y suavidad, y luego, vencido por una voluntad poderosa, me arrodillé sollozando.

CAPITULO II

¡Infeliz! - dijo la misma voz, que me parecía haber oído ya en alguna parte, con una indulgencia inefable -, acabas de cruzar el umbral de la muerte, dejando que te arrebaten salvajemente la vida, cuando eras muy joven, con todos los elementos de resistencia, cuando debiste ser fuerte para la lucha, para luchar contra el propio corazón, hasta el momento en que el eterno te llame al Más Allá, bendecidos por Él, triunfante sobre tus propios sentimientos. Así es como, si hubieras tenido verdadero coraje moral, habrías salido victorioso de la campaña. Y, una vez terminado esto, tu pecho no se cubriría de insignias gloriosas, sino que brillarían en tu interior luces radiantes, similares a núcleos estelares. Tu alma se volvería, al mismo tiempo, blanca y resplandeciente, porque en ella florecería la luz, como le sucederá a todo espíritu que sabe superar los obstáculos de sus pruebas terrenas, bendecir sus lágrimas de dolor, porque éstas, y no los deleites mundanos, la purificarán de todas las manchas, de todos los crímenes del pasado, surcándola de fértiles corrientes cristalinas, facetándola como el año que refina un bloque de diamante para transformarlo en joya de brillo incomparable.

Después de todo, eres como toda la Humanidad: egoísta, aspirando a satisfacer todos los deseos de tu corazón exigente e insaciable, cuidando mucho del fugitivo presente y olvidando siempre el futuro infinito de tu propia alma. En los momentos más dolorosos de tu vida, no te acordaste nunca del Todopoderoso, nunca le suplicaste el fin de tus penas, nunca le suplicaste la resignación en los días de mayor amargura, solo pensaste en obedecer el impulso de tus pasiones, en abandonar cobardemente la vida mediante un crimen abominable que siempre es castigado severamente según las Leyes Divinas, porque constituye una afrenta y una rebelión contra ellas: ¡el suicidio! ¿Comprenderás, ahora, que la existencia humana tiene un objetivo más elevado y más noble que cumplir que la saciedad de los deseos, de los anhelos mundanos, de goces que solo interesan a la criatura material y no a la personalidad espiritual? ¿Comprendes ahora que ésta se cobija y restringe en ropajes carnales, para poder trabajar por el progreso y desarrollo psíquico, para sufrir, para rescatar a seres remotos y faltas siniestras, para mejorar las facultades del alma, solo esbozadas al inicio de las encarnaciones, para evolucionar y conquistar la perfección, meta a alcanzar por todos los seres que el Omnisciente creó, porque solo ella nos acerca al Creador?

¿No sabes que todos los que sufren tienen faltas que redimir, son delincuentes que el Árbitro Supremo condenó con la más irreprochable justicia y absoluta equidad?

¿No sabes que el modo en que ejecutan su condena depende o de la recompensa - si cumplen escrupulosamente sus deberes sociales y divinos -, o de la agravación de su sufrimiento - si cometen faltas -, si repiten los crímenes? ¿Por lo que ya han sido juzgados, si no progresan moral e intelectualmente, si emplean dañinamente el precioso tiempo que el Todopoderoso les concedió para la remisión de sus crímenes pasados, continuando perpetuando el mal, siendo orgullosos, egoístas, recalcitrantes u obstinados en el error, inicuos, ateos, libertinos, hipócritas, perjuros, traidores...?

Hubo una pausa, que no me atreví a profanar con ninguna palabra y que me pareció muy larga. Luego, extendiendo su brazo hacia una región desconocida, la entidad resplandeciente continuó:

- Cuando te dedicaste, en Berlín, lleno de amor, a tu novia, nunca recordaste que, más que ella, debías adorar al Creador del Universo, porque de él provinieron ambos, y por ende, su espíritu, entre arduas, pero merecidas pruebas, debieron ascender constantemente hacia el Padre Celestial, por la escalera de luz de la oración; debieron ser pacientes, resignados, valientes en los momentos en que el dolor, como flechas, los hería salvajemente... La mano invisible, entrenada y vigilante, que envió estas flechas, las recogió una a una, a lo largo del camino de sus existencias, trágicas y oscuras. Fueron las mismas que arrojaron sin piedad, para astillar corazones sensibles.

Deben, por tanto, soportarlas con la misma impaciencia que los primitivos mártires del cristianismo, que sucumbieron, acosados por sufrimientos sin precedentes, mirando al firmamento azul, donde sabían que sus espíritus radiantes anidarían gloriosamente.

Sin embargo, no pueden saber que el sufrimiento humano deriva de las faltas cometidas y las sigue como una sombra sobre el cuerpo, ya sea que se detenga o corra rápidamente. Fuiste tú, por tanto, quien causó tus dolorosos sufrimientos, y quien no lo crea así, comete otro delito, porque atribuye al Supremo Legislador una sentencia inicua, al haber condenado a uno a sufrir injustamente lo que no le hizo a otro, como si fuera un magistrado sin probidad, que no hizo de Temis[14] el símbolo de la rectitud e imparcialidad. ley.

Sé que tanto tú como Elizabeth tienen atenuantes para sus desvíos en esta última encarnación, porque fueron sacrificados al orgullo y al odio de sus familiares, que aun diferencian a la Humanidad por el país de nacimiento, prestando supremacía a lo que a ellos les parece ser su patria definitiva. Pero, ¡desdichados como son!, también fueron culpables hacia aquellos que se convirtieron en sus verdugos. Si ya hubieran comprendido el origen de sus penas, la razón por la que sufrían tanto, lo que ignoraban tan debido al efecto del olvido que oscurece las potencias del alma en cada encarnación, ocultando todas ellas un pasado remoto y oscuro, no tendrían ni un átomo de rebelión contra el destino, al contrario, sus corazones se habrían sometido a los admirables e imparciales designios de la Providencia, que implorarían para hacerlos invulnerables a los ataques de la incredulidad y del desaliento, fuertes para el combate que parecía exceder sus fuerzas!

Les explicaré brevemente - por lo tanto, hasta que no se rompan los censos que oscurecen vuestras facultades, como consecuencia de la perturbación causada por la repentina y reciente

---

[14] Diosa que representa la justicia.

desmaterialización, no recordarán todas sus peregrinaciones terrenas -, la génesis del resentimiento que inspiraron, especialmente a uno de los hermanos de aquel a quien amas aun más que al mismo incognoscible - afrenta que siempre has hecho al afectuoso, magnánimo e incomparable creador de todos los seres y de todos los prodigios profusamente difundidos por el Cosmos, olvidando que nuestra existencia, que emana de Él, debe ser un lauspereno de gratitud y amor por excelencia.

Escúchame, pues, infortunado Paulo Devarnier, con el mayor interés, y, cuando concluya mi lección - que ayudará a aclarar tu conciencia momentáneamente eclipsada por las sombras que aun provienen de la materia -, me dirás si las pruebas por las que has pasado no fueron merecidas.

En una de tus encarnaciones anteriores, Paulo, ya amaste con cada fibra de tu ser a la misma criatura a la que te consagraste en Prusia, pero no le diste el afecto elevado que ahora sientes, capaz de todos los impulsos más nobles, de todas las devociones y sacrificios más dignos. ¡Amaste criminal e impuramente a la esposa de alguien que acaba de quitarte la vida! ¿Te estremeces? ¿Empiezas a recordar tu triste pasado? ¿Recuerdas aquel período oscuro de una de tus existencias, origen de tus expiaciones más atormentadoras?

Eras entonces, Paulo, un joven frívolo y conquistador de corazones femeninos, uno de esos destructores de la felicidad de los hogares honestos, como todavía infestan el globo terrenal. Un día, sedujiste a la bella consorte de un compañero de infancia tuyo, de quien te considerabas amigo. Él, el marido ultrajado, al enterarse del alcance de tu infamia y perfidia, te exigió que enmendases el error y trató de rehabilitar su honor por las armas, en un duelo a muerte, lo cual era común y explicable en las épocas caballerescas de la Edad Media. Aceptaste el desafío, él fue tu víctima, como lo fuiste ahora la de Carlos Kceler. De ahí la repulsión que le causaste a quien en tu última encarnación, era tu primo, y quien, en la anterior, fue el marido traicionado por Elizabeth, a quien adoraba y a quien no amabas con el cariño intachable que deberías haberle dado al consorte de un condiscípulo y amigo de la infancia, de un casi hermano, al que le robaste cruelmente la vida, después de haber saqueado su honor y habiendo cometido este doble y atroz crimen - traición y asesinato -, ni siquiera sentiste pena por la otra víctima: la adúltera. La abandonaste, después de haberla impulsado a cometer traición contra su marido que la idolatraba; la dejaste en extrema pobreza, que la hubiera arrastrado a los lupanares, si no la hubieran sacado de la tierra, en que había comenzado a sumergirse, caballero ilustre y virtuoso que, al verla en tan desolada situación, antes que la infortunada vendiera la belleza de la peregrina, él supo dedicarle cariño puro y fraternal, olvidó su pasado contaminado y se casó con ella, y ella se convirtió, a partir de entonces, en una esposa modelo.

¿Estás temblando de nuevo? ¿Estás horrorizado por las indignidades de tu existencia pasada, Paulo? ¿Y quieres saber quién es este hombre magnánimo con el que Elizabeth todavía tiene que saldar una deuda sagrada de gratitud? Es él con quien se casó tu novia hace unos días, y luego se suicidó, en su noche de bodas. No debería haberlo hecho, porque el doloroso holocausto de su amor profundo, que le fue impuesto como expiación por el acto insidioso que había cometido en otra vida, fue anulado, mientras que, si hubiera renunciado al destino, su sacrificio y martirio durarían poco, ya que su existencia estaba a punto de extinguirse.

Ahora, ¡desdichado como son!, han vuelto a cavar un abismo que los separará durante mucho tiempo, han tenido derecho a otros castigos, a los que votaron los dos antiguos rivales, lo que les hizo nacer unidos, en otra encarnación, por un estrecho parentesco, miembros de una misma familia, para poder olvidar el oscuro pasado y metamorfosear su recíproca aversión en lazos indisolubles de afecto fraternal, sentimiento que une, entre sí, a todas las almas, ya limpios de las imperfecciones que los denigraban mientras practicaban el mal.

Ustedes sufrieron, pues, en su última peregrinación a la Tierra, las consecuencias desastrosas de otra en la que trajeron deshonra y oprobio a un hogar feliz y casto; sufriste atrozmente por culpa de aquella a quien sedujiste y no debiste olvidar su condición de esposa ajena, que le dedicó su cariño ardiente y leal; que no olvidara, sobre todo, que ya era madre y que, mientras tanto, no sintiera lástima por el pequeño ser que había concebido y que, abandonado, sin sus cuidados, entregado a los pobres, vino a perecer, pronunciando su nombre manchado. Esto explica la repulsión instintiva que tu primo Carlos sentía por ti, desgraciado Paulo: seguía siendo la presencia de la antigua emulación, del odiado adversario, aquel que, deliberadamente, después de marcar su dignidad de marido, traspasó su corazón herido con un sable, cuando buscaba vengar su honor ultrajado, hecho que exacerbó aun más su resentimiento.

Es verdad que la ley divina desaprueba un duelo, que no es más que un asesinato con testigos impasibles, un homicidio premeditado, como el que comete el sicario que arrebata la vida al desconocido en una emboscada, y que, para lograrlo, esto, planea todos los medios para ejecutar su siniestra intención. Es un crimen abominable, ya que se practica con reflexión, con calma, eligiendo las armas de antemano. Dentro de unos años, los códigos penales, algunos de los cuales ya lo condenan, ya no lo permitirán, bajo severo castigo para los infractores, que cualquier encuentro bélico se lleve a cabo, ayudando así a las Leyes Divinas que lo consideran extremadamente perjudicial para la sociedad, pero, en tiempos pasados, especialmente en la Edad Media, era el medio más disponible. a todo aquel que fue lesionado en su dignidad, buscó proteger derechos sagrados y desafiar su honor, el cual se vería empañado si no lo aceptaba o no provocaba al ofensor. Fuiste, por tanto, uno de los que cometieron este crimen, asesinando a una víctima de tu engaño y libertinaje. Como quedaste impune ante la justicia humana, los papeles se invirtieron y, recientemente, en París, fuiste sacrificado por quien se tomó una feroz venganza contra el ex competidor.

Él, ahora, es más desgraciado que tú, porque en el vía crucis que estás a punto de recorrer no cometiste ninguna transgresión contra las leyes sociales, fuiste honesto, justo, con sentimientos nobles, mientras él, rencoroso y vengativo, ignoraba todos estos valiosos predicados morales que posees. El orgullo y la inclemencia te cegaron. Si no los hubieras nutrido en tu alma, si hubieras sabido repelerlos con energía, ambos lo habrían hecho, de una manera más humanitaria y en conforme a la Ley Divina, acabó con sus existencias, porque, pobre Paulo, aun ignoras que tu primo Carlos también yace en una tumba recién abierta junto a la tuya - por un accidente irónico, como muchos dirán -, pero que afirmo que fue por designio del cielo, que se unió de esta manera, en el corazón de la tierra, donde se nivelan todos los seres que, animados por un mismo principio vital, se odiaban como tigres hambrientos y sanguinarios.

Los mismos gusanos que corroen tu envoltura carnal devorarán la suya. ¡Así acaba el orgullo y la vanidad humana! ¿Estás protestando por primera vez?

Sí, tienes razón. No culpaste tanto a Carlos como él a ti, porque viniste del espacio con intenciones inquebrantables de ser humilde y solo hacer el bien. Tenías un corazón proclive al perdón y a lo generoso y elevado, mientras no cumplió lo que todo espíritu promete cuando reencarna, a saber: no vengarse, olvidar lo que sufrió en otra gira planetaria, perdonar a sus adversarios, votar por la justicia y la virtud.

Carlos fue inexorable: tu presencia evocaba en él los dolores del pasado, te albergaba una aversión indomable; te consideraba la contienda nefasta de su familia, atribuyéndote toda la responsabilidad por la muerte de su abuelo paterno, de su madre y el suicidio de su hermana - olvidando, obsesionado por los sentimientos vengativos que tenía contra ti -, que era más delincuente que tú. En su mente loca, imbuida del deseo de represalia, germinó un solo pensamiento: satisfacer su odio, destruyendo tu vida en una lucha feroz, en la que ambos lucharon como leones enloquecidos y sanguinarios. Sin embargo, cuando te vio - en la mañana del día en que te hirió de muerte -, tu sufrimiento moral era tan evidente, tu dolor infinito estaba tan desnudo, tu rostro estaba tan lívido, donde la angustia más profunda había doblado su máscara de yeso, él - el miserable Carlos -, sintió pena por ti, por tu sufrimiento sin precedentes.

Luego lo vi levantar el arma contra ti y retroceder, una vez, casi tan pálido como tú, con todo el cuerpo sacudido por un temblor nervioso. Entendí claramente que no quería atingirte más. Sin embargo, no lo hizo.

Consiento en ello. El orgullo que todavía lo dominaba, el orgullo de un prusiano deseoso de humillar a un francés. Por primera vez desde que te conoció, cuando te expusiste al golpe de su estoque, cuando te vio chorreando sangre, con el pecho expuesto, se llevó las manos a los ojos nublados, tambaleándose como si estuviera ebrio. Se horrorizó consigo mismo y siempre retrocediendo, sin poder apartar la vista de tu cuerpo inerte y ensangrentado, partió en busca de un carruaje que lo alejara de aquel siniestro lugar. Pero, antes de irse, escuchó a alguien gritar indignado:

- ¡Cometió un asesinato!

A partir de ese momento, un terrible remordimiento invadió su conciencia y, al enterarse que ya no existías, acabó con su vida, atravesándose el cráneo con una bala, en una habitación de hotel.

Sus últimos momentos de amargura ilimitada, de indecible compunción, de inmensurable arrepentimiento fueron indescriptibles y - ¡qué perfecta es la Justicia Divina! -, murió compadecido de ti. Si no hubieras sucumbido, a esos momentos de sufrimiento y de remordimiento, él se habría convertido en amigo tuyo, tu hermano, por desgracia, destrozó para siempre la aversión que te retenía.

No supongas, por tanto, que fue la Divina Providencia la que le impulsó a asesinarte, Paulo. No; el libre albedrío es un predicado de toda alma humana. Todos tienen la libertad de realizar cualquier acto, bueno o cruel, y deben; sin embargo, siguen, sin dudarlo, el camino del amor al prójimo, del altruismo, del deber, de la virtud, de todo lo que es digno y meritorio, para que, cuando abandonen sus ropas funerarias, la Justicia Celestial no tenga que castigarlos por sus faltas y, sí, agradecer el bien hecho. El alma nunca debe aumentar sus tendencias violentas y dañinas hacia las comunidades, sino más bien repeler el mal con toda la verdad de su corazón, porque el Eterno nunca permite que las criaturas lo practiquen impunemente, violando su inmutable y si el infortunado Carlos hubiera actuado así, si hubiera sabido perdonar y amar a los demás, olvidando el pasado latente en su alma, la tragedia que tuvo tan doloroso epílogo, en París, podría haber tenido un feliz resultado y todos ustedes habrían sido bendecidos por el Creador. Para lograr este objetivo, tú y él, en la amarga noche que pasaste en vigilia, después de acordado el duelo, siempre estuviste rodeado de tus protectores quienes, sufriendo contigo por tus pensamientos sombríos, nunca dejaron de inspirarte sentimientos humanitarios, para que no cometieras ningún delito, para que se perdonaran unos a otros. Tú, Paulo, respondiste en parte a mis exhortaciones, pero él aun se dejó dominar por el deseo de venganza que, realizado y perpetrado inhumanamente, no lo satisfizo, sino que lo hizo sufrir un martirio moral satánico. Tratando de escapar de él, como Iscariote, acabó con su propia vida: ¡otro crimen abominable!

Si nos hubieras escuchado, escuchando las advertencias paternas, en lugar de las reivindicaciones, el amor habría triunfado sobre todos los obstáculos que impidieron tu reconciliación y, en lugar de la desgracia que un arma asesina consumió, los corazones entrelazados indisolublemente, por la lazos de un afecto bendito, habrían forjado el eterno grillete de luz que une a todas las almas evolucionadas entre sí: ¡el de la fraternidad o las dedicaciones sublimes!

Levántate, hermano mío, y escúchame de nuevo. ¿Pero antes de continuar, quiero rogar a Dios por ti, en oración ferviente, ya que todavía no sabes cómo hacer volar tu alma hacia el Eterno Consolador!

CAPÍTULO III

No creas, pues, Paulo - prosiguió mi austero Protector - que tendrías que ser asesinado, fatalmente, por uno de tus primos, no. Todo lo que estuvo al alcance de los mensajeros celestiales fue hecho para sacarlo del plan desastroso, especialmente por tu culpa, porque ya no eras un ser frívolo o rencoroso, sino un espíritu que seguía el camino que llevaba a la perfección. Tenías resoluciones encomiables de cumplir de manera espartana todos tus deberes sociales y lo habrías logrado, si no te dejaste arrastrar por el vórtice de sentimientos impetuosos, que contribuyeron a la realización de las intenciones ilícitas de tu antagonista, que solo aspiraba para enojarte, aferrándote salvajemente a tu existencia en una época primaveral y anulando así todas las nobles aspiraciones que deseabas alcanzar.

Fue él quien, con sumo orgullo, creyéndose de raza superior a la tuya, teniendo hacia ti una aversión insoportable, cuya base ya sabes, dominada por un excesivo amor a su patria, te hizo daño a ti y a su propia hermana. Se podría decir que él fue el causante de tus desventuras, aunque también poseía apreciables cualidades morales. También dependía de ustedes, de ti y de Elizabeth, ganar el premio, pues se presentan, como auténticos héroes. Si tuvieras más resignación - valor moral superlativo -, o si hubieras elevado tu pensamiento al cielo, en busca de ayuda y protección del Todopoderoso, tal vez todo este drama sangriento - en el que fuiste una de las víctimas sacrificadas a una venganza cruel y premeditada -. no se habría desarrollado y sus existencias planetarias tendrían un epílogo de dulces alegrías, de concordia y de perdón.

¡Ya ves, Paulo, que todos fueron culpables! A veces depende de una súplica ferviente, profunda, humilde, sincera, que emana de un corazón que se transporta al infinito, para que la criatura recoja las flores de la felicidad a la que aspira y los rocía sobre el áspero camino lleno de brezos que hasta entonces había recorrido y, dado que el combate continúa, por designio supremo indiscutible, saldrá triunfante un día, porque sus adversarios dejarán colgar sus armas de sus manos o no podrán alcanzarla, ¡para que las huestes de invisibles siderales no permitan que golpes injustos penetren en el corazón de quien posee el escudo dorado y refulgente de la fe inquebrantable en el Creador del Universo!

Ese escudo mágico, invulnerable y maravilloso, Paulo, es el que nunca empuñaste, luchando solo, casi abandonado, con tus enemigos, porque tenías tu ideal encadenado a la Tierra. ¡Ahora sabes bien que el verdadero ideal del alma solo puede encontrarlo en el Más Allá, donde brillan archipiélagos de estrellas!

Parece que estoy formulando una paradoja cuando digo que, en la existencia que recientemente te extinguió, abruptamente, no fue el odio, sino el amor, sí, el amor por las diferentes patrias en las que naciste, tú y tus primos, la manzana de la discordia, el origen de sus dolores. ¡Desdichados! ¡En qué error se han metido todos! Más tarde, la Humanidad comprenderá que la patria a la que se refugia un espíritu para encarnar, animando una estatua humana, es simplemente un nuevo escenario en el que aparecerá como actor, en el que representará un drama, una ópera, una farsa, según su desarrollo psíquico, según el anhelo que tenga en su corazón de cumplir con sus deberes sagrados. A menudo es más glorioso un trabajador miserable que, al amanecer, comienza un trabajo loco, tiritando de frío y casi sin vida por falta de ropa o de pan, que un mariscal cuyo pecho está adornado con insignias de oro.

El Omnipotente, cuando le plació elaborar el Cosmos, creando miríadas de soles y planetas, hizo las diversas moradas de los espíritus y ninguna de ellas tiene patria fija. Ni una mota de polvo, ni un fragmento de piedra, ni siquiera la que cubre sus restos funerarios, que se transforman en repugnantes larvas y vegetales que florecen y aromatizan el ambiente ¡El Universo, el infinito, ésta es la patria de todos nosotros!

Solo debido a la falta de preparación y de desarrollo espiritual, debido a la rudeza y al salvajismo de la Humanidad, todavía hay, en países que se llaman civilizados, ejércitos formidables y escuadrones poderosos, instrumentos de muerte y destrucción, adversarios seculares de la confraternización mundial. Más tarde, cuando mejore moralmente, si se ennoblece con sentimientos humanitarios, prescindirá de legiones y escuadrones. Todos los pueblos se reunirán entonces fraternalmente, estarán unidos por el amor que unirá a todas las almas, haciéndolas a todas miembros de una sola familia, lo suficientemente numerosa como para poblar el mundo entero, aspirando mutuamente a la felicidad y la prosperidad de los demás, recíprocamente, sin envidia, sin rivalidades, sin disensiones de raza o creencias religiosas. Esta transformación social no se producirá, lamentablemente, en los primeros siglos venideros, Paulo, sino antes que pase un milenio. Llegará por fin la bendita era en la que lo que ahora parece una utopía se hará realidad, como la gran evolución y progreso espiritual que pondrá fin a la crueldad de los habitantes planetarios, quienes, en las guerras fratricidas, se transforman en lobos sanguinarios destruyendo las obras del Creador - nuestros semejantes -, dejando huérfanos a los hogares, distorsionando a las doncellas...

Si tu espíritu vuelve a peregrinar por las regiones terrenas, verás - quizás dentro de quinientos años -, que el pueblo ya no necesita escuadrones ni huestes fuertes para las luchas fratricidas; que un solo ejército, más poderoso que todas las legiones contemporáneas juntas, los sustituirá con la supremacía indiscutible: la de la clase obrera culta, formada por artistas atroces, profesionales en todas las ramas científicas. Este ejército y todas las clases sociales solo cuidarán de la prosperidad intelectual y moral de sus habitantes, considerando a la Humanidad como ¡una sola familia y la Tierra una sola patria, limitando solo con el espacio!

Por ahora el amor cívico es un sentimiento elevado, pero dentro de unos años dejará de serlo, porque en el futuro imperio de la fraternidad universal, todos lo considerarán un egoísmo reprobable. Actualmente es un sentimiento noble, pero el amor patriótico de los individuos no debe consistir en odiar las tierras extranjeras - porque las separan de aquellas en las que nacieron, un lago, una sierra, un río, simples accidentes geográficos -, sino más bien en trabajar juntos, para que la belleza de las ciudades y el avance de las Ciencias y las Artes sean una realidad, destacándose algunas naciones de otras únicamente por la culminación de las mejoras realizadas.

¡En un futuro remoto todos competirán, estarán confundidos, como los pétalos de una flor! ¿Qué le importa, entonces, al espíritu, a quien Dios permitió encarnar, aterrizar aquí o allá, viniendo del espacio como un pájaro nómada que de repente se cierne sobre una alta cordillera, elige un árbol para refugiarse, construye en él un cálido nido, sin preguntarse si ese dulce refugio pertenece a un país africano, europeo, australiano, asiático o americano? ¿El pájaro errante que pende en el aire, ya sea el nido que construyó en la fronda verde de un árbol, en territorio bárbaro o civilizado, si en ningún caso está exento de trabajar para mantener su diminuto hogar, de sustentar a su querida descendencia, de temer al cazador, de asustarse por las tormentas, de escapar de los inviernos o de liberarse de los rigores del calor? ¿Qué importa, entonces, que la rama se incline al norte o al sur, al oeste o al este, si sabe que tiene un destino que cumplir útilmente: - luchar, amar, sufrir -, y que, un día, cuando menos lo espere, el eterno cazador - la muerte -, vendrá a sacarlo del nido y regresar el sudario del alma a la Naturaleza, tumba común que alberga en su seno, con la impasibilidad de quien cumple un deber austero y esencial a las criaturas, los cadáveres de águilas, ruiseñores, proletarios, monarcas, flores, chacales, mariposas?

¿Y lo que le sucede al pájaro errante no le sucede a la criatura humana? ¿En qué país será preservada del dolor, de los tributos debidos a la Naturaleza, del trabajo, de las lágrimas, cuando, viniendo del espacio, el alma anida en un recinto carnal?

El patriotismo, por tanto, la civilidad ideal del hombre venidero, consistirá en trabajar y esforzarse para hacer invencible, grande, formidable, la nación en la que nació, mediante el cultivo moral e intelectual de sus compatriotas, mediante el florecimiento de todas las Artes y la Ciencia, por el confort, la prosperidad y la paz que disfruta el colectivo y no por los ejércitos, que habrán desaparecido de todos los países. Ser generoso, hospitalario con quienes nacieron más allá de la línea divisoria de su patria, es acoger a los hermanos, tan hermanos como los que descienden de la misma patria; venerar naciones extranjeras no es ser un mal ciudadano: es ampliar el sentimiento cívico, es amar la patria pasada o futura. El espíritu no tiene una patria, tiene cientos de patrias, y en cada una debe trabajar un poco, desprenderse de una imperfección de carácter, ascendiendo así un grado en la escala infinita de la perfección. ¡Solo así podrán ascender a mansiones exquisitas, a lugares de luz! Hay algunos espíritus, obstinados en el error, que encarnan en todas las tribus humanas de este globo, desde los bárbaros hasta los más cultos, realizando un largo y lento entrenamiento psíquico.

Cuando despiertan en el Más Allá, momento en el que el alma se adentra en el pasado, bañada por una inmensa luz, como si en su interior emergiera una luna llena interior, hasta entonces velada por las sombras de la materia, se aclara la triste y dolorosa realidad, por aquellos que han colocado su terrón de nacimiento sobre el trono del Altísimo y han muerto defendiéndolo, llenos de odio a la patria de sus demás hermanos, bajando a la Tierra en una nueva encarnación, vienen a nacer en la patria que consideraban su enemigo y llegan a amarla, a veces más que a aquel en cuya defensa antes sacrificaron su vida, y que solo recuerdan cuando son nuevamente liberados de la prisión carnal.

Es así como el Omnipotente reúne a las naciones y extingue odios injustificables. Haciendo que los espíritus ocupen todas las clases sociales, nazcan en diferentes regiones del globo, atravesando así el cromático de las encarnaciones. Los obliga a comprender que la Humanidad constituye una sola familia extendida por la Tierra y el infinito y que, por tanto, las personas deben amarse y confederarse con un único objetivo: educarse y progresar moral, intelectual y materialmente, cultivando la religión, las Artes y las Ciencias.

En todos los países el espíritu deja afectos sacrosantos, que unirán perpetuamente a las almas entre sí. Cada uno, al recordar, liberado de la vida material, sus existencias anteriores, se sentirá suavemente esposado a otros espíritus esparcidos por el planeta: aquí para amar, los padres, allí a los hermanos amados, más allá a los maridos adorados, más lejos a los hijos idolatrados, todos ellos se reconocerán atados por los grilletes luminosos del amor fraternal.

Cada persona verá que en todas las tierras ha disfrutado, sufrido, trabajado, y la reminiscencia de los afectos y luchas del pasado hará surgir en él el sentimiento de compasión por todas las criaturas, cualquiera que sea la raza a la que pertenezcan en el mundo. Desde entonces, el cardo de las tribulaciones terrenales, que macerado en el crisol cristalino del alma llegó a los corazones sensibles, comienza a desprender un aroma inconfundible, una fragancia deliciosa que se eleva hasta el cielo, comparable solo a la de las flores cultivadas. Es la fragancia del Amor-esencia, que, consagrada al Creador del Universo y a los hermanos que sufren, se difunde por toda la Humanidad, siempre y siempre intensificada por la fe inquebrantable en la bondad infinita de Dios, bajo los nombres de compasión, desinterés, caridad, altruismo supremo.

Este es el proceso mediante el cual, en la sucesión de los siglos, se van formando los bienaventurados apóstoles del bien, los misioneros de la más sublime caridad, cuyo prototipo encontramos en Vicente de Paúl, que se arrodillaba para pensar en las úlceras de un Prusiano como el de un cosaco, los de un africano como los de un patricio francés; ¡que extendía su mano luminosa y diáfana a los transeúntes pidiendo dinero con el que aliviar el hambre o sustituir con ropa de abrigo los harapos de un huérfano, indefenso, enfermo, sin preguntar si el desgraciado nació en Inglaterra, Suiza, Nubia, Arabia o Jerusalén!

¿Será tal proceder una falta de amor cívico? ¡No! Quien actúa de esta manera expande este sentimiento a todo el género humano; lo expande indefinidamente más allá de los límites de la vida, de un imperio o una república; abarca a todos los pueblos, considerándolos miembros de una única familia, parte de un colectivo indivisible.

El alma, purificada por el dolor, virtuosa, purificada, victoriosa en la presa del sufrimiento a lo largo de los siglos, ora en el orbe terrenal, ora en el Más Allá, crea alas de luz que la hacen volar hacia el infinito, no dejándose ser encadenada por el cariño a cualquier pedazo de tierra. A medida que asciende a las alturas de la espiritualidad, sus nobles sentimientos se expanden, no se restringen. Entendiendo, cada vez mejor, que todos los seres humanos son hermanos, ella dispensa ayuda y apadrinamiento a todos, ya que al mismo tiempo, reconoce que ni el amor al prójimo, ni el dolor, ni el llanto tienen una patria determinada, ni selecta, dentro o más allá de fronteras marcadas por mares, montañas, cursos de agua.

El planeta donde acabas de terminar de vivir es solo uno de los muchos peldaños que componen la escalera que va desde los mundos de oscuridad a los orbes radiantes, que iremos subiendo poco a poco, gradualmente, a medida que evolucionamos desde un punto de vista moral e intelectual.

Así, el espíritu que se ha liberado del materialismo, de las convenciones rutinarias y de las imperfecciones humanas, en lugar de hacer de una fracción del globo terrestre el objeto de su amor, la votará sin distinción a todas las demás fracciones que completan esta unidad que se llama Tierra: en lugar de restringir su afecto a un solo país, amará a todas las naciones por igual, seguro que más tarde todas formarán una sola patria, gobernada por un monarca supremo, el Omnipotente, síntesis de todas las perfecciones, con un justo pabellón, donde se leerá el título, escrito en caracteres brillantes: 'Dios es el amor al prójimo.' Alrededor de este pabellón se reunirán las diferentes razas que aun hoy se odian, y todas las naciones se fusionarán en una, grande y poderosa, mediante el brillo de sus virtudes. Los elevados sentimientos que, hasta ahora, los espíritus que encarnan en la Tierra han consagrado, en sus múltiples encarnaciones, cada vez a uno de los países que cubren la superficie de este planeta, acabarán constituyendo un foco único desde donde irradiará el amor puro, hecho de altruismo, compasión y humildad.

Ejemplos de tal amor tienen ya los hombres ante sus ojos en estas criaturas que sacrifican la belleza y la juventud, que abandonan los placeres mundanos para dedicarse a una caridad ilimitada, pasando su existencia en las salas de los hospitales - donde todas las castas están niveladas, donde se desarrollan los dramas más conmovedores de la humanidad -, el odio termina, donde el orgullo y la arrogancia son pulverizados en el aliento de la adversidad: arrodillándonos al lado del lecho de los moribundos, curando heridas pútridas, difundiendo consuelos, teniendo siempre imágenes de muerte, miseria, impotencia humana, viendo el dolor como el gran nivelador de la Humanidad.

En el futuro, este papel recaerá en el amor. Luego, mientras su chispa divina se produzca en un corazón, encenderá todos los demás, sin que nadie pregunte a qué nación pertenece el primero, si es un noble o un plebeyo, un nabab o un pobre zapatero... ¡Es amor, eso es todo!

Así será cuando haya pasado el torbellino de los siglos venideros, cuando, con el lema - Dios es amor al prójimo -, la tumba de la fraternidad sea levantada por todas las naciones, lo que significará que se han convertido verdaderamente en hermanos, que se han unido indisolublemente, que sus fronteras se han expandido indefinidamente hasta los océanos, que estos son sus únicos ejércitos.

Llegará por fin la era bendita, en que las huestes guerreras abandonarán sus espadas y fusiles; en que todos, convertidos en campeones de la paz, empuñarán el cincel, el pincel, la pluma, los instrumentos agrícolas, los instrumentos quirúrgicos, los del arte de los sonidos, en los que las fantásticas sumas, hasta ahora gastadas en armamentos y municiones, revertirán en el trabajo del bienestar social, en el embellecimiento artístico de las ciudades, todas las bayonetas, de todos los cañones, entre todos los obuses, servirán para perpetuar la victoria más bella del mundo en otra columna Vendôme [15], en otro Arco del Triunfo. En definitiva, servirá para construir con él, en este planeta, el más glorioso de los monumentos, cuya cúspide casi tocará las nubes, consagrado al divino Paxl[16].

La sociedad de este buen futuro no permitirá más que dos jóvenes esperanzados abriguen un odio abominable, destruyéndose cruelmente la vida mutuamente, como jaguares ávidos de carroña, sedientos de sangre.

La humanidad futura ya no estará de luto por una tragedia como la que tuvo lugar en París, la ciudad de la luz, y cuyo prólogo se desarrolló en Berlín.

Ahora, Paulo, los tres seres, uno de los cuales eres tú, que ya han pasado por muchas existencias unidos por el odio y el amor, se reencontrarán, en encarnaciones posteriores, aun más dolorosas, encadenados exclusivamente por los lazos de los afectos sacrosantos.

¿Estás temblando? ¿No crees que eres lo suficientemente fuerte para emprender esta terrible batalla, en la que tendrás que afrontar con valentía las armas constantemente alzadas a tu sensible corazón - los dolores abrasadores de las pruebas redentoras -, empuñando solo el lábaro de la fe, la resignación y el coraje moral? ¿Aun amas a Elizabeth? ¿Quieres que su existencia esté unida a la tuya por lazos aun más estrechos que en tiempos pasados? ¿Te sientes con el espíritu espartano y la suprema intrepidez de perdonar y amar a tu enemigo Carlos Kceler, aquel que te traspasó el corazón con su estoque, después de haberlo golpeado más dolorosamente cuando, como un verdugo despiadado, te hizo consciente de la muerte de su hija, impulsado al suicidio, a cometer este crimen por sí mismo, que nunca se compadeció del sufrimiento de sus víctimas excepto cuando las vio indefensas?

---

[15] Plaza monumental de París en cuyo centro se alza una famosa columna, hecha con 1.200 cañones arrebatados al enemigo por Napoleón I, en 1805.

[16] Paz

Si te sientes con esta energía heroica, tu nueva existencia, en unos pocos lustros, quedará esposada a aquel a quien llamaste hace apenas unas horas - olvidadizo, como siempre ha ocurrido en todos tus trances más dolorosos -, el Creador de las almas y constelaciones, de todo lo que ignoras.

Pero también debe ser el caso de Carlos, porque sus espíritus están indisolublemente unidos entre sí por el rencor y por los crímenes cometidos en común. Después, solo estarán unidos por los sentimientos más nobles y sublimes. Si; sin embargo, si lo haces y no perdonas al desgraciado delincuente, durante milenios te encontrarás separado de aquella que amas y por quien aun sufres con locura. Reflexiona, Paulo, y acabarás accediendo a mis súplicas.

Tienes ante ti un frágil puente levadizo que, arrojado sobre el inconmensurable abismo al que afrontas, te dará acceso a tierra firme. Cuento contigo para hacer un pacto conmigo, tu protector de muchos siglos, que te ha inspirado aversión al mal y al culto de lo meritorio; yo, que te he inspirado con ideas elevadas, muchas de las cuales has puesto en práctica; yo, que solo quiero reparar tus transgresiones contra las Leyes Divinas, para que, en el futuro, estés libre de dolor; yo, que he sufrido tus desvíos y aliviado, innumerables veces, tus amarguras, apelo a la nobleza de tu carácter y quiero que firmes conmigo este pacto sagrado: de ahora en adelante solo realizarás actos dignos. y actos loables; adorarás al Eterno, mucho más que a tu esposa. ¡Cumpliendo este ideal, que he acariciado durante mucho tiempo, te mostraré sus dominios siderales, tus imperios de luz, para que la admiración por la sabiduría, la perfección, la gloria y la bondad de quienes las difunden por el Universo puedan germinar en ti!

CAPÍTULO IV

Entonces comenzamos, impulsados por la poderosa voluntad de aquel ente luminoso, a cortar rápidamente el aire. Yo, que poco antes me sentía anclado a la tierra, tuve la sensación de haberme liberado de la gravitación terrestre y de estar bajo el control exclusivo de la fuerza centrífuga, que seguramente me lanzaría al cielo, que me atraía, encantada. Yo, me aluciné. Al cabo de unos instantes, contemplé el espectáculo más maravilloso que hubiera podido imaginar en horas de sueños o de éxtasis: el desfile, por así decirlo, de las estrellas a las que nos acercábamos, en nuestro vuelo cada vez más rápido, más vertiginoso.

Pasamos más allá de la atmósfera del globo terrestre, dejamos de sentir su atracción, penetramos en el éter y experimenté una sensación que me pareció inédita, delicada, sutil, incomparable: que estaba impregnando mi periespíritu, identificándose con mi naturaleza fluidica. Finalmente tuve una impresión de calma, de serenidad, de entumecimiento, como nunca antes había experimentado en la Tierra.

A mi lado, el guía, refulgente y silencioso, parecía no prestar atención a lo que nos rodeaba, acostumbrado, por supuesto, a la espléndida apoteosis divina de las cambiantes constelaciones. De repente; sin embargo, me llamó la atención, señalándome las estrellas que estaban cerca de nosotros y que aparecían como magnificadas por un telescopio mágico.

- Hoy, querido amigo, después de tu última desmaterialización, ya sabes, por el asombro que sentiste, la estupefacción, el pasmo, el casi delirio que se apodera de un espíritu neófito, cuando - tras una esfera radiante -, en pleno infinito;

cuando, al salir de la oscuridad planetaria, se sumerge en este océano de éter salpicado de perlas, donde gravitan las nebulosas.

La misma sensación quizá experimentaría un tímido campesino galo, criado en una miserable choza, que de repente entró en la Ópera de París, en el momento de una apoteosis fantástica, maravillosamente iluminada, tocando tranquilamente una orquesta encantada.

Lo que experimenté de repente, al alcanzar el cielo decantado, fue asombroso. Aquellos soles que hasta entonces solo había podido contemplar como manzanas de luz colgando de una gigantesca fronda azul, pero limitado por la visión, de repente tomaron para mí otro aspecto. Aumentaron de volumen y de resplandor, se volvieron ciclópeos, se me aparecieron en graciosas posiciones, desmembrados unos de otros. Pude considerar cuán defectuosa es la percepción humana, ya que, a la vista de quienes aun se encuentran en la Gehena terrestre, las estrellas aparecen incrustadas en la concavidad de una única cúpula de color turquesa, como clavadas entre sí sin distinción apreciable, siendo las constelaciones núcleos meramente fosforescentes.

Los vi entonces desconectados, colosales, resplandecientes, ardientes, de distintos matices, incomparables, indescriptibles en el lenguaje de los seres terrenales.

Recordé, en aquellos momentos de indescriptible arrobamiento, que la Tierra - por la liberalidad del nawab celestial -, encierra en su seno pequeñas constelaciones - ciertamente fragmentos de estrellas, que se fusionaron con ella -, cuando el Divino Arquitecto, creando el Universo, manipuló el elementos componentes todavía en difusión, en caos.

Quizás por eso, cuando se formó su corteza, destellos de soles, moléculas de esferas luminosas, de diferentes colores, se incrustaron en ella y se alojaron en su interior, donde formaron los más espléndidos depósitos de diamantes, esmeraldas, rubíes, topacios, turmalinas. Así, estas exquisiteces de la naturaleza terrestre no son más que virutas de estrellas rodadas desde el Más Allá, cuando el excelente artista cincelaba los cuerpos siderales.

Por eso el orbe terrenal se convirtió en lugar de enterramiento de joyas policromas, de chispas iridiscentes que caían del firmamento en el momentos en los que el cincel del eterno Lapidario labraba las brillantes gemas, que luego constituirían las constelaciones.

Pasamos, a ráfagas, a través de las gotas de luz más deslumbrantes, portentosas y titánicas, de suavidad crepuscular, de todas las gradaciones, en la cromaticidad infinita de los colores. Y no sabría decir, si alguien me preguntara, cuál fue la más admirable de las lúcidas camándulas que el Creador esparció por la inmensidad, pues todas eran incomparablemente hermosas. Las había en todos los tonos: lila, violeta, amaranto, violeta, amatista, rosa, nacarado, carmesí, ocre, cerúleo, turquesa, cobalto, ultramar, verde claro, esmeralda.

Sin embargo, no me detendré en la descripción detallada de estas obras del Cosmos, pues ya las conoces a fondo. Si a veces detallo la narración es porque deseo, querido amigo, transmitirte fielmente mis pensamientos secretos. Así, no pude omitir la emoción que experimenté al contemplarlas de cerca por primera vez, al adentrarme en la erraticidad donde pasé más de veinte años aprendizajes esenciales para la evolución de mi alma, instruyéndome en la incomparable escuela del infinito, apreciando, a su vez,[17] las estrofas de los espíritus de luz, ya talladas como diamantes raros. Todavía no me permitían estar en comunión con ellos, a cuyas mansiones subí solo para recoger un ejemplo que me sirviera de regla para proceder en una nueva encarnación; que sirvió para cumplir con mis deberes hacia los demás y hacia lo increado, única manera de alcanzar la perfección psíquica. Fui allí, sobre todo, para aprender a venerar al Creador de todos estos nidos luminosos, lugares donde trabajan los libres de errores, mundos que una vez me fascinaron y hoy me persiguen.

---

[17] Por haberlo visto.

Mi guía preclaro y yo parecíamos dos peces de ojos blancos; él; sin embargo, estaba cubierto de un brillo permanente que lo hacía translúcido. Su cuerpo astral era muy diferente al mío.

Nadamos hacia arriba en un océano de radiación, nunca visto por mí en mis sueños. A veces, la belleza de mi deslumbrante compañero me deslumbraba. Fue cuando atravesamos las coloridas fotosferas que brotan del núcleo de las estrellas, auténticos nimbos de luz suave y aterciopelada. Se metamorfoseó, se transfiguró y, absorbiendo los colores más bellos, los matices más delicados, se convirtió en una belleza ideal y sorprendente. Su mediador plástico, de esencia más pura que la mía, se saturó, impregnándose más fácilmente de aquellas proyecciones luminosas.

De repente, despertándome de la embriaguez en que estaba sumergido, volvió a hablar, o mejor dicho, empezó a hablarme de nuevo en el lenguaje del pensamiento, el más perfecto y rápido del Universo, diciendo:

- Aquí, Paulo, hay una estrella que te hizo enloquecer, unas perlas de luz del collar divino, esparcidas por el infinito, constituyendo las diferentes moradas de los espíritus avanzados. Ya puedes tener una idea aproximada del poder y la omnisciencia de aquel a quien en tu última encarnación no supiste amar o apreciar como debías. ¡Era necesario que penetraras en la sublime escuela de la amplitud para que aprendieras a venerarla!

- ¿Es creíble - le dije, con los sentidos todavía un poco borrados por el asombro -, que criaturas que, en la Tierra, sufrieron y cometieron crímenes puedan venir a vivir aquí? ¿Puedo aspirar a convertirme en uno de sus habitantes en el futuro? ¿No son éstos de una estructura más quinta esencial, como la de nuestro periespíritu, de una perfección inalcanzable para los seres terrestres?

- Hoy lo tienen, pero alguna vez fueron impuros, caliginosos y espantosos. ¿Qué somos ellos, yo y ellos, sino almas redimidas en el Jordán del dolor, remotos delincuentes planetarios, que nos despojamos de las debilidades y errores humanos, para que de nuestro yo fluya la luz, la esencia que nos identifica con el Creador? ¿Qué sorpresa sería si supieras a qué distancia estamos del pequeño planeta donde sufriste dos pruebas, sin que todavía le pertenezcas, y para las que tendrás que volver pronto? ¿Sabes, tal vez, qué distancia nos separa de París, donde se encuentra tu caja funeraria, devorada por vibrios mientras tu espíritu vuela por la extensión celestial?

- Estoy preso de un sueño fascinante. ¿Cómo puedo comparar mis conocimientos, mezquinos y finitos, con los tuyos, ilimitados, que suenan a los de entidades siderales? ¿Qué sé yo sino algunos rudimentos científicos adquiridos en las Academias del oscuro globo terrestre? De lo contrario, ¡ignoraría exactamente qué podría llevarme a la felicidad, si lo hubiera aprendido! ¿Existe en las matemáticas humanas algún cálculo con el que se pueda evaluar con precisión la distancia que separa los cuerpos celestes entre sí, logaritmos que estimen la inconmensurable grandeza de la Creación?

- Pues bien, reflexiona, Paulo, cuán defectuosa es la Ciencia que excluye el factor primordial de todas las cosas portentosas: Dios, el matemático incomparable, que proporciona soluciones a problemas difíciles para los hombres más eruditos. Nota el tremendo vacío que existía en tu alma y que solo podía ser llenado por el pensamiento sublime que, hoy, comenzó a florecer en ella - el del amor divino -, que todos los seres deben rendirle tributo. Valora cuán poderoso, omnisciente y misericordioso es aquel que nos castiga, mediante expiaciones aflictivas, por los crímenes cometidos; quien, después de reparar todos los crímenes, extiende su diestra protectora sobre nuestra frente, y nos regala su bendición de luz, premiando nuestro coraje moral con una felicidad indescriptible y perpetua. Es el Padre tierno que con compasión corrige las desviaciones de sus amados hijos, pero no los abandona, proporcionándoles siempre todos los medios para ser felices en el futuro. ¡Ahora comprendes que, de este instante, de este átomo de tiempo - que se llama vida material -, depende nuestra felicidad perenne! Sufrir es, por tanto, afinar el alma, es, como hace el escultor con un bloque informe de Paros,[18] que se transforma en una obra maestra de la irresponsabilidad estética comprensible, dale forma para que, despojada de errores e imperfecciones, facetada como un diamante sin brillo, brillando como un fragmento de Eva,[19] después de haber sido sombra, hollín, oscuridad, se eleve en la escala espiritual y venga a habitar una de estas moradas resplandecientes, que te hacen delirar.

Si hubieras sabido llevar a cabo tu última misión, soportando cristianamente las dolorosas pruebas, cultivando los sentimientos generosos que ya posees, aborreciendo el mal que no practicaste en aquella existencia extinta; si hubieras venerado al Omnipotente más que tú venerada criatura humana a quien te dedicaste sin restricciones y que no era más que una de las innumerables chispas que continuamente se desprenden de ese foco inextinguible - tú y ella, unidos por el cariño que mutuamente se consagran, podrían vivir felices, tras desmaterializarse, en uno de estos orbes que parecen desfilar ante nosotros, como una procesión de radiantes vasallos, hacia el Monarca Absoluto.

Sin embargo, han cometido crímenes y ahora ambos van a cumplir nuevas condenas, incluso más severas que las que merecían en sus existencias anteriores. Tú, Paulo, tienes que empezar otra misión de nuevo y si obtienes una nueva condena o la absolución depende de tu desempeño.

Reconstruye, pues, las potencias de tu alma; saca del éter las nuevas fuerzas que muchas veces te faltarán en la Tierra, a donde regresarás; recupera la energía debilitada por las adversidades de tus encarnaciones accidentadas; contempla y admira el imperio de luz que anhela tu alma; reflexiona sobre la sabiduría, el poder, la paciencia de aquel que siempre olvidaste en los momentos de angustia.

Nunca te acordaste de pedirle ayuda para realizar tus deseos; solo aspiraste a ser afortunado en el instante, en el fugaz relámpago de

---

[18] Isla griega en el Egeo. Famosa en la antigüedad clásica por su mármol blanco.
[19] El planeta Venus.

una vida planetaria, en el que el hombre, cuando llega al medio siglo, comienza a declinar visiblemente, cubriéndole la frente de nieve y colgando hacia la tumba, mientras, en el firmamento, pasan los milenios, y los espíritus, invulnerables a la acción del tiempo, se vuelven más bellos, más perspicaces, más radiantes, en plena posesión de todos los atributos de su alma. La Humanidad; sin embargo, solo valora el momento en que pisa suelo terrenal, el momento que, en la infinidad del tiempo, expresa la duración de una existencia, ¡y desprecia el futuro que se desarrolla sin límites en miríadas de siglos!

¿Comprendes ahora que hay un Ser Soberano que preside nuestros destinos y a quien debemos amar sobre todo, superlativamente, porque su perfección es inconcebible, su bondad ilimitada, su poder inconmensurable? Yo, que estoy aquí a tu lado, queriendo instruirte en las verdades celestiales, ¿no soy yo una prueba de la generosidad divina? Podrías haber permanecido encadenado, durante siglos, a aquella llanura árida donde te encontrabas, torturado por el silencio y la inercia eternos, esclavo de ti mismo, devorado por tus propios pensamientos. - como Prometeo[20] por el cuervo cruel y voraz -, abandonado por toda la Humanidad, atormentado por la añoranza de tu novia y el odio de tu adversario, sin ver a un amigo.

¡Sin embargo, todo este martirio inquisitorial te fue ahorrado! Dios no quiere ni permite que ninguno de los seres creados por él deje de progresar. Por eso te inicio en el sublime noviciado en el que aprenderás qué es el infinito, qué es el eterno es, ¿cuáles son sus leyes irrevocables? ¡Es para que el deseo de amarlo y servirle lealmente penetre en tu alma, por gratitud, por sumisión, por sincera veneración y no por cobardía, por miedo al castigo despótico! Su poder infinito no aplasta; al contrario, eleva - desde el abismo de los crímenes abominables hasta los reinos etéreos

---

[20] Titán griego que robó el fuego divino a Zeus para dárselo a los hombres, quienes así pudieron evolucionar y distinguirse del resto de animales. Como castigo, fue encadenado a la cima del Cáucaso, donde un cuervo devoró su hígado.

donde gravitan los soles -, las almas de los réprobos ya redimidos, dándoles el goce de los espléndidos tesoros que su munificencia difundió por todo el Universo - ¡prodigio supremo!

Ahora que has visto tantos portentos siderales, que tu alma está en paz, después de días de verdadera agitación íntima, necesitas tomar una seria y gran deliberación: comprometerte en la resistencia a los sentimientos que se alimentan del mal.

¿Quieres, Paulo, realizar una tarea provechosa, pero arriesgada, que dará a tu espíritu un mérito incomparable, dándote la oportunidad de purgarlo de sus últimas imperfecciones, de librarlo de los errores en los que trabajaste no hace mucho, haciéndote subir un escalón en la escalera de la evolución psíquica? ¿Tienes el coraje de enfrentarte a tu ex víctima, a tu ex asesino, sin repulsión y sin desearle ningún daño? ¿Quieres vivir junto a Carlos y Elizabeth sin poder hacerlo? ¿Verlos, sacrificarte, darles tu salud y juventud, heroicamente, olvidando las faltas de uno y amando al otro con un sentimiento menos sensual, más fraterno y más puro?

Elige: o los siglos que te separan de aquella a quien adoras, si persistes en tu error, o la recompensa, después de realizar una ardua misión de sacrificio y devoción. Para poder llevarla a cabo, emprenderás una práctica errática de más de cuatro lustros, para que vuestras facultades morales se fortalezcan con las saludables enseñanzas que recogerás en regiones etéreas y no te dejes debilitar en la presa del dolor, en la batalla espiritual que tendrás que librar, en las pruebas por las que pasará tu extremo corazón. Tú sabes bien que quienes tienen los sentimientos más refinados son los que más sufren.

Me encontré, pues, en un momento decisivo: sentí el deseo vehemente de progresar espiritualmente, para poder disfrutar de las maravillas celestiales que ya conocía, el deseo insaciable de combinar mi existencia con la de la idolatrada Elizabeth, pero todavía no me era posible pensar sin vergüenza ni resentimiento en su hermano; perdonarlo sin dejar huella en mi alma de los dolores con que me torturó. Esta lucha secreta; sin embargo, no duró mucho, ya que en lo más profundo de mi espíritu se creaban pensamientos de paz y armonía, se estaba produciendo una revolución completa.

Comencé a analizarme y descubrí que incluso en el sentimiento que siempre había dedicado a Elizabeth, se había producido una mutación notable. Comencé a dedicarle un cariño muy diferente del que le dediqué en la Tierra: menos humano y más escéptico, una amalgama de sufrimiento, sacrificio, anhelo, ternura, capaz de animarme a soportar todas las adversidades atormentadoras. En un horizonte íntimo estaba el amanecer de otro amor supremo.

Algo inmaculado, redentor, divino, había penetrado en mí a través de la grieta que el lenguaje noble y convincente de mi instructor preclaro había abierto en mi alma. El escepticismo que la había perseguido durante mucho tiempo se había evaporado; se había desvanecido como un copo de nieve diluido por el Sol tropical; ¡la suave, cálida, acariciante, inextinguible luz del amor por el Árbitro Supremo de todas las criaturas había invadido el santuario de mi ser! Anhelaba manifestar sumisión y reconocimiento a mi generoso protector.

De repente, rodeado de constelaciones, admirando la magia divina, la magnificencia de las esferas resplandecientes, firmé con él un pacto de honor para hacer solo el bien; soportar cristianamente todos los contratiempos de la vida terrenal que el Creador me concedió; perdonar a Carlos todas las amarguras que me había infligido, en represalia por las que yo le había hecho sufrir en el pasado.

Mientras formulaba este último punto, un temblor me sacudió profundamente: algo nebuloso, etéreo, se rompió y se hizo añicos en mi interior. ¡Perdonar! ¿Me había vuelto loco en medio del espacio? Tal vez. ¿Había realmente perdonado a Carlos? ¿Me sería posible olvidar las lágrimas que brotaron de mis ojos hasta doler, olvidando los dolores infernales con los que mi corazón había sido plagado, haciéndome rechinar los dientes en la desesperación, en la locura, en la ira, en la furia? ¿Comprometerme a amar a alguien que nunca había sentido lástima por mí?

Perdonar es, sin duda, inspirarse en el mismo Dios, ¡es pasar de lo humano e imperfecto a lo semidivino! ¿Sería creíble si no execrara a mi cruel antagonista? ¿Qué cosa maravillosa había sucedido dentro de mí? ¡Dejé de ser sombra, noche, caligrafía, para volverme luminoso como las estrellas! ¿Cómo?

Es que el amor consagrado al Todopoderoso disuelve, hasta el último átomo, el odio que se aloja en lo más recóndito del alma, como Febo vence la oscuridad de la noche, como los inviernos ahuyentan a las golondrinas, como la espada del arcángel pone al dragón a vuelo simbólico.

Solo entonces comprendí que el odio oscurece el espíritu, al mismo tiempo que lo vuelve plomizo e infeliz, pues - desde que pronuncié la sublime palabra perdón -, me sentí diáfano, sutil, con una serenidad indescriptible, como nunca había disfrutado. antes. Por primera vez pude quedar extasiado por las armoniosas vibraciones de la Creación, como si todas aquellas esferas centelleantes fueran arpas esparcidas por el empíreo, que, juntas, interpretaban una maravillosa sinfonía, interpretada por el propio artista supremo. Pensé que estaba soñando... ¡delirando! De repente, todo se detuvo.

El mismo silencio de antes me envolvió de nuevo. Pero en mi alma había cristalizado un rayo de luz, que solo se apagó cuando comencé la nueva existencia planetaria. Durante este tiempo; sin embargo, esa luz a menudo brillaba como un fugaz crepúsculo dentro de mí, en los momentos en que mi tortura moral era más vívida.

CAPÍTULO V

Desde hacía algún tiempo, junto a mi distinguida protectora, vagaba por el Universo, cada vez más deslumbrado por espectáculos sin precedentes, que continuamente me era dado contemplar en el mismo magnífico escenario que ahora nos rodea.

Una vez - sin saber con certeza cuántos años llevaba desmaterializado -, pues había perdido la noción del tiempo, como aprecian los habitantes del globo terrestre - al pasar por las fotosferas de orbes resplandecientes que, contempladas desde el interior de las vestiduras carnales -, nos parecen gemas brillantes, nos acercamos a una de las texturas más prodigiosas, similar a la turquesa fosforescente. De ella manaba, ininterrumpidamente, una luminosidad, una luz de luna azul, muy suave, aterciopelada. Era, como sueñan los creyentes, un verdadero cielo en el que quisiéramos penetrar para endulzar el alma ansiosa, calmar los sentimientos impetuosos, bañándola en ondas opalinas de paz y serenidad incomparables.

Entonces me impactó, por segunda vez, pero con mayor precisión, la indescriptible armonía de los acordes de una invisible orquesta sideral. Imagínense mi embeleso cuando escuché en concierto voces de timbre celestial combinadas con sonidos de flautas, cítaras y estradivarios tocados por seres etéreos y cuyas notas emanaban de la corola de aquel astro maravilloso, así como se exhala deliciosa fragancia de la pulpa de lirio en noches de Luna llena. Noté que los soles también tienen aromas embriagadores, que se liberan constantemente desde sus núcleos radiantes. ¡Son las vibraciones del canto que se elevan hacia el eterno! Mi hermosa guía nunca me había permitido acercarme así a uno de los mundos más portentosos de la Creación. Me sentí, pues, extasiado escuchando los acordes de aquella música inefable. ¡Una sinfonía en pleno Infinito!

¡Eran dulces canciones y hermosos instrumentos tocados en el éter por entidades ciertamente diáfanas, con contornos exquisitos!

Un coro de arcángeles escuchado por un espíritu bisoño que fue iniciado en los secretos de la divinidad. ¡Puedes imaginar mi arrobamiento, mi embelesamiento! Deploro que no existan expresiones en el lenguaje humano con las que pueda dar a conocer lo que pasó en lo más recóndito de mi alma. No hay palabra que exprese lo imposible, ni que traduzca nuestros sentimientos más secretos. Me gustaría - si Dios me lo permitiera -, quedar fascinado, extasiado, paralizado en la inmensidad, equilibrado en el éter - como un colibrí ebrio de miel y perfume, inmóvil sobre una rosa seductora -, escuchando perpetuamente los arpegios ejecutados por el Sílfides siderales, que no me permitieron contemplar, pero que son necesariamente ideales, sublimes, de una belleza indescriptible. Expresé mi deseo a la querida instructora, quien no lo ignoraba.

De repente, habiendo aprendido de ella a admirar el Cosmos en nuestro recorrido a través de las constelaciones, con mis ideas iluminadas por un relámpago interior, elevé mi pensamiento al Todopoderoso, dirigiéndole una vibrante súplica, un himno que el alma, reconocida y deslumbrada, improvisada.

Por segunda vez sentí que, por los siglos de los siglos, todo lo que era oscuro o pesado se había desmoronado dentro de mí, dejando en su lugar un rayo de luz, que prendió fuego a todo mi cuerpo fluidico. Sucedió lo que a veces le sucede al nimbo que, desgarrado por el vendaval, deja al descubierto, en el fondo de la bóveda celeste, una leve franja azul, donde titila una estrella, con brillo diamantino. Después de terminar la oración, murmuré, como si el mismo Todopoderoso me escuchara:

- Señor, ¿por qué no nos concedes la gracia de permanecer aquí hasta la consumación de los evos? ¿Por qué no me dejas penetrar en este orbe cuyos habitantes, por supuesto, disfrutan de una felicidad ideal?

Mi instructora permaneció en silencio, entristecida.

En esos momentos felices, querido amigo, me había olvidado un poco de Elizabeth. Se me ocurrió lo que nos sucede cuando, sumergidos en un sueño letárgico, sueños encantadores nos llenan la mente, haciéndonos olvidar las penas más punzantes, las penas más intensas, los sufrimientos más vividos. Me encontré en un estado normal, en el que los recuerdos que había tomado de la Tierra se desvanecían, al mismo tiempo que surgía en mi alma otro sentimiento incoercible, inexplicable: una mezcla de gratitud, dulzura, admiración, una síntesis de todos los afectos nobles y encendidos, objetivados en ondas de luz y armonías: ¡el amor sublime al Creador!

¿Acaso mi cariño por Elizabeth había disminuido? ¿Será que recordarla en el cielo nubló mi felicidad, me entristeció?

No. Solo en mi espíritu se produjo una transposición: el amor humano había descendido unos grados por debajo del otro, que había ascendido al infinito. Ambos; sin embargo, ya habían atravesado los rayos de la Tierra y alcanzado la culminación del firmamento estrellado. Me seguían como la espuma sigue una góndola que cruza un lago azul, eran parte integral de mi ser, estaban unidos a mi alma por eslabones que nunca se romperían. Se había producido en mí una gran metamorfosis, la misma que atraviesa la syrgo, la oruga, cuando se convierte en mariposa: deja de volar alrededor de los tallos de las verduras y de la hierba, y vuela por los aires, chupando el néctar de las flores, rugiendo, alas iridiscentes y brillantes, envidiadas por las propias rosas que se enamoran de ellas. El amor por la criatura, aunque profundo y eterno, había pasado a un segundo plano, hecho de sufrimiento, de esperanzas desvanecidas, de años de angustia, de dolores sin precedentes, de recuerdos sagrados; el otro, el amor del incognoscible, estaba compuesto de luminosidades, melodías, fragancias, pureza, suavidad, tenía la blancura y la ligereza del armiño. Sin embargo, desde entonces se han vuelto tan apegados el uno al otro que se ha vuelto imposible desconectarlos para siempre. Me parecía que, si uno de ellos se extinguiera, dejaría dentro de mí un vacío tan profundo e insondable que ni siquiera las aguas de todos los océanos alcanzarían para llenarlo.

***

Mi admiración por la magnificencia del Universo iba en aumento.

Le pregunté a mi generosa guía cuánto tiempo había pasado desde que deambulábamos por el espacio, con raros descansos. A lo que ella respondió:

- Son cuatro lustros - como los cuentan en el mundo del que venimos -, salimos de la Tierra y; sin embargo, con este recorrido que hemos hecho por el inconmensurable firmamento, no conociste ni una mínima parte de sus portentos. Muchos más te serán revelados cuando tu espíritu se haya despojado de la última partícula de imperfección.

Lleno de sorpresa exclamé:

- ¡Oh Dios, tú eres la síntesis incomparable de poder, sabiduría, bondad y magnanimidad superlativos! ¿Cómo podría yo, te lo ruego, que en la Tierra nunca haya elevado el pensamiento al ilimitado que tú creaste con el poder de tu voluntad; que nunca pronuncié tu nombre con veneración; que nunca estudié tus Leyes inmutables, llenas de sabiduría y justicia; que me colmé tantas veces, en momentos de tortura moral, de rebelión contra tus designios y contra el destino; que siempre he sido un desafortunado ateo, merecedor de un severo castigo por las ideas siniestras que muchas veces permití que explotaran en mi cerebro alucinado; cómo podría merecer tu misericordia, tu generosidad?

¡¿Cómo podría merecer que uno de tus más iluminados emisarios me instruyera en las grandes y eternas verdades divinas, me iniciara en los arcanos siderales, me iluminara sobre los deberes que nos imponías, encaminados a la perfección de tus criaturas, para que pudieran disfrutar, después de haber sido redimidos por el dolor, de las maravillas que han perseguido a mi espíritu inexperto?!

Eres infinitamente bueno, porque con cuidado paternal permitiste que este atroz mensajero me enseñara cómo adorarte, mostrándome tus dominios resplandecientes, que dan testimonio de tu longanimidad, por eso los reservas como recompensa para quienes se esfuerzan, para quienes desempeñan valientemente sus misiones y cumplen religiosamente sus obligaciones para contigo y para con tus semejantes.

Continué, con una intensa vibración de todo mi ser, expresando pensamientos que, transmitidos con gratitud al Creador, agradaron a mi augusta compañera, quien murmuró:

- Hace poco, Paulo, expresaste un pensamiento que olía a egoísmo. Ahora tu oración fue más humilde y más vehemente. Esto me hace feliz, porque demuestra el gran triunfo que ya has logrado. Liberaste al alma del oscuro ateísmo que la ensombrecía, que la sumergía en una espesa oscuridad. Conseguiste hacerla volar hacia el Todopoderoso, quien la cubrirá de bendiciones y de luz.

Debo decirte ahora que el deseo que acabas de formular - el de disfrutar perennemente de los encantos de este maravilloso mundo -, nunca se hará realidad, porque de lo contrario te condenarías a la inercia, que constituye la negación del progreso del alma. El trabajo es el ascensor que lleva nuestro espíritu a las alturas luminosas. Solo podemos alcanzar la felicidad suprema - liberarnos del dolor, realizar la evolución espiritual, alcanzar la perfección, en definitiva -, trabajando y sufriendo siglos y siglos. Solo podrás entrar en esta esfera azul, de la que surge tan sorprendente sinfonía, después de las nuevas y espantosas pruebas que pasarás en la Tierra, a donde debes regresar pronto.

Experimenté, ante las últimas palabras de mi protectora, un terror inexpresable. Después de contemplar tan deslumbrantes espectáculos, después de haberme deleitado con aquella incomparable música sideral, la idea de regresar al miserable planeta donde había sufrido me resultaba sumamente dolorosa. Sin embargo, no me rebelé contra el destino, no sentí el más mínimo movimiento de insubordinación sacudir mi espíritu, que permaneció sereno, resignado a soportarlo todo por gratitud al Todopoderoso y, todavía y siempre, por amor a Elizabeth, a cuyo lado deseaba volverme a ver, para demostrarle a ella y a mi digna mentora la grandeza de mi dedicación.

Entonces pregunté:

- ¿Entonces tengo que regresar a la Tierra?

- ¿No fue allí donde cometiste delitos, violando las Leyes Divinas y sociales? Solamente saldaste, con un proceder digno y con tus últimos sufrimientos, las deudas en que habías contraído en el pasado. Ahora tienes que rescatarlos hasta el último centavo.

¡El pasado! ¿Cómo puedo olvidarlo, aunque sea por un momento? Se nos presenta, en cada momento, mientras estamos en la erraticidad, como en una serie ininterrumpida de fotografías, a veces intensamente iluminadas, a veces oscuras y de calibre como los pensamientos de los criminales. A veces nos horrorizamos de nosotros mismos por lo que ya hemos hecho; y, en otros, sollozamos, sufrimos, repasando amarguras pasadas. Así evaluamos la perfección de la Justicia Divina. De vez en cuando hay un interregno, en el que el espíritu parece quedarse dormido. Entonces, dotado de intrepidez moral, protesta que solo realiza acciones meritorias, ruega al Omnipotente que le conceda pruebas dolorosas, para que sus sufrimientos duren menos y pueda encontrar más rápidamente refugio en los mundos de los redimidos y benditos..

Pude olvidarlo, por un tiempo, gracias a esa música indescriptible que había hecho un repentino *staccato* [21] en mis pensamientos, paralizándolos, volviendo apáticos todos mis sentimientos, dándome la sensación de una anestesia invencible, o la impresión de simplemente existir, en mi memoria, el presente. De repente; sin embargo, las palabras de la austera guía me llamaron a la realidad; hubo, una vez más, en mi alma, el resurgimiento del cariño que dediqué a la amada criatura, que había sufrido tanto por mí, y esto me infundió nuevas fuerzas,

---

[21] Designa un tipo de fraseo o articulación en el que las notas y motivos de frases musicales deben ejecutarse con suspensión entre ellas. Significado figurado: pausa; expectativa.

generando en mi ser una heroicidad desconocida para soportar las pruebas morales más dolorosas. Por tanto, me propuse resueltamente satisfacer la deliberación de la protectora, que suavemente me dominaba.

Me encontré, entonces, como un querido amigo, feliz prisionero de una entidad superior, que tenía poder ilimitado sobre mí y a quien dediqué infinita y eterna gratitud. Sentí su influencia cautivadora y benéfica y, con vehemencia, aspiré a demostrarme digno de su protección y cuidado, haciéndole saber que entendía sus magistrales lecciones, que solo una cosa podía asustarme: nuestra separación, su impotencia.

Le expliqué lealmente mis miedos y ella me guio, con suma amabilidad:

- Te he seguido y velado durante siglos, Paulo. Sufrí atrozmente cada vez que transgrediste alguna de las leyes sagradas de la Providencia, cuando eras réprobo. Me alegro ahora, porque te veo sumiso y dócil a mis enseñanzas. No tengas miedo, por tanto, abandónate en el momento de la victoria definitiva. En todas tus desencarnaciones – debes aun recordar lo que te digo -, te guie hacia el bien, como lo hago ahora. Pero tu espíritu, mucho más imperfecto de lo que es actualmente, no me comprendió como hoy. Nunca te dejaré solo mientras necesites mi consejo y mi patrocinio.

Justo ahora, cuando por primera vez hiciste volar tus pensamientos hacia el Eterno, lamenté que no hubieras traducido solo un transporte de reconocimiento sincero, deploré que expresaras un anhelo de bienaventuranza perpetua. Todavía revelaste egoísmo. Deberías solo desear tu evolución psíquica, que es la que libera al alma del dolor que casi siempre es imprescindible para su acrisolación. Regresarás a la Tierra, donde tu último sobre material ya se ha convertido en polvo, y conmigo verás las tumbas de aquellos que sufrieron por tu causa; también descubrirás un hogar tranquilo que pronto será tuyo. Prepárate, pues, Paulo, más que nunca, para pagar tus pecados pasados llevando a cabo sin vacilaciones una misión desgarradora.

Al saber que, no solo por unos instantes, como suponía, me encontraba alejado del globo terrestre, sino que los años ya habían pasado velozmente, que más de un quinto de siglo había desaparecido de la infinita fuga del tiempo; le pregunté por la suerte de la que seguía siendo mi preocupación incesante - Elizabeth -, y de la que había sido mi torturadora, pero sin ira, pues ya la había perdonado por todas las torturas que me había infligido.

Mi protectora; sin embargo, permaneció en silencio. Comprendí, por la serenidad que reinaba en mi alma, que ningún sentimiento humano, cruel o malo, quedaba dentro de mí. El odio que me había atormentado durante mucho tiempo ya se había desmoronado como un iceberg arrojado a un cráter en llamas.

Poderes desconocidos dentro de mí florecieron. Mi alma parecía un arbusto de tallos espinosos, que, creciendo sobre un acantilado, había permanecido estéril durante muchos años y había sido azotado por los vendavales que arrancaban sus tallos y raras hojas virulentas; pero que, a las primeras sonrisas de la primavera, con su fronda esmeralda, se cubría de flores rosadas, de pétalos fragantes y aterciopelados, de contacto delicioso para la misma planta en la que se abrían.

Estas flores ideales fueron los sentimientos generosos que surgieron en ella, reemplazando las zarzas - los prejuicios perjudiciales para mi superación moral -, que cayeron por defecto de los saludables consejos de mi ilustre mentora y de la radiante primavera que reina en nuestras tierras estables.

✳ ✳ ✳

Abreviaré el relato que te he hecho de mi viaje por la extensión sideral. Solo te diré, querido amigo, que por momentos inolvidables penetramos en el mencionado orbe azul, luminosidad muy suave; fuimos testigos, por un momento, de la felicidad de los seres gráciles y aéreos que lo pueblan, sintiéndome molesto conmigo mismo, ante el contraste que noté entre mi cuerpo astral y la escultórica corrección, franqueza y resplandor de quienes, extasiados, me observaban, pasando en parejas, castamente entrelazados. Eran almas gemelas por sentimientos de afinidad perenne, libres de las imperfecciones de carácter, de la hipocresía, pensando solo en compromisos grandiosos, teniendo como ámbito solo el bien, las Artes y las Ciencias, componiendo himnos o salmos dedicados al Omnipotente y a los sentimientos más puros y dignificadores.

Nos encontramos a poca distancia de una casa solariega - o mejor dicho, de una exquisita catedral -, que parece tallada en una sola pieza de topacio con incrustaciones luminosas, con esbeltos minaretes de encaje, brillando bajo la luz que incesantemente brota desde su interior y que creo que es parte integral de su contexto. Los maravillosos sonidos de una maravillosa orquesta flotaban a su alrededor, haciendo vibrar los últimos acordes de una música celestial. Quería permanecer así, durante milenios, estacionado en el espacio, escuchándola con transporte, olvidando todos los tormentos que habían traspasado mi alma. De repente; sin embargo, la clara instructora me sacó del éxtasis:

- ¡Este es uno de los templos donde verdaderamente se adora al Soberano del Universo! Contempla, una vez más, Paulo, la colosal ciudad donde reina la escultura y el arte de los sonidos es cultivado por artistas verdaderamente brillantes. Observa la felicidad que te espera si completas tu próxima y muy conmovedora misión terrenal.

- Sí, te confieso que anhelo las pruebas más rigurosas, para poder merecer la Divina Misericordia, la redención de los crímenes cometidos en el pasado, para ganar con Elizabeth la recompensa a la que aspiro: ¡vivir en una región como ésta, que me fascina, eternamente!

- Confío en tus nobles aspiraciones y me alegra que expreses así tu pensamiento.

Recrea una vez más, antes que tu alma regrese al capullo de carne perecedera, los poderes del alma que necesitas para llevar a cabo una fructífera misión.

Pronto regresaremos al planeta de las lágrimas y el sufrimiento.

Un terror inmenso se apoderó de mi alma, que temí desmayar en momentos de gran amargura. Elevé nuevamente mis pensamientos al Todopoderoso y una repentina tranquilidad invadió todo mi ser, despertando en mí nuevas energías espirituales. Tuve la impresión que fragmentos de esa fotósfera azul, de ese ambiente seráfico, habían permeado mi espíritu y, por eso, fue con verdadera convicción que le dije a mi mentora:

- Estoy preparado para la presa de la desgracia: el Todopoderoso inundó mi ser con un océano de luz y de melodías, vigorizó mis sentimientos, permitiéndome contemplar las sublimidades de la Creación.

¡Creo que soy instruido por ti en las verdades celestiales y lo único que te pido es que no me abandones en los momentos de pruebas supremas! ¡Con tu ayuda podré triunfar sobre todos los contratiempos! Ahora sé adónde ir, buscar consuelo moral en los momentos de tortura y expiación: haré que mi espíritu suba al trono del Eterno, mediante fervientes oraciones.

- Me alegro de tus encomiables resoluciones, Paulo, y espero que sean inquebrantables. Te advierto que, al cabo de unos meses, te aliarás con aquel a quien execrabas y a quien adorabas más que al mismo Creador. ¿No te aterra la idea de vincular tu existencia a la de Carlos?

- No; me siento casi feliz, porque dentro de mí ya no hay rastro de odio, y ardo en el deseo de poner en práctica tus sabias enseñanzas.

Éste fue el compromiso formal que asumió el miserable Paulo Devarnier cuando, después de aquella estupenda gira por el Infinito, donde gravitan archipiélagos de nebulosas, pudo expresar su pensamiento a la excelsa entidad que paternalmente lo acompañaba. Éste es el pacto ansiado e indisoluble que, en aquellos magníficos momentos, mi guía y yo hicimos.

Querido amigo, cuando pronuncié la última palabra de nuestra alianza espiritual, firmada en el nombre del Altísimo, sentí que había comenzado a descender.

La fuerza centrípeta, que hacía tiempo que había dejado de existir para mí, comenzó de nuevo, impulsándome vertiginosamente hacia el planeta del dolor y las lágrimas, con una velocidad indescriptible. Una energía imparable me atrajo hacia la Tierra, como si fuera arrastrado por un ciclón irresistible, por un torbellino vertiginoso, hacia un abismo lúgubre, insondable, infinito...

LIBRO III

El inspirado

CAPÍTULO I

Cuando recuperé mis facultades intelectuales, que una encarnación reciente había oscurecido - un eclipse del alma, que la materia obnubila - *status morbidus* [22] en el que casi todos experimentan una parálisis temporal, una noche cuyo lento amanecer solo se completa cuando el espíritu se libera nuevamente del escenario carnal; cuando recuperé mis facultades, tiempo después de aquel peregrinaje maravilloso, instructivo y moral, a través del espacio insondable, después de haberme embriagado con el resplandor multicolor de miríadas de estrellas deslumbrantes y con los acordes melodiosos que surgieron de una de las más espléndidas estrellas engastadas en la extensión celestial - ¡me encontré en la Tierra, el miserable planeta de la expiación, donde había sufrido tanto y donde había regresado para cumplir una meta divina!

Sabía que pertenecía nuevamente a la Humanidad, pero no me era posible ver los seres ni los objetos que me rodeaban, como si el asombro que había experimentado en el empíreo hubiera sido tan intenso que hubiera absorbido mi facultad visual.

Quizás para que, después de haberme deleitado con la belleza incomparable, con el arte superlativo, con la estética sideral, en definitiva, no la profanara en la contemplación de espectáculos de orden inferior, o para que no sintiera nostalgia del infinito, añorando lo que, extasiado, se dio vuelta y, así, no intentó volver a los lugares celestiales, en su ansiedad por volver a verlos.

---

[22] Estado de muerte pulverizados por las decepciones de la vida, arrojados lejos por los torbellinos de la adversidad.

Me encontré en la situación de quien había encerrado en una urna de bronce, a modo de reliquia sagrada, un puñado de pétalos de rosa, ofrecidos por un ser querido en su hora extrema, y que, después de años, tenía miedo de abrirlos para para no ver los pétalos, reducidos a polvo, que el más suave arado podría arrebatar para siempre.

Las rosas siempre han sido el símbolo de la quimera, de lo ilusorio: son efímeras. Escogí las flores ideales del mismo azul donde brillan las esferas multicolores y me era necesario conservarlas intactas en el santuario del alma, para que, en la Tierra, no las viera.

Quien tiene los pies atrapados en un pantano dañino sufre más si sus pensamientos están atados a las estrellas. ¡Por eso, el Soberano del Universo hace bien en cautivar la memoria de todas sus portentosas obras en los rincones más oscuros del espíritu, para que, se ajuste a su destino, que es vivir preso en las sombras, sin recordar los chorros de luz de las constelaciones!

¿Qué más podía contemplar que me asombrara, después de la prodigiosa excursión que había recordado vagamente en lo más recóndito de mi alma, que también tenía un pálido recuerdo de haber escuchado en alguna parte un sonido muy dulce, una impresión que se había quedado incrustada en ella, ¿te gusta la fragancia de las lilas que impregna una pieza de lino blanco de Irlanda?

¿Qué más podría atraerme en el orbe terrenal? Nada, seguro. Era un exiliado nostálgico, que solo quería cumplir estrictamente una condena para poder regresar a su amada patria. En lo más profundo de mi "yo" yacía una mezcla de dolor y espíritu varonil que me convertía en un niño incomprendido, insatisfecho, de emociones refinadas, melancólico e infeliz. ¡Allá! Querido amigo, ¡nací ciego!

¿Entiendes el alcance total de mi desgracia? Una flor a la que le despojan de su perfume y de su color; una estrella que, habiendo extinguido repentinamente su luminosidad, arrastra eternamente su cadáver carbonizado por la inmensidad: ¡son cosas menos conmovedoras que el nacimiento de un ser humano sin vista! ¿De qué sirve su existencia si no puede orientarse, saber dónde está, si el país en el que le fue dado su ser es oscuro o radiante, si no puede ver las criaturas que lo rodean, si debe permanecer siempre en la ignorancia? ¿Qué es un pájaro, una camelia, un cielo azul; si no se le da a conocer un hermanito adorado, un padre trabajador, una madre amorosa, que lo abrazó contra su pecho, cubriendo sus mejillas sonrosadas con lágrimas y besos?

Vivir preso en una cueva lúgubre, sin una antorcha que ahuyente la oscuridad circundante; teniendo en su cerebro la negrura de una noche perpetua, sin el más mínimo atisbo de oscuridad; abres los párpados y solo encuentras el duelo de la ceguera, que parece salir del fondo de una tumba y penetra, a través de las pupilas entreabiertas, hasta el alma, oscureciéndola permanentemente: esto es ser ciego, esto es lo que sucede ¡Pásame, buen amigo!

Cuando mis sentidos empezaron a revelarse, supe que había renacido en Francia; que mi madre había muerto dándome la vida; que mi padre me miraba con infinita pena, tal vez deseando que mi existencia, a su parecer inútil, se apagara como el fuego en mis ojos; que a menudo se refería a mi desventura, revelando, en la dolorosa inflexión de su voz, lágrimas apenas contenidas.

Mi impresión constante era la de tener mi alma envuelta en las sombras de la Gehenna, o de ser una planta marchita que había germinado bajo una cripta sombría, donde nunca había penetrado la más pequeña flecha estelar.

Desde pequeño comprendí la desgracia de mi padre - buen mecánico, algo duro -, que no solo deploraba mi imperfección física, sino la pérdida de su idolatrada esposa, que ya le había dado una hijita encantadora, de esas graciosas, muñecas vivientes rubias, que a todos les parecen importadas directamente del paraíso. No quiso mostrarme su frente cuando nací, me entregó al cuidado de un dedicado y ex sirviente, que también habían sido mis abuelos paternos.

Solo recibí caricias de mi hermana Jeanne, mucho mayor que yo. Ella siempre decía que yo era su primera y única marioneta y que, por eso, se encariñó muchísimo con el hermoso ciego, como los niños, que aman las efigies de galletas nacaradas que representan hermosos *bambinos*, concentrando en ellos todos sus pensamientos y sueños. sin saberlo, para la siembra de los más puros afectos que en el futuro consagrarán a las entidades que el Todopoderoso les encomienda.

Sabía que mi hermana era débil, de cabello dorado como el mío, meritoria y bondadosa. La conocía tan perfectamente, como si alguna vez la hubiera mirado con ojos de lince. Pensé en ella como si tuviera rasgos de querubín; sentí el contacto de las manitas satinadas que me acariciaban y que, después de abrazar tanto las mías para guiarme en nuestra casa y en las calles, ya las suponía inseparables de ellas, esposadas por grilletes de luz cálida y suave, que irradiaba de alma a alma. Me embriagó el timbre melifluo de su voz, que me llevó a lo más profundo de mi espíritu, donde dormitaban las reminiscencias de la sublime y suprema armonía. Incluso distinguiría sus besos de los de los demás, si alguien por piedad nos los diera.

Solo ella supo hacer florecer algunos momentos de mi infancia. Le hice preguntas curiosas sobre todo lo que nos rodeaba y ella nunca se negó a darme ninguna información, con una preocupación maternal y angelical al mismo tiempo, porque entre madre y ángel hay un rastro de unión: la tarea más noble de ambos, que se puede resumir en estas palabras: ¡vigila, protege, ama!

Jeanne, para mí, cumplía esos dos ideales y mucho más: ella era la madre que la muerte me había robado, el ángel de la guarda a quien me había confiado, ¡el mundo que no me permitía ver! Me despertó suavemente; me sacó de la camita, apenas capaz de sostenerme en su regazo, me alimentó, me cuidó todo el día; caminó conmigo por nuestro humilde hogar, me iluminó sobre todo lo que nos rodeaba y, al anochecer, antes de acostarme, me enseñó a subir con el pensamiento al cielo, donde decía que estaba nuestra infortunada madre, de quien no podía recordar sin una intensa amargura, porque mi padre siempre repetía que yo fui la causa de su muerte.

Nuestro padre - todavía muy joven, robusto, talentoso y culto, pues había iniciado la carrera de Ingeniería Civil, que no pudo terminar debido a un cambio repentino de fortuna y la muerte de mis abuelos -, pasaba sus días fuera de casa, solo estando a nuestro lado en la noche. Nuestra existencia como proletarios transcurrió así, en una choza de las afueras de París, donde no faltaban mendrugos de pan, pero tampoco había ternura materna, alimento de luz para las almas de los niños pequeños. Ya me había acostumbrado a estar cerca de Jeanne, acompañándola como un satélite de la estrella.

Ella nunca se impacientaba y me daba lecciones útiles sobre las cosas esenciales de la vida, regocijándose al verme aprenderlas con inusual entusiasmo y perspicacia. Desde los primeros albores de mi infancia había expresado mi deseo de conocer la música y había creado proyectos tan maravillosos sobre el cautivador arte del famoso Paganini[23], que asombraban a la querida maestra y a nuestro fiel servidor. Éste, como la persona más juiciosa de la casa, me separó como lo sugería la experiencia.

Con el paso del tiempo, mi padre se acostumbró a mi desventura y se volvió menos duro conmigo. Él ya me abrazaba, sosteniéndome entre sus fuertes brazos, y, muchas veces, sentía mi frente aureolada de rizos dorados humedecida por las lágrimas.

- ¡Qué hermoso, tan inteligente - murmuró, dejando que sollozos incontrolables aparecieran en su voz – y; sin embargo, perdido para mí, para su familia y para su país!

Así transcurrió mi infancia, entre las caricias de Jeannette y los temores de nuestro padre, atormentado por una doble infelicidad, que le llevó a hablarme, repetidamente, en estos términos:

---

[23] Violinista italiano (1782-1840), famoso por su prodigioso virtuosismo.

- ¿Qué eres después de todo, hijo mío? ¡Una oscuridad que provocó la extinción de la luz más preciada de nuestro hogar! ¡Pobre hijo! ¿Qué será de ti cuando deje de existir? ¡Que Dios te cuide, mi François, porque no tienes más que un futuro oscuro, porque no podrás sostener a tu hermana ni defender nuestra tierra!

Lo escuchaba en silencio, cabizbajo, consternado, sin apenas llorar y deseando interiormente - ustedes saben que los niños saben soñar despiertos y concebir planes -, poder, algún día, disipar sus miedos, hacerle pensar diferente que lo hice, respeto. Para lograr esta intención, planeaba obtener, a través de algún arte, una posición destacada, que garantizara mi mantenimiento y el de mis seres queridos.

Cuando cumplí ocho años comencé a asistir a clases en un Instituto para ciegos y fue mi compasiva y bella hermana quien, como yo en el pasado, exultante, acompañó a la amable Elizabeth a una de las escuelas de Berlín - ella me llevó estudiar, cada día, llenos de solicitud insuperable.

Muchas veces nos deteníamos en el camino para que ella me guiara hasta donde estábamos, recogía del suelo una flor arrojada por el viento y me hacía oler su perfume, toquetear los pétalos satinados, diciéndome de qué color eran. De esta manera pude distinguir diferentes flores, por aroma o por simple contacto, por la conformación o tamaño de los pétalos, dándole a cada una su respectivo nombre.

Las calles de París tampoco me resultaban extrañas, por un sentimiento que sentía al caminar por ellas, un sentimiento que no podía definir. Hoy sé que se originó a partir de recuerdos latentes dentro de mí, acumulados desde que los pasé en otras existencias.

Pero ¿qué significaba el color para mí? No sabría cómo expresar mis pensamientos si alguien me preguntara sobre este tema. Sin embargo, mi propia experiencia me ha demostrado que quienes carecen de la facultad visual saben fantasear con innumerables matices, tienen nociones incalculables sobre todo lo que les rodea, careciendo solo de las palabras precisas con las que traducir sus ideas. Solía ver en sueños lo que mi hermana me enseñaba durante el día. Lo reveló todo, inmerso en una intensa mirada. Almacenes llenos de conocimiento sobre personas y cosas, eso me resultó familiar y, cuando desperté, describí la naturaleza con admirable exactitud.

De niño era dócil, tímido, estudioso, perspicaz y hermoso, como todos me decían. Por lo tanto, tuve el don de insinuarme gratamente en la mente de aquellos de los que estaba privado. En el Instituto, a cuyas clases asistí, me convertí en blanco de la simpatía de todos los profesores, especialmente del profesor de música, porque había revelado, desde los primeros rudimentos que aprendí del sublime arte de Mozart, una percepción fácil, una vocación digna de apreciación.

CAPITULO II

Y ha llegado el momento de confirmarlo, distinguido amigo, que seguramente ya habrás descubierto: que Jeanne, la hermana modelo, era la misma criatura de Berlín, la desventurada novia; que, en efecto, nuestras existencias se han vuelto a fusionar como las aguas de dos arroyos que, nacidos en fuentes lejanas, recorren las tierras hasta unirse, convirtiéndose en un solo arroyo, sereno y cristalino; que ambos entrelazados como los sarmientos de dos vides se entrelazan sobre la misma barandilla que los sostiene, formando un solo bastidor de frondosas hojas.

Sin embargo, en aquel momento - con mis ideas nubladas por el olvido, que narcotiza las potencias espirituales en cada existencia -, yo ignoraba que Jeanne era la novia de antaño.

Todo lo que sabía era que ella era la más cariñosa de las hermanas; que el Creador me había concedido piadosamente para mi constante alivio; quien nunca se arrepintió de mi imperfección física, haciendo todo lo que pudo para aliviar mi desgracia. Transmitiendo cuánto estaba aprendiendo; me mantenía al tanto de las noticias diarias, leyendo, para poder escuchar, periódicos y revistas que nos regalaba nuestro padre.

Al anochecer, pasábamos las horas en efusivas conversaciones y ella aprovechaba para enseñarme.

Una vez estaba leyendo, en un libro de texto de Historia Natural, el capítulo sobre los batracios. Me conmovió la noticia que en los lagos subterráneos de Dalmacia y Carniola había - como todavía hay hoy -, unos seres miserables, los Proteus, privados de visión. La interrumpí leyendo para exclamar:

- ¡Cuánto lamento el destino de estas miserables bestias, hijos de las tinieblas, Jeanne! ¡Qué vida de tormento fue la suya, encerrada en una doble oscuridad: la de la ceguera y la del subsuelo! Entiendo bien lo infelices que son, hermana mía, porque soy una proteica humana.

Jeanne se emocionó, me besó en la mejilla y dijo:

- ¡Ya no quiero que te expreses así, François! Son incomparablemente más desgraciados que tú, porque no tienen una Jeanne que los adore.

Me sentí molesto y lamenté haber dicho esas palabras irreflexivas.

Éramos inseparables: vivíamos unidos entre sí, como dos famosos siameses, porque Dios nos había creado, no con cuerpos, sino como espíritus gemelos, unidos por los grilletes brillantes y eternos del amor fraternal.

Mi padre nos miraba asombrado, pero cuando notaba la debilidad de nuestros cuerpos, se entristecía y, a veces, a la hora de nuestra frugal cena - Jeanne era quien me lo decía en secreto -, nos miraba fijamente, con sus ojos se nublaron por el llanto y, inclinándose sobre el borde de la mesa, sollozaba.

El conocimiento de estas conmovedoras escenas me emocionaba y, tratando de disipar su irritación, le narré con entusiasmo infantil mis triunfos escolares. Él; sin embargo, siempre me escuchó taciturnamente, dándome la oportunidad que, frente a su retirada con las demostraciones de cariño y aliento de Jeanne, me vi obligado a confesarme que, incomparablemente más que quien me había dado el ser, adoraba a mi hermana, ya que solo ella siempre me trató con atención insuperable.

Su incomparable dedicación llegó incluso a vendar sus claros y magníficos ojos azules -para identificar nuestras condiciones orgánicas - y empezó a sentir en relieve los personajes en los que estudian los que carecen de luz en sus pupilas, los infortunados que, vivos, tienen, incrustados en las cuencas de los ojos, órganos visuales de los cadáveres, inanimados e inútiles.

Ella tampoco descuidó mi preparación espiritual, pues era una cristiana ferviente. Los domingos, mientras mi padre permanecía en casa, descansando del cansancio de una semana de trabajo, ella me llevaba a un templo católico, brindándome la oportunidad de escuchar, con ternura y arrobamiento, una música sacra que me despertaba por dentro recuerdos. Me hizo arrodillarme y elevar mi pensamiento al cielo, sintiendo, en esos magníficos momentos, que mis oraciones eran sinceras y vibrantes, que mis labios se movían por una fuerza más allá de mi voluntad.

Luego, en el camino de regreso a nuestra modesta casa, describía todo lo que veía, tratando, criatura desinteresada, de reemplazar el precioso don físico que la naturaleza sabiamente me había negado.

Poco a poco fui adquiriendo conocimientos que no eran comunes a mi edad - doce años -, porque mi inteligencia captó fácilmente las conferencias de los maestros y las enseñanzas de Jeanne, así como las verduras sedientas chupan con avidez las gotas de rocío traídas desde lo alto.

Incluso después de convertirse en una joven, una joven elegante, mi hermana continuó llevándome a clases y estaba feliz de saber que yo estaba progresando en mis estudios, que estaba sobresaliendo en los cursos de violín y piano.

Un día obtuve permiso del director del Instituto para que me acompañara a una de sus salas, a fin de escucharme realizar una hermosa ensoñación que, elogiada por mí, había despertado su interés y deseo de disfrutarla. Jeanne se sentó tímidamente a poca distancia de un Pleyel[24] y me dijo algunas palabras de aliento. Feliz de tenerla a mi lado, comencé a preludiar un sonido cromático, cuando, de repente, sin saber definir lo que entonces me pasó, perdí la noción de la realidad, me olvidé por completo de la música que estaba estudiando, caí en éxtasis y comencé a rasguear un arpa nocturna desconocida, de sorprendente belleza, melancolía y suavidad, con impecable agilidad y técnica.

Algunas personas se acercaron a mí, tal vez pensando que un desconocido había entrado al Instituto sin autorización previa.

---

[24] arca de pianos famosa.

Al encontrarse con el ciego que en esos momentos tenía el alma en apoteosis, o iluminada por un singular crepúsculo, junto a una elegante doncella de ojos azules, llenos de lágrimas de felicidad, quedaron sorprendidos. Luego de terminar la representación de mi primera producción musical, considerada exquisita para mi edad infantil - me despertaron de mi sueño muchos aplausos, me abrazaron entre muchos brazos amigos, pero yo, sumergido nuevamente en la niebla -, solo buscaba el frío y el temblor. mano de la querida Jeanne.

Entendí que esa noche había sido inspirada por una influencia extraterrestre y por el agradecimiento que desbordaba de mi alma.

Así como una vez el óbolo de la piadosa Isabel, la santa reina, se había metamorfoseado en fragantes rosas, también lo hizo mi alma, para poder expresar su profunda gratitud hacia la criatura generosa y angelical que me dio extremos maternales, si momentáneamente transformado en un centro de vibraciones armoniosas. El cielo me había concedido la capacidad de transfundir mi gratitud en ondas melodiosas, el más bello lenguaje del tierno corazón, aquel en el que, ciertamente, las entidades luminosas manifiestan sus pensamientos al Creador del Universo.

CAPITULO III

De aquel día inolvidable en el que en mi alma se encendió la primera chispa de inspiración, momentos oníricos en los que rasgueaba un instrumento sintiendo que mis manitas se volvían casi inmateriales, ligeras como delicadas plumas, ora suspendidas del teclado, ora volando a su lado como el alas de pájaros en vuelo. Alcancé un puesto destacado en el Instituto. Mi entusiasmo musical suscitó vivaces comentarios y uno de los profesores declaró con entusiasmo: ¡François Delavigne es un artista en perspectiva!

Mi padre, al enterarse de mis triunfos escolares, se alegró; pero pronto la tristeza habitual volvió a excitarlo. Deploró mi desgracia más que nunca:

- ¿Qué sentido tiene ser artista, mi François? Nunca podrás disfrutar de la vida; siempre necesitarás las manos de otras personas para guiarte. Eres casi una rama que solo puede prosperar unida al tallo en el que floreció. ¿Qué pasará si le falta el vástago protector: mi apoyo, mi dedicación paternal?

Lo escuché sin arrepentimiento, ya había dado tanto a sus amargas reflexiones. Un día; sin embargo, no pude evitar decirle:

- ¡No lamentes más mi suerte, padre mío, ya que, a pesar de ciego, no creo que sea un desgraciado! Hay momentos en los que me considero tan bendecido que siento mi alma cantando himnos de reconocimiento al Eterno. ¡No me consuela tu cariño insuperable, el amor incomparable de Jeanne y mi arte sublime? Puedes ver: soy un preso que cumple serenamente la condena que le impuso el destino. ¿Qué importa si el Todopoderoso negó la luz a mis ojos, si iluminó mi espíritu con destellos estelares, caricias radiantes, melodías inefables, más valiosas, para mí, que la visión misma? A veces me deslumbra como la luz de la luna interior. Me parece exiliado en una región luminosa, que carece, para ser real, de movilidad, de criaturas y plantas.

Tengo la ineludible certeza que mi alma es una ninfa radiante encerrada en un espeso capullo, que bloquea su esplendor solar y atrofia sus alas. También sé que, cuando se desconecta de ella, cuando el capullo de carne es arrojado al fondo de una tumba, ella, liberada, dividirá el espacio constelado, transformado en un fantasma de luz. Te arrepientes de mi destino, como si fuera a permanecer así para siempre. Sin embargo, tal vez el Creador me ha exiliado aquí por un tiempo muy largo, limitado. Ya no. Por eso, padre mío, lamento la condición en que me encuentro en este planeta, a tu lado, en el transcurso de una vida que no es más que un átomo, comparada con la existencia eterna.

Él, asombrado, absorto por el lenguaje incisivo con el que le había hablado y la certeza inquebrantable que había expresado en una vida futura, llena de felicidad, después de las pruebas terrenas, dejó de aludir por un tiempo a mi imperfección física, impidiendo una palabra escapar de sus labios, solo se quejó contra la Providencia por haberme hecho nacer ciego.

Vivimos una existencia plácida durante algunos años, sin incidentes dignos de mencionar, como un mar en calma, antes que las tormentas rugientes, que ya son inminentes sobre nuestras frentes, lo convulsionen.

Jeanne, como me describían, era tan hermosa como un arcángel Rafael. Una vez me dijeron que tenía un rostro que parecía tallado en nácar o nieve rosa; ojos azules como diamantes, luminosos, melancólicos, que huelen a inteligencia y franqueza; pelo leonado, con reflejos de oro licuado; cuerpo esbelto, esbelto, de contornos suaves; un porte grácil que, sin arrogancia, revelaba la distinción, o mejor dicho, la superioridad de los seres divinizados por la nobleza de los sentimientos, que brillan en los rostros de seres inmaculados, como la luz de una lámpara a través de un cristal esmerilado.

A pesar; sin embargo, de su belleza, que seducía a quien la veía, por su gracia y pureza, por el armonioso conjunto de predicados físicos e intelectuales que la Naturaleza le había dotado, que la hacían destacar entre todas las doncellas en los días festivos, incluso si se cubría con harapos, como una princesa disfrazada de campesina, Jeanne no era feliz, ya que tenía ideales irrealizables en la Tierra. Ni vanidosa ni deseosa de conquistar corazones, sufrió por no poder cultivar el espíritu que deseaba. Por una intuición que nunca engaña al alma en la que florece, intuyó que su vida terrena sería un meteoro fugaz en un firmamento tormentoso.

Aun en la flor de su juventud, ya sentía que se consumía lentamente y, para no molestar a quienes la amaban, ocultaba a todos su estado mórbido. A menudo la oía toser, tapándose la boca con sus tiernas manitas.

Impulsado por el afecto y el interés que me inspiraba la querida Jeannette, me vi impulsado a expresar mis temores a mi padre, que estaba aun más alarmado que yo. Inmediatamente la llevó a un excelente médico, quien le aconsejó extremar cuidados a su querida hija, declarando que el tratamiento y los cuidados incesantes podrían detener la enfermedad que había comenzado a invadir ese organismo joven, pero no robusto. Prohibió estrictamente a la paciente cansarse con cualquier trabajo manual, pero no le dio ninguna esperanza de restablecer su salud alterada. Jeanne; sin embargo, sonrió ante nuestra aflicción, tratando de disiparla con dulzura y una resignación celestial.

A pesar de haber sido torturado en secreto, debido a su insidiosa enfermedad, no interrumpí mis estudios, revelando una vocación cada vez más decidida por la música, la más sublime de todas artes terrenales porque lanza el alma hacia el infinito, sumergiéndola en un delicioso transporte, haciéndola olvidar sus plumas o suavizándolas, acercándola, finalmente, al Omnipotente mismo, al inspirador fecundo e inagotable.

Mi existencia presentaba entonces dos caras distintas: en la escuela, donde atesoraba todos los conocimientos artísticos y literarios que me daban mis profesores, era feliz; en el hogar oscuro, las vicisitudes y las tristezas me hicieron infeliz a los dieciséis años. Mis pensamientos estaban siempre fijos en Jeanne, llorando en secreto, inquieto, solo estaría separado de ella unas horas, siempre temiendo quedarme, tal vez dentro de un tiempo más, sin sus halagos fraternales. Me aterrorizaba pensar cuánto la extrañaría si dejara de existir. Ciertamente mi alma se cubriría de crespón y conocería el anochecer en su interior. Para mí sería la ceguera de mi propio corazón lleno de un dolor inconmensurable.

Ella; sin embargo, mi querida hermana, intentó por todos los medios hacerme feliz. Le entristeció darse cuenta que pensaba que yo era taciturno y nuestro padre también.

Tratando de disipar mis sombríos temores, me dediqué frenéticamente a mis estudios en el Instituto, pero, al regresar a casa, pasé horas meditando, desanimado, despertándome solo de vez en cuando con las bromas de Jeanne.

Sin embargo, amigo mío, no examinaré todas las tribulaciones que pasé en esta existencia en la que no me conociste y en la que mi espíritu fue despojado de muchas imperfecciones, compensadas por graves faltas cometidas en épocas prístinas, en vidas de placer, de vergüenza o de crímenes.

Una tarde que, para mí, nunca caerá en el olvido, Jeanne y yo esperamos la llegada de nuestro padre para disfrutar de nuestra frugal comida. Fueron momentos muy esperados, ya que, reunidos alrededor de una mesa circular, se produjo entre nosotros un verdadero intercambio de ideas.

Informamos de los episodios del día, de nuestras luchas, alegrías y esperanzas. Esa noche; sin embargo, notamos que tardaba mucho en regresar de su trabajo, lo cual era inusual en él. Las horas transcurrían en letal inquietud, pareciéndose interminables para nosotros y nadie recordaba que la cena no estaba servida. Después de muchas suposiciones, nos quedamos en silencio, llenos de miedos mortificantes. Sentado, meditabundo, me asaltó un doloroso presagio, que es el anticipo de lo que vendrá: ¡un vía crucis muy conmovedor había comenzado para nosotros! Sin embargo, permanecí en silencio, esperando al ausente, rogando al Todopoderoso que mis temores fueran infundados.

Cuando nuestra ansiedad estaba llegando a su punto máximo, notamos claramente que un carruaje se detenía en la puerta de la casa y, poco después, escuchamos el sonido de pasos desconocidos en las escaleras que conducían al salón, como si varias personas caminaran con dificultad, guiando a alguien inanimado. Pensamos que estábamos, por un momento, bajo el control de una pesadilla opresiva, pero el sonido del enérgico golpe de unas manos en la puerta de entrada, donde, como una torre de vigilancia silenciosa, había estado nuestra amable sirvienta Margot, nos llamó a la realidad.

Al abrir bruscamente la puerta, el grito angustiado de Jeanne atravesó mi corazón:

- ¡Nuestro padre está mortalmente herido, François!

Sentí en mi pecho, al escuchar ese grito de angustia y desesperación, el despertar de emociones que nunca había experimentado.

En ese momento de dolor inexpresable, me pareció que debería haber amado más a mi padre y con mayor ardor. Una ternura y una compasión indescriptibles se desbordaron de mi corazón tembloroso, brotando de los surcos más profundos de mi espíritu, como olas audaces, en marea alta, sobre una playa lejana y desconocida. Me parecía que mi alma estaba rebelde, erizada, como la hoja despeinada de un árbol nacido en la soledad de una sabana árida, constantemente expuesta a los inclementes azotes de los huracanes del norte o del violento siroco.

Desde entonces, un sentimiento fuerte y sincero surgió en mi corazón y se fortaleció con el paso del tiempo, rivalizando con otro afecto que pensé que era único e incomparable: ¡el que dediqué a Jeanne! Tuve la impresión que se había producido una transformación repentina y radical en mi existencia, hasta entonces serena y dichosa. Era como si una góndola veneciana, mecida por las suaves cuerdas de la barcarola, hubiera caído repentinamente al mar, tornándose tormentosa. Pensé, por un momento, que luchaba como un náufrago, en las olas furiosas y rugientes de un pélago turbulento. Me quedé atónito por el rugido de las olas rompiendo contra los acantilados ciclópeos. Me imaginaba que, además de ciego, tenía los ojos vendados con bandas de hierro o con el crespón del horror. Me sentí débil: quería gritar como Jeanne, pero había perdido la voz. Todo esto; sin embargo, que te describo imperfectamente, duró, en mi cerebro, la duración de un corisco, cuando traza con fuego una línea sinuosa, en la pizarra plomiza de las nubes. Una vez más me llamaron a la realidad las palabras de uno de los compañeros de mi padre, quien nos dio información precisa sobre el accidente ocurrido durante la jornada en los talleres donde trabajaban:

- El Sr. Delavigne se ocupaba tranquilamente de su negocio cuando observó que una máquina a la que se había acercado funcionaba desordenadamente y estaba a punto de quedar inutilizable y victimizar a varios trabajadores. Intentó detenerla y lo logró. Pero la emoción que experimentó fue tan violenta que le provocó un vértigo repentino, y luego fue atrapado por un engranaje en la frente y en uno de sus brazos. Para evitar una catástrofe mayor, expuso su vida heroicamente.

Un médico lo ayudó sin demora, pero las contusiones que recibió se consideraron muy graves. Sin embargo, confiamos en la bondad divina; esperamos que se salve, para ser recompensado por el acto de valentía y abnegación que practicó. Él estuvo inconsciente hasta hace poco y solo cuando recuperó la conciencia fue que, por consejo del médico que lo vendó, decidimos traerlo aquí, hasta que la familia decida sobre la conveniencia de internarlo en un hospital.

Jeanne, sollozando, agradeció a los amables trabajadores por el importante servicio que nos acababan de prestar, y uno de ellos, ciertamente de corazón leal y compasivo, se ofreció a pasar la noche con nosotros, lo cual no aceptamos. Nos quedamos solos, Jeanne y yo, con nuestro pobre padre, que ya mostraba los primeros síntomas del trauma. Mi hermana me describió su aspecto desolado: uno de sus brazos casi aplastado, su cabeza magullada, envuelta en compresas de lino que ya no eran blancas por estar tan ensangrentadas, su rostro estaba lívido y transfigurado, como si alguien lo hubiera reemplazado. con otro, exhumado de alguna tumba.

Pasamos una noche de sobresaltos indescriptibles, brindando al herido todos los cuidados prescritos por el médico y los que nuestra dedicación filial sugirió, momento a momento.

Mudo, absorto, en aquellas interminables horas de tormenta comprendí que sentimientos de altruismo, energías benéficas y, sobre todo, un inmenso cariño hacia el infortunado que, delirantemente, continuamente pronunciaba palabras incoherentes, que resonaban lúgubremente en plena noche, estaban surgiendo de su interior... Sentí que, ante el primer shock del sufrimiento, mi ser había despertado a otro amor.

Imaginemos un bloque de piedra que, después de permanecer inerte durante muchos siglos en lo alto de un escarpado acantilado, un día cae desde allí, golpeado por un tifón, y se convierte, al caer, en luminoso, cálido, en un foco de chispas brillantes. Esto es lo que le sucede al corazón que permanece indiferente ante las lágrimas de los demás; que resistió siempre los impulsos dados por la mano poderosa del destino; que se detiene en reposo, sin que los contratiempos de la vida le afecten salvo superficialmente; que permanece indiferente a los sentimientos más elevados. Llega un día en que, repentinamente sacudido por el tifón de las desventuras, azotado por el yunque del dolor, herido por el roce de los desengaños terrenales, impulsado desde la escarpada cumbre de los desengaños al vórtice insondable de la amargura de la existencia, comienza poco a poco a desprender chispas inextinguibles, que encenderán, en otras almas, afectos imperecederos, fusionar los eslabones de los amores por excelencia que encadenan los corazones, colocándolos, como Saturno - el planeta más maravilloso del sistema solar -, rodeados de brillantes anillos.

Cuando Jeanne me informó que ya había amanecido - noté que por las ventanas abiertas entraban hálitos de frescor matutino

-, y me trajo mi primera comida, tuve la impresión que me había convertido en un ser diferente de lo que había sido hasta el día anterior. Algo en mí se había profundizado o volatilizado; pensamientos oscuros o menos elevados estaban enterrados en el sótano del alma; esto floreció y de repente surgió todo un campo de sentimientos nobles, capaces de llevarme a una dedicación extrema, no solo hacia quienes vivían conmigo bajo el mismo techo, sino también hacia todos aquellos que se veían privados de mí o me pedían apoyo.

El estallido de un ardiente deseo de ser útil a mis seres queridos puso fin a la lucha que se había librado en mi interior durante una noche de angustia que pensé que duraría una eternidad.

Pasaron días interminables para nuestros afligidos corazones y un dolor indescriptible nos asaltó: el querido paciente no podía quedarse en casa, porque su delicado estado requería gastos que excedían nuestros magros recursos. Entonces, por consejo del médico tratante, enviado diariamente por el dueño de los talleres de fundición donde trabajaba mi padre, lo trasladaron a un hospital, donde lo veíamos con frecuencia. El trauma resultante del impacto frontal había perturbado sus facultades mentales, haciéndolo pronunciar frases inconexas, revelando episodios de una existencia que sus hijos desconocían; a veces se mostraba atormentado por un remordimiento abrasador; otros, que sufren amargamente a causa de adversarios inexorables, cuyas vidas les gustaría quitar si pudieran.

Atribuimos a la fiebre el delirio que lo enloquecía. Sin embargo, el estado anormal del querido paciente, en ciertos momentos, nos asustó. Al final, tuvo que amputársele el brazo derecho, que se había roto cuando la máquina se detuvo repentinamente a gran velocidad, para evitar la muerte de muchos trabajadores.

Siempre lo visitábamos y sentíamos una gran tortura cuando le oíamos decir palabras que nos aterrorizaban, porque no entendíamos a quién se referían. Durante todo el delirio, no solo no nos reconoció a Jeanne ni a mí, sino que incluso pareció odiarnos.

Mientras sufría en un hospital, en nuestra choza, la pobreza se apoderó de ella.

Lo que más me entristeció fue la supresión total del tratamiento que necesitaba Jeanne, cuya delicada salud se vio muy afectada por nuestras molestias. Me dolía el corazón al ver que ella no podía disfrutar del más mínimo confort y se había visto obligada a trabajar nuevamente haciendo flores y bordados, para proporcionar a Margot lo necesario para sus modestos gastos domésticos.

Fue en esta situación que, después de unas horas de dolorosas reflexiones, decidí poner en práctica lo que había imaginado en aquella noche de martirio moral en la que se produjo el despertar de nuevas facultades psíquicas en lo más profundo de mi alma; en el cual, por influencia celestial, comenzaron a florecer en ella pensamientos generosos que me impulsaban a actuar de una manera que no era en modo alguno infantil; en el cual me llené de una nueva energía que no sospeché, en ese momento, que provenía de amigos invisibles, porque ignoraba que bajan del Más Allá, para apoyar a las criaturas en sus arduas pruebas, para que no desanimarse.

Había sonado para mí el momento del combate espiritual decisivo. Incluso vislumbré en mi imaginación un cronómetro fantástico, en cuya colosal esfera un índice gigantesco indicaba cierto momento, que escuché vibrar en un tímpano argentino. Entendí claramente lo que significaba el extraño símbolo. Me lancé a la lucha, lealmente, deseando salir victorioso y no derrotado.

CAPÍTULO IV

De hecho, la noche en que mi padre entró en nuestro humilde hogar, comenzó nuestra angustia doméstica: fue ingresado en un hospital, sin poder ganar lo necesario para mantener a la familia; Jeanne y yo, abrumados por el dolor, haciendo cosas maravillosas en términos de economía, para no quedarnos sin pan. Ya nos estábamos privando de elementos que pensábamos imprescindibles.

Nuestros días transcurrieron así, dolorosamente. La enfermedad de nuestro padre seguía manteniéndolo en cama indefinidamente. Quedó sin el brazo derecho, amputado para evitar la muerte por gangrena, y sus facultades mentales quedaron desequilibradas.

Una vez, yendo a visitarlo, nos acercamos al pobre paciente y no nos reconoció. Parecía indiferente al beso que le dimos en la mano enrojecida por la fiebre.

De repente mis ojos se dispararon - a lo que me dijo Jeanne, completando lo que sentía con tanta verdad que pensé que lo estaba viendo -, se puso de pie sobre la cama, dejando el costado derecho descubierto, con el brazo cercenado, y sacudiendo convulsivamente el izquierdo, exclamó con voz alterada por la demencia:

- ¡Ustedes son los causantes de todo el sufrimiento que me vuelve loco, desgraciados! ¡Los odio todavía y siempre! ¿Y saben por qué? Ustedes son mis malditos adversarios; ya me han causado mucho dolor y ¡nunca los perdonaré! Apártense de mi presencia; ¡no quiero volver a verlos! ¡Los odio! ¡Los odio!

Nos retiramos sollozando, aterrados ante tan crueles exclamaciones, considerando a nuestro querido padre irremediablemente loco. Uno de los médicos del hospital; sin embargo, nos tranquilizó diciendo que la fiebre que provocaba el delirio ya había comenzado a bajar; que tan pronto como cediera, los síntomas alarmantes cesarían; que estaba sometiendo al paciente a un tratamiento riguroso, después del cual confiaba en que permanecería sin ninguna alienación mental.

Sin embargo, nos fuimos con la cabeza gacha, desagradablemente impresionados, recordando las siniestras palabras de nuestro padre, que parecía execrarnos porque estaba enfermo. ¿Por qué? ¿No era razonable que, incluso en momentos de alucinación, mostrara aprensión por nuestro destino y mostrara la ternura de un padre que siempre había idolatrado a sus hijos? ¿Por qué nos había considerado, durante muchos días, sus adversarios irreconciliables?

Yo, triste, atormentado por pensamientos dolorosos, me hice estas preguntas. Ellas; sin embargo, sumergiéndose en el mar misterioso que cada alma contiene dentro de sí, quedaron sin respuesta, hasta que, desencarnado nuevamente, recordé lo que éramos mi padre y yo, en existencias criminales anteriores.

Todos los arcanos de la vida son revelados al espíritu, cuando es liberado de la condición de galera, expatriado del espacio, cumpliendo una sentencia divina en la Tierra. Rehabilitado de esta manera, adquiere facultades admirables, alcanzando la felicidad a la que siempre había aspirado y que solo se hace realidad en los balnearios siderales.

En aquellos días de tormento, desolación y angustia, motivado por la enfermedad de mi pobre padre, comencé a comprender claramente que tenía una misión que cumplir en el mundo; comprender que el dolor físico o moral es tan necesario para el alma delincuente como las batallas se libran por un soldado para que su valentía pueda ser evaluada y recompensada. Al final de nuestra campaña espiritual, el general supremo, Dios, no nos coloca insignias brillantes en el pecho, sino que nos adorna la frente con laureles luminosos, ¡si ganamos! Entonces, vislumbré el objetivo digno que debía alcanzar durante mi estancia en el planeta terrestre y no me rebelé ni un solo momento contra los designios de lo Alto. Mantuve la calma, me resigné a soportarlo todo con valentía y traté de solucionar el problema que, en ese momento, más me preocupaba: la falta de medios de subsistencia para mi hermana y la amable Margot.

Todavía asistía, con extremo sacrificio, a clases en el Instituto para Ciegos. Estaba por terminar mis estudios, pero tuve que interrumpirlos para poder trabajar.

Le pedí a uno de los profesores - el profesor de música, que siempre mostró más interés en mí -, que me protegiera y me consiguiera algún trabajo relacionado con el arte al que me había dedicado, para poder mantener a mi familia. Compasivo de mis desgracias, de las que le informé, respondió a mi súplica y me presentó a varias personas que conocía, quienes me contrataron para interpretar, al piano o al violín, música clásica y música apta para danza.

Incapaz, por mi imperfección orgánica, de presentarme solo en los salones decorados, mi hermana me llevaba cariñosamente a las residencias festivas. Entonces empezamos a frecuentar las mansiones de alguna burguesía adinerada. Pero, desde la primera vez que asistimos a una de esas fiestas mundanas, donde priman la alegría, el confort y la limpieza de los baños, comprendí que Jeanne se estaba sometiendo a un martirio mayor que su coraje moral.

Ella, tan hermosa que parecía, por su distinción, por sus predicados físicos, una princesa encantada, dotada de una inteligencia lúcida y sorprendente, no logró, presentándose con ropas sencillas y descoloridas, el honor de ser introducida en el mundo de habitaciones lujosas. Yo esperaba, en un vestíbulo, que terminara la fiesta para llevarme a nuestro santuario, humillado y retraído, observando el paso constante de parejas felices, vestidas con refinamiento, sonriendo, mirándola con indiferencia o desdén junto a sus damas de honor, paralizado por la vergüenza.

Su amargura no tuvo límites cuando me confesó lo que le estaba sucediendo - en aquellas horas en que yo, al piano o como parte de una orquesta, trabajaba para nuestra subsistencia -, la tortura que atormentaba su alma impresionable, mientras contemplaba su juventud feliz, luminosa, resplandeciente de adornos, de piedras preciosas, desfilando frente a ella, insensible a su dolor. No pudo soportar las lágrimas al recordar que era la hija miserable de un proletario enfermo y que estaba esperando que su hermano ciego se fuera. Cuando regresamos a casa, a pie o en un modesto vehículo, la sentí fría, temblorosa y llorosa.

Al poco tiempo me convencí que no debía seguir mortificándola así, ya que las torturas que experimentaba, casi todos los días, empezaban a tener una influencia nociva en su frágil organismo, prisión de un alma de brumas, de afecto y de refinamiento. sensibilidad, que se contraía, como una "mimosa mojigata", al contacto con la crueldad humana.

Decidí no permitirle más acompañarme a las suntuosas fiestas en las que tocaría.

Jeanne protestó enérgicamente, diciendo que nunca dejaría de guiarme como lo había hecho desde mi nacimiento, y que, si me dejaba por unas horas, no estaría en paz en nuestra casa desierta. Afortunadamente no fue necesario que el sacrificio fuera consumado. Nuestro padre, ya al borde de la completa recuperación, había recuperado plenamente sus facultades mentales.

Mientras él no podía acompañarme a los conciertos y bailes para los que me contrataban, recurrí a la asistencia de un buen amigo, Duchemont, compañero de orquesta, admirador de mi maestro musical y, al parecer, sinceramente enamorado de mi elegante hermana.

En aquel momento, ella tenía poco más de cuatro lustros, cuando yo tenía diecisiete años. Sin embargo, parecíamos gemelos.

Duchemont la vio, bella y humillada, en los vestíbulos de los palacios, esperándome, y comprendió la sublimidad de su sacrificio. Después, yendo fraternalmente a buscarme a nuestra triste casa, tuvo oportunidad de hablar con ella, de apreciar sus cualidades intelectuales y quiso casarse con ella. Jeanne; sin embargo, se resistió durante algunos meses a darle una respuesta positiva, porque todavía no lo amaba. Solo se sentía agradecida hacia mi generoso amigo que, en aquellas noches de alegría para los ricos y de tormento para su corazón, era la única persona que notaba su presencia, que le dirigía palabras compasivas y afectuosas, que se ofrecía a ocupar mi lugar. Ella, considerando que su sensible organismo humano lo resentiría, que su salud probablemente cambiaría con el cansancio, la vigilia o el aire libre.

También para mí fueron dolorosas las horas de aquellas magníficas veladas, en las que la llamada alta clase social alardeaba con arrogancia de su felicidad, pisoteando los corazones de quienes no tenían riquezas, ni sedas ni diamantes. Para mi emocionalidad emotiva de idealista, fueron horas de amargura inefable, indescriptible; sin embargo, cuanto más el dolor dolía en mi espíritu, más lo sentía inspirado, exteriorizado de su envoltura material, como etéreo. Así, en un casi éxtasis, componía melodías cautivadoras y tenía arranques de alta inspiración artística que, muchas veces, no sabía interpretar, por lo que, para lograrlo, necesitaría instrumentos más perfectos que el piano y el violín.

El sufrimiento, entonces, fue fructífero para mi alma de artista porque, cuando sus heridas me dolían, improvisaba dolorosas sonatas, reverles muy dulces, en las que estaba en mí la noción.

La voz dominante parecía vivaz, nunca traduciendo rebelión, sino ternura y sumisión. El dolor se metamorfoseó en cascadas de armonías, en dulces arpegios que probablemente me hicieron aparecer, ante los ojos de la multitud que me rodeaba, como un ser privilegiado. Escuché los aplausos que retumbaban en el aire y, temiéndolos como si fueran olas a punto de golpearme, quise escapar de ellos, pero, al mismo tiempo, me sentí magnetizado, incitado a luchar. En aquellas ocasiones, las penas abandonaban mi pecho, como aves marinas que abandonaban apresuradamente sus cálidos nidos para rozar con sus sedosas alas las espumas del cielo, en un océano tormentoso.

¿Quién era yo; sin embargo, para esos afortunados del mundo, absortos en placeres vertiginosos, ebrios de las seducciones y de los deleites que el oro, la vanidad, el amor, los vestidos principescos parecen proporcionar? Para casi todos, no era más que un dispositivo que se movía por sí solo, que no podía participar de los placeres que les encantaban, teniendo como único fin deleitarlos con la ejecución de melodías que ninguno sospechaba estaban inspiradas en entidades siderales, en un alma torturada, pero sumisa a los designios providenciales. Fui, finalmente, para muchos, un instrumento humano, que sabía extraer vibraciones rítmicas de otro, hecho de madera y fibras sonoras.

No me era posible observar lo que sucedía a mi alrededor, porque mi frente siempre estaba rodeada por un casco de bronce negro. Pero mis lágrimas ignoradas se transformaron en suaves arpegios y una luz fosforescente de San Telmo iluminó mi cerebro. Entonces ocurrió en mi mente un fenómeno extraordinario: una región infinita se extendía ante mí, como iluminada por las proyecciones del potente faro matutino, barriendo a través de una niebla plateada, que se transformaba en un chorro de luz.

A veces, la multitud que me rodeaba aparecía de repente dentro de esa niebla luminosa. Sin embargo, no estaba formada por criaturas cultas y magníficamente vestidas. Fue ante una multitud de duendes, en un horrible *Sabbat*[25], vestidos con túnicas sueltas, todos girando vertiginosamente, en un vals macabro y aterrador, que heló la sangre de mis arterias -convirtiéndolas en tubos de hielo a través de mis músculos - y me puso las manos rígidas sobre el teclado, provocando gritos de locura o de horror de su parte.

De esta suerte de delirio, casi siempre me despertaba una voz femenina, instándome a continuar mis estudios y publicar mis producciones originales. Entonces me di cuenta que sabía

---

[25] Celebración de la Naturaleza en la que las brujas bailan, cantan, disfrutan de la comida y honran a deidades de la religión antigua.

sensibilizar fuertemente los corazones, a veces atravesándolos con dardos dolorosos, a veces provocando estallidos de alegría, estremecimientos de arte, chorros de alegría que no compartía. Mi situación podría compararse a la de un hombre que, cultivando un árbol raro y precioso que produce frutos deliciosos, se ve incapaz de cosechar uno solo para sí mismo, pudiendo hacerlo solo para aquellos que quisieran adquirirlos.

Las valoraciones que sobre mí hacían personajes ilustres, que querían poseer mis composiciones, desaparecieron; a todos ellos; sin embargo, les confesó lealmente que fueron improvisados y, inmediatamente, olvidados para siempre.

CAPÍTULO V

Durante algunos meses, Jeanne y yo ahorramos rigurosamente para que no nos faltara lo imprescindible para nuestro mantenimiento. Satisfacemos todas nuestras necesidades, exclusivamente con lo que ganaba con mi trabajo, lo cual era para mí motivo de placer y orgullo.

Nuestro padre finalmente fue dado de alta del hospital. Fuimos llevándolo a casa, donde lo extrañábamos desesperadamente.

Imagínese, buen amigo, el patético cuadro que presentaba nuestra familia en aquel momento: él con el brazo derecho amputado, todavía tembloroso, debido a la larga enfermedad que lo había dejado sumamente debilitado; Jeanne debilitada, pálida, con el aspecto de un arcángel diáfano al que solo le faltaban las alas para emprender el vuelo supremo; yo, ciego, guiado por sus frágiles manos, que temía que no me sostendrían por mucho tiempo, siempre serias y melancólicas. No fue mi desgracia lo que oscureció mi alma melancólica, sino los sufrimientos de aquellos a quienes adoraba y a quienes solo podía brindar una ayuda insignificante.

Me entristecía, sobre todo, saber que mi querida hermana, ante los primeros impetuosos ataques de dolor, había perdido parte de su belleza helénica y que su estado había empeorado. Era como si fuera una niebla a punto de desaparecer en la cima de la montaña, cuando apareció el primer hilo de luz, tejido por el Sol.

Mi padre, después de salir del hospital, taciturno y destrozado, incapaz de trabajar como antes, lamentaba constantemente la desgracia que le había sucedido. También continuó agradeciéndome por la ayuda financiera que había brindado a nuestros seres queridos durante el tiempo que estuvo enfermo. Me habló afectuosamente y, recordando el pasado, la época de mi infancia, me dijo:

- ¡Qué cuidado debemos tener con nuestras palabras, mi François! Yo, que siempre dije que eras inútil para tu país y tu familia, me veo obligado a reconocer que ya has brindado una ayuda invaluable a quienes amamos y predigo que podrás hacer nuestras vidas aun más gloriosas, nuestra Francia, enriqueciéndola con vuestras bellas producciones que, lamentablemente, todavía no he tenido la oportunidad de aplaudir.

Entonces aproveché la oportunidad para calmar sus penas diciéndole que sufriera con resignación sus pruebas terrenas, afirmando, por intuición celestial, que el Todopoderoso no nos había hecho daño injustamente y que, por grandes que fueran nuestros dolores, no nos harían daño. Si fueran eternos, tendrían un límite y una recompensa equivalente a nuestro coraje moral. La Divina Providencia, le dije, todavía sinceramente convencido de mis ideas, que viene desde lo Alto, es como el magnánimo Creso[26]: para evaluar la perspicacia y la intrepidez de uno de sus emisarios, le confía la ejecución de una empresa arriesgada. Si la actuación es satisfactoria, dará valor real a vuestro mérito, a vuestro esfuerzo y, recompensándonos regiamente, nos concederá la posesión de tesoros como no hay en el mundo, porque todos son perecederos, mientras que son aquellos que el cielo concede que sean perpetuos.

¿Qué difícil es pasar este momento, que es la vida humana, entre lágrimas, cuando existe la esperanza de otra existencia libre de cuidados, tranquila, dichosa, agitando un pañuelo blanco al alma azotada, animándola a caminar sobre espinas en la Tierra, para recoger las flores eternas de la bienaventuranza en el empíreo?

Le sorprendió oírme hablar así, oír tales cosas de mí, que no conocía los placeres mundanos. No podía concebir que alguien

---

[26] Último rey de Lidia (Anatolia), actual Turquía. Famoso por su riqueza, atribuida a la exploración de las arenas doradas del Pactolo, río donde, según la leyenda, se bañaba el rey Midas (que convertía en oro todo lo que tocaba).

pudiera disfrutar de un instante de placer mientras vivía condenado a la Gehena de la ceguera. Consideró esta desgracia peor que la que constantemente le afligía, la de ser mutilado. Me respondía, a veces, expresando el cariño paternal que me tenía, con la misma vehemencia con la que había usado cuando, en su cama de hospital, declaraba que me odiaba.

- ¡Admiro tu valentía y tu resignación, mi François! Sigues considerando magnánima la Divina Providencia que te proporcionó tanto daño, que negó una gota de luz a tus ojos inútiles, una migaja de fuego a tus pupilas que parecen traspasadas por un afilado puñal, mientras diseminaba profusamente millones. de soles inútiles en todo el Universo!

- ¡Es que, padre mío, merecía esta sentencia que a ti te parece inicua y a la que me someto sin rebelarme, estrechando la mano que me la ha dictado imparcialmente, la mano de un juez austero, recto, incorrupto! El Altísimo no es un déspota despiadado y ciertamente no me condenó sin pruebas ni sin motivos.

¡Pues bien! Sufriré todas las tribulaciones y penalidades de la existencia, todos los dolores que oscurecen mi alma, bendiciendo siempre a aquel que negó una chispa de luz a mis ojos y los inundó de lágrimas, que son el rocío de la desgracia, porque alimento la convicción inquebrantable que la vida humana equivale en duración a las rosas de *Malherbe*[27] y porque sé que hay recompensa para los héroes, para aquellos que saben triunfar sobre las imperfecciones de su carácter y de su propio corazón.

Éstos son los únicos adversarios a los que debemos luchar en todo momento, con la audacia y la tenacidad de los estoicos, para alcanzar la victoria definitiva y con ella la felicidad, vanamente soñada en este mundo: nuestra rehabilitación espiritual, que trae como ¡un corolario la desaparición de todo el dolor!

Mi padre - inteligente y sagaz -, se dio cuenta que mis ideas estaban de acuerdo con las de los psiquistas, cuyos preceptos filosóficos, en la época a la que me refiero, se propagaban en Francia

---

[27] Poeta lírico francés (1555 -1628).

y en casi todos los países educados, coordinados por el preclaro y maestro inolvidable: Allan Kardec.

Tuve la suerte de conocer, leídos por Jeanne, los libros del eminente Codificador del Espiritismo,[28] y no dudé ni un momento en aceptar la Doctrina, llena de moralejas y de verdades indiscutibles, explicada en ellos. El Espiritismo, por tanto, combinado con las saludables instrucciones de mi protectora sideral - que quedaron inscritas en mi espíritu, como surcos hechos con cincel en el mármol -, fue el bálsamo que refrescó mi corazón en los momentos angustiosos de las amargas pruebas, porque me dio la respuesta exacta, solución del gran enigma del destino humano. Gracias a él se me esclareció la génesis del sufrimiento de los seres que, sin cometer el mal, luchan hasta el extremo con la adversidad, en una existencia desinteresada y justa.

La cosecha de luz ya había florecido en el espacio y sus semillas, centelleantes como el rocío cristalino que cobija las corolas de las flores y refleja el brillo de las estrellas, cayeron sobre las almas sufrientes como una tormenta de estrellas. Era como si toda la Tierra estuviera cubierta de llamas de armiño.

Y nada más podrá detener estas llamas, que no son voraces, que no incineran, sino que purifican, encendiendo a los espíritus azotes o desdichados, sacándolos entre las sombras de la vida planetaria, para que solo puedan recorrer el empinado camino del bien y de la virtud, que desemboca en mundos perfectos, libres de lágrimas. ¡Nunca se extinguirán en el orbe terrenal, porque fueron encendidos por los emisarios del Creador del Universo, y porque es necesario que se cree en las almas atribuladas un fuego bendito y redentor!

Mi querido padre permaneció en silencio, sufriendo sin más quejas, para no causarme disgusto.

En los talleres donde trabajaba antes del accidente que le hizo perder uno de sus brazos le esperaba una cruel decepción.

---

[28] Estas oraciones actualmente pueden ser leídas por personas ciegas, en la biblioteca pública de la Federación Espírita Brasileña.

Al presentarse nuevamente al dueño de la fundición, este lo recibió con cariño, pero no lo reintegró en el cargo que ocupaba anteriormente. Le encomendó otra tarea, insignificante en cuanto a resultados pecuniarios, más por lástima que por gratitud. Sin embargo, su agradecimiento hacia el valiente artesano, que le había ahorrado cuantiosos daños materiales, así como la muerte de decenas de trabajadores, debió ser infinito.

Sabiendo que esto lo había molestado y entristecido, hice esfuerzos por aliviar su malestar, diciéndole jovialmente:

- ¡Olvidas, querido padre, que antes de tu enfermedad solo había dos brazos que trabajaban para nuestro mantenimiento y que ahora son tres: dos míos y uno tuyo! No hubo, por tanto, una disminución, sino un aumento de quien, hasta entonces, no sabía lo que era un trabajo gentil para el sustento de una preciosa flor humana, que es nuestra querida Jeannette. Así que no te mortifiques, no estamos en una situación desesperada. Trabajemos, llenos de íntima alegría con nuestros tres brazos. Solo te pido que me lo prestes en efectivo por la noche, para poder ir a trabajar, ya que mi amigo Duchemont está fuera de París por unos días. ¡Tendré que vivir menos mal y estoy feliz de ser útil para ti y para Jeanne!

Esta presteza mía venció sus temores y, como antes, durante unos meses la fortuna flotó por última vez sobre nuestro pacífico hogar. ¡Un arcángel la había llevado en sus alas y, cerrándolas por un momento, aterrizó meditativamente sobre una roca, de donde, recordando los deleites disfrutados en las tierras etéreas, partió para siempre, en un vuelo vertiginoso, en busca del Más Allá!

Finalmente, se le presentó a mi padre la oportunidad de llevarme a una de las confortables villas, cuyos dueños solían contratarme para tocar como sinfonista. Él, que de niño solo me había oído tocar el piano, cuando todavía estaba indeciso y sin educación, esperaba poder acompañarme a una velada musical.

En el umbral de la sala me esperaba un amigo para llevarme al Pleyel. Antes, en secreto, avisé a mi padre que abriría la fiesta con la interpretación de una sonata, que él había compuesto ese día y que seguramente... ¡atribuirían a Beethoven! Lo preludio con un allegro[29] muy vivo y expresivo, demostrando una técnica que causó admiración en el público y, con un *scherzo* grácil y bien modulado,[30] terminé la inspirada partitura en la que la armonía más dulce y perfecta se enmarcaba en una cadencia sorprendente. Por momentos se volvió entusiastamente vigoroso, expresado en rápidos muy fuertes.[31]

Me sentí como en un sueño, con el alma vibrando de emoción, mientras mis manos, que se volvían sutiles, volaban sobre el oscuro teclado, estremeciendo los corazones en un soplo de arte y de encantamiento.

Mientras vibraban los últimos acordes, mi padre, con ropas sencillas de trabajador, medio delirante, abriéndose camino con su único brazo, atravesó rápidamente el luminoso y florido vestíbulo, rozando las susurrantes colas de seda y gasas de los baños de las mujeres ricas, y me abrazó en un abrazo amoroso, apoyando su frente en uno de mis hombros, que noté estaba húmedo de lágrimas.

Lo imprevisto de la escena llenó de enorme asombro a los presentes. Se hizo un silencio profundo, que nadie se atrevió a romper durante unos instantes. Más tarde, mis amigos me contaron el notable contraste que ofrecíamos en apariencia: yo, joven, rubio, delicado, con apariencia de juglar medieval; él, robusto, de tez morena al calor de las fraguas, el encanecimiento prematuro de la cabeza como consecuencia de un sufrimiento reciente, ambos; sin embargo, identificados por el destino.

Éramos dos seres incompletos, mutilados, que en esos momentos nos uníamos, como para siempre, en un abrazo de cariño eterno e imperecedero.

- ¿Quién es? - Preguntaron los espectadores, curiosos.

---

[29] Pieza musical de tempo rápido.
[30] Extracto musical de estilo ligero y elegante, y tempo vivo.
[31] Nota, pasaje o extracto realizado con una intensidad de sonido superior al máximo o alto.

- ¿Qué audacia tiene esta persona que se atrevió a cruzar el umbral de un salón festivo con una blusa de trabajador?

- Un hombre que hoy acompañó a Delavigne, reemplazando a su amigo Duchemont - informó alguien.

– Me parece que se ha vuelto loco…

- ¡Es su padre! - Dijo otro, notando la tristeza del miserable, pero afortunado mecánico. Se muestra conmovido y emocionado al escuchar a su hijo interpretar esta hermosa composición que tanto apreciamos.

Y todos, conmovidos, formando una corona humana a nuestro alrededor - testigos de aquel abrazo de un solo brazo rodeando el cuerpo débil y grácil de un artista ciego -, prorrumpieron en aplausos, que duraron segundos.

El resto de la noche mi padre, con los ojos todavía nublados por las lágrimas, el corazón latiendo aceleradamente, cansado por el trabajo del día, la pasó en el vestíbulo, esperándome. Varias personas generosas le metieron sutilmente monedas en el bolsillo, las cuales encontró cuando regresamos a casa, lo dejaron perplejo, ya que ni siquiera se había llevado un centavo.

CAPÍTULO VI

Estos triunfos musicales fueron los últimos ecos de alegría que iluminaron mi alma y que penetraron en nuestro hogar, donde; sin embargo, nunca faltó el resplandor perenne de una felicidad incomparable en el planeta terrestre: la de la unión de tres infelices, pero que se amaban afectuosamente, que comprendían que sus vidas estaban ligadas al rescate de culpas remotas y tal vez espantosas; que se resignaron al destino que la Providencia les había concedido, que despreciaron los goces sociales y esperaron, confiados en Dios, una vida plácida y dichosa, en algún orbe afortunado, donde ya no exista la separación de seres que se idolatran, ni dolor insoportable para azotar los corazones sensibles.

Ahora comenzará, amigo mío, el momento final de mi última encarnación, que, si bien transcurrió sin el tumulto de pasiones que agitaron la anterior, tuvo; sin embargo, momentos conmovedores, que, recordados en este momento, me hacen sentir como las lágrimas vienen a los ojos, que se cansaron de verlas. Sin embargo, hoy las bendigo, porque fueron el arroyo que limpió mi alma de sus culpas pasadas, que la purificó, mediante un bautismo redentor, en un Jordán cristalino donde se había sumergido, volviéndola blanca y luminosa, para entrar en cualquier de las resplandecientes mansiones de los redimidos.

Una noche en que nevaba extraordinariamente, me invitaron a participar en un concierto que se estaba dando en la mansión de un burgués, que estaba celebrando su cumpleaños... Me acompañó mi padre, quien al llegar se sentó, cansado y somnoliento, cerca de un buen fuego. A primera hora de la mañana, una vez terminada la velada, tuvo que marcharse, de repente, sin apenas protección contra el frío. Sintió escalofríos convulsivos; en casa sufrió una fiebre violenta y dolores insoportables en todo el cuerpo. Después de unos días, quedó paralizado. Una vez más la miseria llamó a nuestra puerta con la violencia de un déspota y se alojó en nuestro refugio para no salir jamás.

Acortaré, amigo mío, el rosario de tormentos que entonces me atormentaban. Aun hoy, al recordarlos, me siento agradecido a los entregados protectores, que calmaron todos mis dolores, envolviéndome en efluvios balsámicos, animándome a soportar las dificultades de la adversidad, ayudándome a salir victorioso de todas las pruebas.

Sufrí, pero luché mucho, porque mi alma soñaba, a cada instante, con su eterna emancipación, como un ruiseñor enjaulado que, recordando constantemente el cálido nido dejado lejos en el tallo de un manzano en flor, intenta heroicamente romper la barras del diminuto *ergastulus*, aspirando a liberarse de él para siempre, a batir sus alas hacia el más allá infinito.

Al poco tiempo, sin el apoyo económico que provenía del trabajo de nuestros padres, nuestro hogar se convirtió en un escondite para el sufrimiento y la pobreza. Entendí lo suficiente de las sesiones musicales en las que participé para que no nos quedáramos sin pan y sin el alquiler de nuestra cabaña. La querida Jeanne; sin embargo, sin ningún consuelo, debilitada por las privaciones que nos atormentaban, aunque ocultaba su estado morboso, no pudo resistir la tuberculosis que, hasta entonces latente, minaba su frágil organismo.

Sin verlo, no pensé que la enfermedad fuera tan aterradora; pero un día, con dolorosa sorpresa, descubrí que sus pulmones ya estaban devastados.

Después de una semana de lluvia incesante, salimos a caminar por la mañana y, cuando me tomó del brazo, lo sentí arder con fiebre alta; Me di cuenta que caminaba a paso lento, deteniéndose de momento en momento para toser convulsivamente. Casi no me habló, tal vez para que no notara el cambio en su voz, que el argentino ya había perdido.

Estaba angustiado. Traté de regresar a casa y transmití mis temores a nuestro padre, quien, acostado en su cama dolorido, viendo a su amada hija solo en la penumbra de la alcoba en la que yacía, aun no había notado el cambio que se había producido en ella. Sin embargo, al oír lo que le dije, me pidió, abrumado por la angustia, que, ayudado por Margot, nuestra modelo camarera, lo llevara en un viejo sillón al comedor, que estaba mejor iluminado, aunque débilmente iluminado por una ventana, por la que la luz del Sol, en pleno invierno, se filtraba con dificultad.

Llamó a Jeanne y, al verla, empezó a gritar, medio alucinando:

- ¡Cómo se ha transformado nuestra pobre Jeanne, mi François! ¿Qué sientes hija mía? Ya no eres la misma que veían mis ojos antes de enfermar, hermosa como un querubín. ¡Y no puedo trabajar para darte la comodidad que necesitas!

Castígame severamente, oh Dios mío, pero evita el sufrimiento a mi querida Jeannette, que es un ángel de bondad, como quienes te rodean.

Mi hermana, sin asustarse, sonriendo y bromeando, le dijo:

- ¡Tenía miedo, papá! ¿Entonces pensaste que Jeannette nunca se enfermaría?

Esto es inútil: estaba preocupada por tu enfermedad, pasé algunas noches sin dormir, pero, al verte un poco mejor, la tranquilidad vuelve a mi corazón. ¡Recuperaré la salud en unos días, seguro, padre mío! No lo hagas.

Dime ¿Te sientes mejor hoy?

¡Pues bien! ¡Verás cómo dentro de una semana tu Jeannette estará tan robusta y sonrosada como una campesina!

Mi padre hizo un sacrificio supremo: se deshizo de la última joya que le quedaba - una reliquia inestimable para su corazón de viudo añorado -, su anillo de bodas, para comprar un reconstituyente para Jeanne, quien, a pesar de su inalterable buen humor, continuó perdiendo peso de manera alarmante.

Sus manitas, que siempre me acariciaban, constantemente febriles, se volvieron tan pequeñas como las diminutas alas de un colibrí. Me pareció que podía esconderlas sin esfuerzo dentro de una de las mías, que; sin embargo, no eran nada toscas ni grandes: eran manos de artista, de dedos finos, que solo se ejercitaban sobre el marfil de los teclados o las cuerdas de los violines.

Herido hasta lo más profundo por la enfermedad de Jeanne, nuestro padre comenzó de nuevo a maldecir el destino, diciéndome con un dolor indescriptible:

- Lo soportaría todo con heroica serenidad, excepto presenciar el sufrimiento de mi querida hija - mi consuelo, toda mi esperanza, el genio protector de nuestra familia -, ¡incapaz de luchar, para darle el consuelo que necesita para recuperar su preciosa salud! ¡No me hables más de dimisión, François!

Para poder cubrir los gastos del hogar y el tratamiento de Jeanne, tuve que trabajar sin descanso. Pronto; sin embargo, el cansancio - resultado del esfuerzo que hacía, estudiando violín o piano durante el día, durante horas seguidas, y exponiéndome al aire libre y a la lluvia por la noche, regresando a casa solo a primeras horas de la mañana -, comenzó a manifestarse en mi débil organismo. Pero, imitando a mi querida hermana, oculté a todos mi abatimiento, esperando fervientemente que mi salida del orbe terrestre coincidiera con la de Jeanne.

No es que aspirara a la muerte para escapar de la lucha, para dejar de sufrir, o que la buscara. Creí que nuestra unión en lugares más felices estaba en los designios de la Providencia, liberándonos a ambos de las cadenas del sufrimiento, al mismo tiempo que de la vida planetaria. ¿No sería eso egoísta? ¿Cómo podríamos ser felices en cualquier balneario sideral, dejando en la Tierra, con el cuerpo petrificado y el espíritu enlutado, al miserable paralítico? ¿Qué sería de él sin sus hijos idolatrados? ¿En qué desesperación o abatimiento se hundiría su alma, tan propensa a rebelarse contra el dolor, si la golpeara un doble golpe? Éstas y otras preguntas me hice. Incapaz de responderlas, permanecí en silencio y aprensivo.

Una vez, absorto en mis propios pensamientos, sentí en mi frente el suave tacto de la delicada mano de Jeanne, que murmuraba con una voz ya velada por el afecto que la minaba:

- ¡Qué cismático eres, François! ¿Será que estás enamorado de alguna deidad cuya voz te ha seducido, o que estás componiendo otra bella fantasía musical más?

¡Ay! ¡Hace tanto que no escucho tus expresivas sonatas! Incluso extraño esas noches de tormento, cuando te acompañaba a los bailes, porque presiento que ya no podré guiarte como antes, lo cual ¡por tanto, me privará de disfrutar de tus famosas producciones, mi François!

Si tuvieras un violín, estudiarías a mi lado, la felicidad volvería a nuestro hogar, el placer alejaría la tristeza e incluso nuestro pobre padre se sentiría más tranquilo y paciente. Sin embargo, siempre utilizas instrumentos ajenos, lo que hace que "te obligues a pasar muchas horas lejos de mí. Si pudieras traerlas a nuestro ático... Tienes un tesoro invaluable, François, que solo los extraños pueden apreciar."

- Todavía no he podido adquirir mi instrumento favorito, Jeanne; pero les prometo que esta noche traeré el violín de Duchemont y en él tocaré mis composiciones más recientes, o, mejor dicho, aquellas que interpreto escuchando a otros a lo lejos, en silencio, tal vez tocadas en el cielo.

Sin embargo, antes que cumpliera mi promesa, tuvimos que mudarnos a otra casa más humilde que aquella en la que vivíamos desde hacía unos años. Nuestros padres estaban tan tristes por esto que decidí posponer la finalización de mi proyecto por unos días.

Duchemont, al vernos en una situación tan dolorosa, habló de casarse con Jeanne sin más demora. Fue una manera generosa de apoyarla y beneficiarnos sin avergonzarnos.

Sin embargo, él no pudo llevar a cabo su intención porque ella se opuso, declarando que estaba gravemente enferma. También insistió en obtener su consentimiento, no aceptando la excusa que ella había presentado y prometiendo que, en cuanto se casaran, la llevaría consigo al sur del continente, para, con el cambio climático, revitalizar su debilitado organismo. Jeanne, conmovida, declaró que no era indiferente a tantas demostraciones de afecto magnánimo, pero que su conciencia la obligaba a no pensar más en un sueño que, de realizarse, lo haría infeliz.

E, intentando sonreír, pero con lágrimas en los ojos, concluyó con estas palabras:

- No puedo casarme con nadie en este mundo, señor Duchemont, ya que mi compromiso sería un funeral. ¡Se acerca el momento en que cruzaré las fronteras de la eternidad! Acepta mi cariño fraternal y continúa dándome, como hasta el día de hoy, pruebas de tu sublime dedicación. De esta manera aliviarás mis penas y me harás feliz hasta el extremo de la alegría.

Duchemont, conmovido, le tomó las manos y las besó castamente, llorándolas. Se comprometieron así, sin poder aspirar a contraer matrimonio.

A partir de entonces, Jeanne comenzó a escribir poemas conmovedores, que me rompían el corazón cuando los recitaba, interrumpidos por toses, a veces presionando mis dedos con los suyos, escaldados o fríos, como los de quienes ya se han acercado a la tumba. Más que nunca sentí, en los últimos días que pasamos juntos, que nuestras almas estaban atrapadas por los lazos inmateriales y perennes de un afecto imperecedero. Estaba seguro, con una premonición ineludible, que Jeanne pronto descendería a la tumba y que yo no sobreviviría a su liberación. En la Tierra, nuestros cuerpos descansarían en dos tumbas, una al lado de la otra; en el espacio, nuestros espíritus se unirían para siempre.

Animado por esta convicción, reaccioné contra el desaliento que intentaba excitarme. Me angustiaba la idea que nuestra separación momentánea fuera inminente. Sin embargo, cuando pensé que sería de corta duración, mi dolor se alivió, mi coraje moral cobró nuevo aliento y me volví más sumiso a la voluntad divina.

CAPÍTULO VI

Grande era la impetuosidad de la tormenta que convulsionaba mi alma, esperando que le lanzaran el dardo agudo que la traspasaría, la desgarraría.

¡Qué beneficio me hizo el bálsamo refrescante que mi guía espiritual develado roció sobre cada una de las dolorosas heridas de mi corazón!

Por momentos temí no poder soportar, como debía, la prueba más dura de mi existencia planetaria y supliqué fervientemente consuelo y resignación, que el cielo nunca niega a quien la pide.

Mis oraciones fueron contestadas. El sentimiento más noble que se había alojado dentro de mí - como una chispa de Sol en una urna de diamantes -, el de la fe en quien nos crea, juzga, castiga y perdona; que preside nuestros destinos, ciertamente me daría el valor de no desmayar en el momento decisivo en el que me encontré privado de la caricia de quien sintetizaba todos los amores terrenales, siendo para mí, al mismo tiempo, una madre amorosa, una hermana incomparable, una novia ideal; aquella cuya voz fue la única que descendió al santuario de mi corazón, ahogándolo en dulzura, iluminándolo con una luz de luna opalina.

Mi padre, que ya casi no expresaba su pensamiento, vivía tan amargamente, aprovechando, en una ocasión, la ausencia momentánea de Jeanne, me habló desde su lecho de angustia:

- ¡Eres muy afortunado, François! Ya no me arrepiento, envidio tu ceguera. ¡Qué felicidad, hijo mío, que no puedas presenciar lo que mis ojos ven: nuestra miseria y Jeannette casi dejándonos para siempre!

Aquí, muerto al trabajo, con uno de mis brazos ya enterrado, con mi cuerpo inmóvil como el de un cadáver, petrificado como un bloque de mármol, tengo, aumentando mi desgracia, el espectáculo del derrumbe de nuestra casa, sin luz.

Mucho más que antes de caer enfermo, mi sensibilidad se intensifica: mi corazón palpita y sufre con más vehemencia. Me parece que toda mi visión orgánica se ha centrado en ello; mis ojos adquirieron más luz, me pareció que mi visión podía traspasar hasta una pared; percepciones mágicas germinan en mi cerebro, haciéndome pensar, indagar, imaginar en una hora lo que no podría registrar en un año, si intentara reproducir los torbellinos de ideas que pasan por él, ¡dejándome a veces casi loco!

¿No ves, mi François, en la oscuridad en la que vives inmerso, que nuestros pocos muebles ya han desaparecido y, sobre todo, el desvanecimiento, la transformación sufrida por Jeanne?

Solo yo, para mayor tormento, observo su consumación. Día a día, la belleza angelical que era mi encanto y me recordaba a tu madre se va extinguiendo y desvaneciendo. Está claro que ya queda poco para que nos vayamos. Tu hermana se despide de ti y de mí: pronto se reunirá con sus queridos muertos, y ¿qué será de nosotros, François, con nuestra penuria y nuestro dolor inconsolable, sin nuestro ángel de la guarda?

    Intenté calmar el dolor del pobre padre, aunque sentí sus ojos oscuros llenarse de lágrimas:

    - No, padre mío, nuestra Jeanne se quedará con nosotros mientras vivamos. La muerte, que solo aniquila la materia, nunca nos separará: al contrario, nos dará descanso, hará cesar nuestros sufrimientos físicos y nos concederá la felicidad que es digna de un alma pura querubín, que, liberada de la prisión terrena, tomará cuidarnos mejor.

¿Qué haremos cuando ella ya no esté incorporada a nuestro hogar? Nos someteremos a la voluntad divina. Debemos ser intrépidos y valientes en los tiempos de batalla y esperar serenamente que llegue también el tiempo de nuestra felicidad. Dios hará ¡No tardes en concedérnoslo!

- ¡Oh! Hijo mío, desearía tener tu sublime resignación. Si no fuera por el miserable estado de mi salud, mi incapacidad para todo, acabaría con mi vida antes de recibir el tremendo golpe que nos espera.

- ¿No ves, mi pobre padre, que, sin una causa justa y fuerte, sin haber cometido un crimen horrendo, nuestros destinos no se habrían entrelazado para que pudiéramos pasar en común los tormentos que atormentaban nuestros pechos, como si estuviésemos juntos cumpliendo una sentencia escrita por el mismo juez íntegro?

- Lo crees porque crees que todos los seres humanos tenemos varias existencias, interrumpidas por la muerte y luego reiniciadas; porque se cree en la pluralidad de vidas, como dicen los espiritistas, explicando la génesis de nuestro sufrimiento, cuyas causas se encuentran en vidas criminales anteriores. Yo; sin embargo, no comparto esta creencia, hijo mío; y, además, te confieso que, después de las formidables desilusiones que hemos vivido, considero la nada, el aniquilamiento absoluto de nuestro yo en el corazón de la tumba, como una felicidad ideal. ¿Por qué seguir, después de la dolorosa batalla de la vida, luchando y sufriendo?

- ¿No te sentirás feliz, padre mío, si podemos reunirnos para siempre - tú, Jeanne y yo -, en un mundo más perfecto que éste, en una verdadera mansión de reposo de alegrías inmateriales, después de todos nuestros dolores noblemente soportados?

- El tuyo es un hermoso sueño irrealizable, François, en el que no puedo creer.

Influido, entonces, por los instructores celestiales, me exalté y con tanta elocuencia y entusiasmo hablé del mérito que habíamos alcanzado, sometiéndonos cristianamente a las duras pruebas que nos envía el Omnipotente para redimir las faltas cometidas en existencias caliginosas anteriores; le expliqué mis ideas con tal convicción, animándolo a sufrir con humildad, que por un tiempo ya no se refirió a nuestra desgracia, cayendo en un profundo silencio.

***

Un día, con el pretexto de comprar un objeto que necesitaba, Jeanne abandonó nuestra casa que, sin ella, estaba oscura de tristeza, como una cueva sin un rayo de Sol. Estuvimos muchas horas esperándola.

¿Qué había sido de la amada Jeannette? ¿Por qué no nos había advertido que tenía intención de quedarse? ¿Habría empeorado hasta el punto de no poder regresar a casa? ¿La habían llevado a algún establecimiento piadoso y la habían encontrado muerta en algún lugar público? ¡Cielos! ¡Cuánto sufrimos el infortunado paralítico y yo por no poder localizarla y descubrir su paradero!

Finalmente, al caer la tarde la escuchamos toser, el sonido de sus pasos ligeros, nos dimos cuenta que empujaba suavemente la puerta y entraba. Cuando se acercó a mí, noté que habían colocado algo pesado sobre la mesa donde estábamos comiendo nuestras escasas comidas. Su tos constante le impidió explicarnos su prolongada ausencia de más de cuatro horas durante mucho tiempo. Ciertamente, en esos momentos, su rostro escultural tenía la palidez del jaspe y la belleza inmaculada de los seres santificados por el martirio.

Finalmente, acercándose, me preguntó por mis estudios y cómo había pasado el día nuestro padre. Al ver mis ojos inundados de lágrimas, sacudió mi cabeza y me pidió perdón por habernos angustiado a mí y al querido paciente, diciendo finalmente:

- No pasará mucho tiempo, François, que me veré obligada a abandonar nuestro refugio, no por unas horas, sino por un tiempo ilimitado... hasta que podamos reunirnos en otros lugares, más afortunados que estos. Cuando yo me haya ido, hermano mío, todos tus esfuerzos deben tender a consolar a nuestro pobre padre. ¡Olvida tu dolor, para acordarte del suyo, que no tiene un alma pulida como la tuya!

Ahora te explicaré el motivo de mi ausencia, que te causó extrañeza y pesar. No ignoro que estudias con instrumentos que no te pertenecen; sé que deseas tener un violín y, anhelando oírlo, tus hermosas producciones, como ya no puedo acompañarte a conciertos y fiestas, como en el pasado, quería hacerte una sorpresa y dejarte un recuerdo supremo, que será reconfortante para tu alma y la de nuestro querido padre, en estos próximos días... ¡cuando mis párpados se cierren para siempre!

Desde niña tenía un colgante cordiforme [32], incrustado de diamantes, que había pertenecido a nuestra querida madre, regalo de bodas que le había hecho nuestro padre. Lo guardaba celosamente, como si fuera una reliquia sacrosanta, un fragmento de mi propia alma. Pude separarme de ella, porque me parecía parte de mi propio ser. Sin embargo, hace unos días me di cuenta que ya no la conservaría por mucho más tiempo y, por eso, la vendí para adquirir otra cosa preciosa, este instrumento que canta con las voces de los sentimientos, que sufren o se regocijan con nosotros, que será mi consuelo en los últimos momentos de la vida y para los que aquí permanecen después de mi partida en busca del Más Allá.

Cambié un corazón silencioso de oro y diamantes por uno de madera, pero tiene fibras sensibles de las que salen sonidos divinos, interpretando las tormentas y calmas de nuestro espíritu. Por último, mi François, traje un violín magnífico, casi un *estradivarius*, ¡que te ofrezco!

No supongas que hice un sacrificio inconmensurable, disponiendo de una preciosa inutilidad, que, para mí, querido, solo tenía el valor inestimable de haber pertenecido a quien me la legó. ¿No es seguro que lo haré? ¿Estaremos pronto al lado de nuestra idolatrada madre?

¿Qué vale una migaja de oro encerrada en un cofre de felpa, que el tiempo destruye y que se olvida en la Tierra - donde se guarda el estuche del alma, que los gusanos corroen -, en comparación con la alegría infinita que me espera en el Cielo cuando me encuentre con la joya más cara de la humanidad: una madre amorosa? Sí, ella me perdonará por haber renunciado a su regalo de compromiso, que ciertamente amaba mucho, para adquirir otro aun más valioso.

---

[32] Colgante.

¡Por el hijo cuyo rostro nunca pudo besar y que, tal vez por eso, quedó ciego!

Me llevó mucho tiempo tomar esta decisión, pero ahora me felicito por lo que hice, necesariamente inspirada por mis queridos muertos. Todavía me quedan algunos francos con los que podemos comprar algo para la cena, y puedes ¡descansar unos días! ¡Hoy traigo conmigo la alegría! ¿Por qué lloras así, mi François?

Habló sin cesar, con dulzura y caricia, colocando en mis brazos la esbelta caja de un violín, mientras yo, silencioso, conmovido, no sabía qué decirle, ante aquella conmovedora prueba de su entrega fraterna.

Ella; sin embargo, me comprendió, pues le expresé todo mi agradecimiento en el lenguaje silencioso de las lágrimas, gotas que caen, una a una, de nuestra alma en las horas de amargura o de ternura, rocío que humedece nuestras pupilas en la noche del sufrimiento y nos redime de nuestros terribles crímenes pasados, un bálsamo que, a través de los vasos lagrimales, brota del pecho sufriente - su fuente perenne -, y forma una cola, como las diminutas venas hialinas que brotan del corazón de las montañas, para fecundar y enfrían las regiones donde serpentean como arterias de cristal líquido.

Cuando pude hablar, la reprendí suavemente por cansarse. A lo que la amable Jeanne, riendo, respondió:

- Quiero que me hagas escuchar, ahora mismo, uno de tus ensueños. ¡Mejor música... que la censura! Quiero que me lo agradezcas a través de este instrumento, que sin duda maneja mucho mejor el lenguaje de los sentimientos que los labios. Olvidemos nuestros disgustos, nuestras enfermedades, nuestras luchas; lo sofocamos en una ola de armonía, actuando como escépticos de las cosas trascendentales que intentan ahogarlas en champán o absenta. ¡Transformemos en céfiros las tormentas que sacuden nuestros cerebros torturados! ¿Llorando por qué? Trayendo aquí un fragmento del paraíso, ¡quería que este ático desnudo se transformara en una mansión mágica de hadas!

¡Coge el violín, François, porque quiero oírlo ahora y morir mecida por sus dulces vibraciones, que aliviarán el dolor que me causa tener que dejarte a ti, así como a nuestro desdichado padre... y a mi amado prometido! Creo bien que, después que mi cuerpo esté encerrado en la tumba, mi espíritu regresará con frecuencia a la Tierra, para escuchar tus sublimes sonatas, que tanto aprecio, y que no podré olvidar, ni siquiera en el empíreo.

Con el pecho oprimido, porque las palabras de Jeanne me demostraron claramente que ella no era ajena a su fin próximo, que sabía que ya estaba en camino al cielo - única patria de la que era digna -, tomando de sus manitas casi intangibles el regalo que me había hecho, lo apreté fuertemente y lo sacudí repetidamente, asegurándole, al mismo tiempo, que la muerte no interrumpiría nuestro afecto, que, al contrario, soldaría nuestros destinos hasta el fin de los siglos.

Entonces abrí el estuche, saqué el regalo y pronto, entre exclamaciones de sorpresa y alegría agridulce de la víctima, nuestra pequeña y lúgubre habitación, refugio de la miseria y el sufrimiento de tres desventurados en duras pruebas, se llenó de ondas sonoras, lo que le daba un aspecto espacioso y luminoso. Y los sonidos del dulce instrumento, anestesiando, como el mitológico *Leteo*[33], no nuestra nostalgia, sino nuestras penas, amortiguaron y mitigaron el sufrimiento físico y moral.

La música es el lenguaje más bello del Universo. Lo dicen en la Tierra y en el cielo, ¡se traduce tanto en lágrimas como en sonrisas! Es tal el poder hechicero del arte sublimado de Rossini y Wagner[34] que, aquel día, nadie se acordó de sus tribulaciones.

Más que en otras ocasiones me sentí influenciado por entidades etéreas que bañaban mi frente con efluvios radiantes, que penetraban en mi cerebro, activaban mis dedos, transmitían al arco

---

[33] Río del infierno.
[34] Rossini - famoso compositor italiano (1792-1868); Wagner: famoso compositor alemán (1813-1883).

la agilidad de las alas hendiendo el aire y arrancaban torrentes de energía a la fiebre del violín modulaciones suaves.

Así, durante unas horas, rasgueé sinfonías originales y cautivadoras, como si las leyera grabadas en el infinito, en pentagramas, notas y claves, hechas de chispas estelares y que, una vez terminadas, desaparecían repentinamente, desapareciendo en el espacio, de donde vinieron. No podría reproducirlos, aunque quisiera, y podría titularlos *sollozos de un tierno corazón*.

A veces tenía la impresión que pasaba el arco a través de las fibras de un corazón humano, que se volvía sonoro y dejaba escapar gritos rápidos, oraciones apagadas, monólogos fervientes, gemidos frenéticos, que volaban hacia la extensión celestial. Cuando cesaron las vibraciones del último acorde y nuestro desván quedó nuevamente sumergido en un silencio fúnebre, Jeanne susurró, como en un soliloquio íntimo:

- Yo fui el portador de felicidad a nuestro triste hogar. La música es un bálsamo divino que alivia todos los dolores del alma, volviéndola dichosa, olvidadiza de la Tierra y nostálgica del cielo.

Ahora debes, François, tocar todo lo que lees en las páginas del infinito, para que pueda olvidar lo que me duele y que tengo que separarme, aunque sea por un tiempo limitado, de algunos seres muy queridos. Deseo exhalar el último aliento escuchando lo que interpretas en esos momentos de sueño o de encantamiento. Estoy feliz de haber contribuido a la felicidad de quienes amo. Ahora puedo irme para siempre.

LIBRO IV

La alianza

CAPÍTULO I

El deseo de Jeanne, expresado en el momento en que me ofreció el magnífico violín, se cumplió rápidamente.

En los últimos años que vivió con nosotros, para aliviar su disnea y el dolor que la atormentaba, le hice escuchar algunos nocturnos y romances de plan conmovedor. Ella; sin embargo, presionando ligeramente con sus sutiles dedos uno de mis brazos -cuyo contacto más sensible era mi alma, a la que un íntimo temblor sacudió, más que mi sistema nervioso -, murmuró palabras como estas, revelando una nobleza celestial que, ciertamente, transfiguró su rostro pulcro, de mí solo vislumbrado en sueños o en el santuario del espíritu:

- ¡Tus canciones son muy melancólicas, François! Toca otras que expresen alegría o felicidad. ¿Estás triste porque estoy a punto de dejar de sufrir pronto? ¿No crees ya que nos encontraremos en regiones incomparablemente mejores que las que vivimos, donde las lágrimas y el dolor se esparcen con la misma profusión que las nebulosas del espacio?

¿No crees que volveremos a reunirnos cuando ya no estemos encadenados al mundo donde cometemos crímenes y donde nos rehabilitamos, cumpliendo una condena severa pero arrepentida? ¿Podrá el puro afecto que nos tenemos el uno al otro ser extinguido con la materia perecedera que quedará cerrada en la tumba?

No, François, un día me seguirás, como lo haré yo en busca de nuestra inolvidable madre, que anhela vernos libres.

Esperemos, pues, con una sonrisa en los labios, con el alma llena de esperanza, que el Eterno nos libere de las redes del sufrimiento y nos reúna en un lugar donde prevalezcan la paz, las Artes, el amor, en definitiva, felicidad que aquí es irrealizable. No, el afecto que te consagro a ti, a nuestro padre y a Duchemont, nunca perecerá. Solo una cosa me angustia: saber que estás enfermo. Dada la discapacidad de nuestro viejo, temo que lo harás. falta vuestro pan de cada día.

Sé; sin embargo, que esto no debe preocuparme, porque la magnanimidad de Dios es insuperable y Él vela por todos los seres de la Creación. Pronto, hermano mío, serás famoso en toda Francia como un compositor extraordinario y, en el futuro, no lejos, tendrás la frente coronada de los laureles de la gloria, así que sé afectuoso, aun más que hoy, con aquel que nos dio el ser y trata de aliviar todas sus amarguras.

¡Quiero que vivas algunos años más - aunque esto retrase la realización de lo que aspiramos, nuestra unión en lugares felices -, para que puedas consolar al infortunado paralítico!

- ¡Allá! ¡Jeanne! Tu bondad angelical y tu fantasía de verdadero ideólogo te hacen ver todo a través de un prisma radiante, cuando en la Tierra un futuro nebuloso se cierne ante mí, el horizonte de mi existencia oscurecido por un nimbo lúgubre.

¡Creo, sí, en la mansión etérea donde los que se aman, como nosotros, se reúnen con un cariño inmaculado, pero, en el planeta donde peregrinamos, la puerta de la felicidad se cerrará para mí, cuando esté cavada en la tierra para tu cuerpo es una tumba, porque en ella también serán sepultados mi corazón, mis cuidados de artista, mis anhelos de gloria, los sueños en los que me arrullo desde pequeño! ¡Ay!, pienso que hasta mi estro musical desaparecerá. Muere, porque parece que, además de los invisibles, me han inspirado con producciones muy bonitas.

Es que, Jeanne, eres una exiliada del empíreo, porque solo un arcángel podría haber reemplazado a la madre que nunca conocí, la novia que nunca lo sabré, siendo la hermana modelo que me cuidó desde la niñez hasta la juventud. Eras única, porque eres perfecta.

Así, encarno en ti todos mis sentimientos más elevados. ¿Cómo quieres, entonces, que mi violín cante alegremente, cuando mi madre llora, temiendo nuestro apartamento, aunque sea temporal?

¿No es más natural que las cuerdas de este instrumento sollocen? ¿Expresando el dolor sin precedentes que me embarga, al verte sufrir? Puedo decir que fui por el mundo sin saberlo, con solo tu amor para guiarme, a través de la niebla en la que vivo, y, cuando voy a estar privado de ello, ¿quieres verme sufrir, Jeanne?

- ¡Pero no te abandonaré, François! ¿No sabes que existo sin que tus ojos me hayan visto jamás? ¡Cuando muera ya no me oirás, como ahora no puedes verme, pero estaré a tu lado, como en este momento!

- ¡Gracias! ¡Estas eran las palabras que anhelaba escuchar de tus labios, Jeanne! Ojalá yo, como tú, hermana mía, pudiera vislumbrar ya el mismo fanal resplandeciente, colocado en los confines de la Tierra con el infinito, cuyos resorts empiezas a ver, ansioso de llegar a ellos con la ansiedad del marinero nostálgico que, habiendo estado lejos de su tierra natal durante algunos años, ve sus tierras natales cerca y está impaciente por pisar su amada tierra y caer en el sueño eterno.

- ¡Saca esos pensamientos de tu cerebro, François! ¡Es necesario que vivas para aliviar a nuestro pobre padre!

- Sí, haré todo lo posible para satisfacer tus deseos. La vida no nos pertenece, lo sé: se nos concede o se extingue cuando place a la Providencia; Sin embargo, es nuestro deber preservarla, mientras estemos apegados a la materia, como cosa preciosa confiada a nuestra custodia, sumisa a todos los designios divinos. Por lo tanto, estoy contento con los reveses que...

- ¡Dejemos de hablar de temas tristes! Hagamos un pacto. No quiero que dejes de ser artista y, como dijiste que tengo el don de Euterpe - la más apreciable de las musas -, vendré del más allá para inspirarte, ¡pero con la condición que nunca abandones tus estudios!

¿Quieres firmar este pacto conmigo? ¿No me contestas? El silencio es igualmente afirmativo. ¡Hecho! Ahora prefiero charlar con tu violín, que; sin embargo, a veces también llora. Sin embargo, no lo hagas llorar hoy por mi culpa, que me alegra oírle en armonía con mi corazón: ¡contrito y esperanzado!

Una vez amainada la tormenta que asolaba mi interior, tomé el mágico instrumento y comencé a interpretar graciosas arias, nocturnos y romances[35] que no eran nada melancólicos. Eran como el misterioso diálogo de dos almas comprometidas que se adoraban y que, después de años de doloroso apartamento, exiliados en regiones lejanas e inhóspitas, lograron unirse en el espacio y, delirantes de satisfacción, se confiaron el uno al otro, refiriéndose unos a otros, tomados de la mano, todos los tormentos que atravesaron, todos los anhelos y recuerdos, los sufrimientos sin precedentes que disfrutaron o las brillantes esperanzas que tuvieron.

Escuchándolos, Jeanne se sintió bendecida y mi dolor continuo cesó casi por completo, lo único que me quedaba, en ese momento, era no poder contemplar su rostro, que imaginaba hecho de jaspe y luz, como el de una entidad paradisíaca.

¡Oh! ¡Qué amarga fue mi prueba en esta última existencia, la de la ceguera! ¡Cuántas veces me he sentido turbado por los raros momentos de alegría que me fueron concedidos! Nunca podría disfrutarlos sin alegría. Con motivo de mis triunfos artísticos, cuando al escuchar el eco de los aplausos al final de una pieza musical o recibir demostraciones de cariño de mi idolatrada hermana, parecía como si un destello de aurora boreal iluminara mi mente, pronto sentí que una vez más, en mi frente me pasaron una venda negra.

La luz que me había bañado se desvaneció, como si de repente hubiera entrado en una cueva extrema y oscura o hubiera atravesado el globo de polo a polo, apagando la antorcha que había empuñado para guiarme en el largo viaje. ¿De dónde vino esta efímera claridad que a veces brillaba dentro de mí? Provino de la inspiración, que fluyó del infinito; en mi alma, como una cascada de sonidos y luz de Luna; procedía del afecto puro de Jeanne, la lámpara de mi vida, que me parecía la secuencia del otro.

---

[35] Composición musical, para cantar, sobre un tema tierno y sentimental.

Me parecía que, si uno salía, el otro saldría también. Y esta idea me agarrotaba el cerebro, en momentos de profunda meditación, haciendo que mis dientes rechinaran de terror.

Imaginemos que un minero, atravesando una interminable galería subterránea, se encontrara en un laberinto inextricable, cuando la llama de la linterna ya parpadeaba en su mano fría, sacudida convulsivamente por el terror de ser enterrado vivo. Imagínate que, cuando su tortura era más intensa, sintió que el desgraciado le apretaba el brazo con una mano diáfana y amiga, la cual, tras guiarlo hasta el borde de un vórtice cuyo estruendoso ruido llegó a sus oídos, de pronto quedó indefenso y desapareció en el extensión celestial, dejando un surco luminoso en las sombras que lo envolvían y que se convirtieron en tinieblas asfixiantes. Eso es lo que temía que me pasara a mí. La maravillosa lámpara que iluminaba mi alma tenía su llama alimentada por el celo musical, el cariño de Jeanne y la esperanza de una existencia feliz, una vez aniquiladas mis funciones vitales.

Si faltara uno de estos elementos, comenzaría a parpadear. ¿Y quién se atrevió a decir que no desaparecería del todo? Por eso me asustaba la prueba mediante la cual se evaluaría mi valor moral, una de las pruebas más duras que desgarran el corazón humano: la muerte de un ser querido. Temía que, en el momento preciso, me faltaría el valor para soportarlo cristianamente, que me debilitaría como el timonel que, en la hora de la tormenta, vio hecha pedazos la brújula que lo guiaría hacia las tierras patricias.

Él la esperaba como un enfermo que se llena de terror ante la idea que le amputen un miembro, en una operación quirúrgica muy dolorosa. Temblé por mí mismo, sospechando que mi hasta entonces profunda e inquebrantable creencia en la Providencia había fracasado. Hubo momentos en los que me pareció que estaba al borde de un abismo, de un volcán, una úlcera de llama que canceriza la corteza terrestre, triturándola hasta el centro; que iba a ser atraído, tragado de repente, sintiendo el suelo faltante, agrietado en un terremoto aterrador.

En aquellas horas de angustia; sin embargo, una fuerza misteriosa y poderosa me invadió, una formidable corriente magnética recorrió mi cuerpo y, a veces, en segundos, me transformó en otro hombre, completamente diferente de aquel que, justo antes, estaba a punto de desmayarse. Él permaneció tranquilo, resignado, casi sonriente, de alma jovial, escuchando claramente esta amistosa advertencia:

- Debes vivir porque fuiste cojo en el pasado. ¡Estás reparando delitos muy graves y de ti también depende la remisión del desafortunado inválido!

Tan fuerte era la lucha que se libraba dentro de mí, que sentía mi frente completamente helada, cubierta de sudor frío. Entonces llamaría a Jeanne y la invitaría a ir en busca de nuestro padre, para que, acercándome a su lecho de tortura, olvidara el mío y me llenara de valor para soportar las ráfagas de dolor.

Un día, mientras estábamos sentados infantilmente a su lado, nos dijo, entre reprimenda y cariño:

- Por lo que puedo ver, hay una verdadera conspiración contra mí o un acuerdo firme entre ustedes dos para dejarme solo con Margot, ¿no es así? Muchas veces les he oído conjeturar cuán envidiables deben ser los mundos habitados por los justos o por aquellos que ya se han rehabilitado ante el tribunal divino, olvidando que su pobre padre enfermo, inservible para la vida y el trabajo, escucha lo que dicen y anhela para seguirlos.

No es generoso lo que hacen, o no saben evaluar el cariño que les tengo. Incluso ahora, cuando entraron aquí, pensaba en la muerte, deseando que ella me librara de mis sufrimientos; pero, al verlos, enseguida quise seguir viviendo, incluso siendo tan infeliz, amarlos y tenerlos a mi lado. Es el egoísmo de un desdichado al que el Todopoderoso ciertamente perdonará. Pero ahora; sin embargo, no hablemos más sobre cosas conmovedoras, para no entristecernos ¡Miremos nuestras tribulaciones!

Ve, Jeanne, trae el violín de François y ninguno de los dos saldrá de aquí, sin mi consentimiento previo. Quiero, François, disfrutar durante mucho tiempo, muy cerca de ti, de las canciones que, hace poco, tocaste en silencio, solo para Jeanne.

Tan pronto como regresó mi hermana, cumplí el pedido del discapacitado y, momentos después, lo escuché murmurar como en un soliloquio íntimo:

- Para un desgraciado como yo, el Creador fue magnánimo, concediéndole la compañía de un ángel tutelar - Jeanne, que lo es para mí, y la de un generoso protector -, François, que trabaja, con los ojos ennegrecidos por la calamidad de la ceguera, para que no me falte el pan de cada día. Nuestros roles se invirtieron: él dejó de ser mi hijo y se convirtió en mi joven y amoroso padre. Ambos alivian mi malestar con sus caricias, ungen las heridas que abrieron en mi corazón las púas corrosivas de la desgracia, proporcionándome, como en este momento, momentos de felicidad en mi catre torturado.

Dios es verdaderamente misericordioso, como dicen, queridos hijos, ¡porque no merecía haber entregado mi ser a dos criaturas tan dignas como ustedes! No teman por mí, que ya no soy el escéptico que una vez fui: el dolor se ha apoderado de mi alma y esculpió en ella sentimientos de sumisión a los designios divinos, de esperanza en una existencia dichosa, después de las duras rachas de la adversidad. Con el cuerpo endurecido, como si sobre él se hubiera posado la fatídica mirada de Medusa, ahora reconozco que es una especie de amanecer, algo indestructible e inmortal sobrevive a la materia.

Sabré llevar mi cruz al Gólgota, esperando la sentencia final que el Altísimo decrete que se cumpla fielmente, sin reparos. Y, si es cierto que los seres queridos nunca nos abandonan, si eres llamado al Más Allá ¡Antes de mí, no abandones a tu infortunado padre, que permanecerá solo en la Tierra, como Prometeo, no con el hígado, sino con el corazón incesantemente destrozado por los cuervos del anhelo del azote de las ideas!

CAPITULO II

Jeanne vivió con nosotros algunos días más, después de la escena que acabo de describir, mostrando siempre una presteza inalterable, componiendo estrofas conmovedoras que recitaba casi en silencio, con la voz entrecortada por la tos. Ya me consideraba feliz de no tener vista.

La ceguera me ahorró la angustia de ver su cuerpecito esquelético y devorado por la fiebre. Una vez, la última en su breve y dolorosa existencia, nos recitó una cuarteta que todavía recuerdo: Aquí está:

"El alma, al descender del Más Allá, queda atrapada en la arcilla... Gime en su prisión, lucha, pero, de repente, sus cadenas se rompen. Entonces, tranquila, libre, divide el espacio y ya no sufre."

Este fue su canto de cisne. Comprendí su pensamiento: quería, macerada por largos sufrimientos, romper los lazos que la mantenían atada a la Tierra y, con un espíritu encendido en las tenaces luchas del sufrimiento, anticipó los placeres de una vida futura, llena de alegrías inextinguibles. Fue toda una confesión empaquetada en unos pocos versos, en cuatro estiletes de fuego que traspasaron mi corazón, como las espadas de dolor el pecho de la pulcra Madre del Nazareno.

Duchemont, que estaba presente, se sintió tan conmovido que la interrogó de la siguiente manera:

- ¿Es cierto que puedes ser feliz, lejos de quienes te idolatran?

- No, ciertamente, querido Duchemont; pero ya he hecho un pacto con François: no me iré definitivamente, mientras aquellos a quienes amo infinitamente sigan presos en la prisión terrenal.

Poco después de este diálogo, una tarde, Duchemont ofreció a su novia deliciosas frutas, que ella recibió con signos de reconocimiento, pero sin mostrarse con él tan afable como solía ser. Ella permaneció reclinada en un sofá antiguo y, durante la amistosa charla que sostuvimos, expresó una gran inquietud de espíritu, una melancolía invencible. Cuando vio que el amable Duchemont se iba a marchar, dijo estrechándole la mano:

- Te voy a hacer una petición, Duchemont.

- ¿Una petición, Jeanne? ¿Por qué te expresas así? Dime primero que me vas a dar una orden.

-Agradecido. Mañana, en lugar de fruta, tráeme flores... muchas rosas...

- ¿Flores? ¡Dios mío! Sabes que a veces he merecido flores tuyas, ¿por qué las pides para mañana? ¿Estás peor? ¡Dilo, Jeanne!

- Me parece que ya no respiro como otros días.

- ¡Voy a buscar un médico!

- No gracias. Puedes traerlo mañana por la mañana si quieres. Ahora no, voy a descansar.

Duchemont, inquieto, se despidió de su novia y prometió regresar por la mañana acompañado de un médico. Sostuve las manos de Jeanne entre las mías y las encontré heladas. Le pregunté si quería irse a la cama y respondió negativamente. Mi padre, muy angustiado, me ordenó, ayudado por Margot, llevar hasta la cama el sofá en el que yacía la querida paciente.

Jeanne ya se estaba volviendo casi imponderable: en ese momento cruel, mi consternación pesaba más que su frágil organismo de polilla.

Aplicamos todos los medios a nuestro alcance para aliviar su sufrimiento. Le di sedantes varias veces, pero su respiración, pasada la medianoche, se volvió sibilante. Se esforzó en mostrarse plácida para tranquilizar a su padre, quien, herido en el corazón por un dolor inaudito, no dejaba de hablar, dándonos órdenes sobre el tratamiento de su querida hija, pareciendo, a veces, como si la aflicción lo había hecho enojar. Mudo, a diferencia de los hijos de Saturno[36] a quienes mi propio padre aplastaba, sentía mi cerebro devorado por pensamientos tortuosos.

El desenlace del conmovedor drama que esperábamos con temor desde hacía mucho tiempo se apresuró. Quizás fue así para que Jeanne dejara de ser azotada más rápido de lo que pensábamos. Ciertamente, su espíritu cándido y redimido ya no necesitaba el tormento de las pruebas terrenas, del mismo modo que un diamante tallado no necesita el cincel del tallador.

Me arrodillé casi a su lado y, aunque no podía verla, le acaricié la frente, sintiendo su cabello aterciopelado humedecido por el sudor frío. ¡Cuánto lamentó no haber visto aquellos preciosos mechones que tanto había anhelado contemplar al menos una vez en mi dolorosa existencia, por decirme que eran hermosos, que tenían el color del oro líquido, luminoso y, sobre todo, porque pertenecían a la amada criatura con la que ninguna otra, pensé, podría compararse en el globo.

Finalmente, en un momento dado, dejó de gemir y me dijo, tan débilmente que su voz parecía el susurro de un céfiro al atravesar la fronda de un álamo solitario:

- Mi François, ha llegado el momento de hacer lo que te rogué durante meses. Estoy pensando, en este momento, en Dios y quiero exhalar mi último aliento escuchando la melodía que tocaste... en esa velada fastuosa y tortuosa... en la que conocí al querido Duchemont... tu generoso amigo... a quien espero que, mañana, exprese mi perenne... e indeleble agradecimiento...

Intenté evitar cumplir su deseo, que en ese momento no me parecía razonable. Le afirmé que me había olvidado de la música medicada y no la engañaba al decirlo, porque mi dolor era tan profundo que me había hecho olvidar el amado arte mismo. Tuve la impresión que todas las ideas se habían disuelto en mi mente,

---

[36] En la mitología romana, Saturno era equivalente al antiguo titán Cronos, dios del tiempo. Gobernó el mundo de los dioses y de los hombres, devorando a sus hijos cuando nacían para que no lo destronaran.

quedando solo una: la de nuestra separación, ¡aunque sea temporal! Ella; sin embargo, no aceptó ninguna excusa. Empujándome suavemente para obligarme a ir a buscar el violín, dijo suave y sutilmente:

- Sé valiente, François. Siento que voy a ser vieja ahora. Me parece que, habiendo cometido una vez un error espantoso, hoy acabo de cumplir la sentencia dictada contra mí, para poder rehabilitarme a través del sufrimiento y ser libre para siempre. De la breve y dolorosa vida que tuvo, la miserable Jeanne lleva en el alma - como el dulcísimo aroma de violetas maceradas -, el recuerdo de tu cariño inmaculado, el de mi prometido, nuestro padre y Margot. No lamentes, pues, François, que ha llegado la hora de mi redención. Si supieras lo que estoy viendo ahora... si vieras lo que me molesta... pensarías que estoy muy feliz.

Me importa reconocer a nuestra madre... en uno de los seres que agudizan mi liberación... para conducirme al Más Allá... Hay muchos, todos hermosos, sonriendo, pareciendo felices... Parecería que este humilde nicho... donde tanto he sufrido ha adquirido proporciones ilimitadas... que las paredes se han alejado... permitiéndome descubrir, a lo lejos, bellos paisajes y seres... que ya no pertenecen a la Tierra... No te mortifiques por mí, amado François, querido padre. Tengo la inquebrantable convicción que, en un futuro no lejano, nos encontraremos, como hoy, en otro mundo más bendito que éste... Pero date prisa, hermano mío... escucha la suprema súplica de tu Jeanne... por mí la vida parpadea como una lámpara a la que solo le queda una gota de aceite.

Me levanté, entonces, infinitamente dolido y conmocionado, pero sostenido sin duda por los invisibles que, en tiempos de amargura, infunden valor y resignación sublimes en los espíritus torturados, extendiendo sobre ellos un bálsamo que mitiga los dolores más intensos. Así pude responder al pedido de la moribunda.

De repente, como si ya no obedeciera a mi propia voluntad sino a la de otro, que actuaba vigorosamente sobre mí, que me excitaba y fascinaba, cogí el violín y, mientras sollozaba, lo inundé de lágrimas. Mis labios no pronunciaron una sola queja en aquel momento de tremenda prueba. Mi pensamiento se desprendió de la materia, dividió el espacio, suplicando al Creador del Universo la energía que mi espíritu necesitaba para no flaquear, para no debilitarse en el momento de la expiación definitiva.

Había perdido la noción de exactamente dónde estaba y qué estaba haciendo. Ya no sabía si estaba bajo la influencia de un sueño opresivo o bajo una realidad aplastante; sin embargo, continuó ejecutando *cavatina cherulas*, gemidos trémulos, que emanaban del arco y de las fibras sonoras del instrumento, como si los exhalara de un corazón presionado bajo una alta montaña. De repente, hubo un *staccato* y, por última vez, escuchamos la voz de Jeanne, con un timbre diferente al que conocíamos, revelando un esfuerzo extraterrestre y formulando una súplica vehemente:

- François... ¡Consuela a nuestro pobre padre!

Estas palabras, que resonaron en los rincones más oscuros de mi ser, paralizaron mi brazo. En el nicho funerario reinaba un silencio sepulcral. Mi corazón tembló y, poco después, me sentí aturdido, como dominado por lo fantástico, poseído por una desolación invencible. Al mismo tiempo experimenté la analgesia de todos mis pensamientos, el olvido de todo lo que me rodeaba, el entumecimiento total de todas mis facultades mentales. Me parecía que no solo me faltaba la vista sino también el oído y la voz. Una vez más; sin embargo, mi brazo se movió, impulsado por una fuerza fuera de mi control, y modulé tranquilamente, en el instrumento, un hermosísimo himno sagrado, una elegía canónica, un salmo doloroso, una ráfaga de lágrimas o, más bien, una oración de armonías desconocidas en la Tierra.

Ungió, alivió la agonía de aquel ser amado que, como el pájaro baleado que, al no poder ya piar, se contenta con escuchar el canto de otros pájaros que saludan la aurora, dispuesto a contemplar el amanecer de una nueva vida en el Más Allá, rumbo al cielo y a la verdadera felicidad que espera a los espíritus purificados por el sufrimiento, desconocida en este planeta de la expiación.

Por fin el violín dejó de sollozar; lo dejé caer de mis manos, que se volvieron inertes, rígidas y frías, y me desplomé a unos pasos del cuerpo inanimado de Jeanne.

Fue así, amigo mío, que se apagó la lámpara de mi vida. El destino no me permitió contemplar, como deseaba, el cadáver de aquella a quien amaba. Simplemente lo sacudí entre lágrimas, mi corazón partido por la espada del dolor.

Jeanne, mi sueño feliz, el único ideal de mi existencia agonizante, que a veces decoraba con rosas luminosas, se desvaneció como el acorde de un arpa, el último trino de un ruiseñor moribundo, se disipa en la inmensidad.

¡En los primeros días después de nuestra separación, me di cuenta que realmente estaba tanteando en la oscuridad, sintiendo que me asfixiaba, que penetraba en mis cuencas oculares, que eran parte integral de mi ser y que envolvían mis ojos, alma de crepe!

CAPITULO II

Desde que Jeanne fue enterrada, no he podido trabajar, en un estado de desánimo insuperable, aunque sin lamentarlo ni una sola vez. Me parecía que algo impenetrable había desaparecido de mi ser, donde se había cavado un abismo insondable, un vacío aterrador capaz de contener el océano.

Un silencio de Campo Santo reinó en nuestra casa, desde que resonó en ella el último grito suplicante de Jeanne. Era como si nadie más se atreviera a hablar, a preservar, eternamente intacta, en los restos de corazones llenos de dolor sagrado, ese recuerdo de los muertos inolvidables.

Pensé que ya no podía ejercer mi profesión. El dolor era tan profundo que creía haber olvidado los rudimentos de la música. Tampoco quise profanar el instrumento que acompañaba, entre sollozos, la agonía de Jeanne, interpretando con él piezas danzantes, en veladas alegres, donde se arremolinaban criaturas tal vez indiferentes al sufrimiento humano.

Solo entonces me sentí completamente ciego: me faltaba la luz que vislumbraba al nacer: el cariño incomparable de la hermana idolatrada. Tuve la impresión de haber sido arrojado desde el infinito a un cráter que atravesó el globo hasta el barratrón donde las llamas y la lava incandescente se fusionan y crepitan. Sentí en el alma las galeras enloquecidas en mar abierto, sobre olas furiosas, rodeadas de una niebla espeluznante.

Todo esto lo viví, amigo mío, postrado en una cama de la que pensé que nunca me levantaría. Sin embargo, unos días después del desafortunado éxito, nuevas energías florecieron dentro de mí; Fuerzas ignoradas renacieron cuando el legendario

Phoenix[37] renació de sus propias cenizas. Me sentí con ganas de luchar, de vivir, sin que mis labios se abrieran para murmurar ninguna imprecación contra el destino, obra del mismo artista atroz que forjó las estrellas y las flores.

Comprendí, categóricamente, que mi existencia estaba destinada a enmendar lo horrible, que me había sido encomendada para llevar a cabo una misión arriesgada, y que debía cumplirla con impaciencia, a pesar de todos los obstáculos que se presentaban, para poder estar a la altura de la recompensa de los vencedores.

Un día, después de dormir durante largas horas, me levanté de la cabaña donde, desde la muerte de mi hermana, me encontraba atrapado en una postración física y moral invencible, insensible a las demostraciones afectuosas de Margot y Duchemont, mi incomparable amigo, que me visitaba. Todos los días compartía mi infinita pena él, que pagó el funeral de Jeanne y la acompañó hasta su tumba y que, angustiado al verme inmerso en una apatía tan grande, buscaba una de mis prendas, palpando el mueble más cercano. Margot, que no dejaba de mirarme, amablemente me llevó uno de ellos y me preguntó con amable interés:

- ¿Quiere su ropa negra, señor François? ¿No vas a llorar?

- ¡Lo llevo en el alma y en los ojos, Margot! ¿No es eso suficiente? ¿Qué importa si otros lo ven? Dame algo de ropa y podrás irte, porque quiero estar solo.

Ella cumplió con la petición y luego la oí cerrar la puerta de la alcoba. Sin una lágrima, me arrodillé en el suelo, con las manos entrelazadas y la frente levantada hacia el cielo - en la postura que la querida Jeanne me había enseñado a rezar cuando aun era su primera muñeca -, y supliqué con fervor y humildad al Todopoderoso el valor de lo que necesitaba para triunfar sobre mis arduas pruebas. Cuánto tiempo estuve así genuflexo, en ardiente súplica, no puedo decirte, porque, capaz de contemplar el amanecer y el crepúsculo, de distinguir el día de la noche, el tiempo fue siempre uniforme, continuo, indiviso para mí.

---

[37] Pájaro fabuloso que era único en su especie.

La hora no difería excepto cuando escuché el repique de un reloj. Lo que sí puedo decirte es que, a medida que las oraciones subían de mi corazón, se estableció una corriente magnética entre mi cerebro y el empíreo, de donde descendió una cascada de espuma luminosa, llevando hasta mi alma efluvios balsámicos, que de repente se iluminaron. arriba, como si lo hubiera bañado un radiante Niágara[38].

Me levanté, todavía aturdido, como si despertara de una anestesia, sintiéndome ligero, casi levitado.

Al oír mis pasos desde la habitación contigua, el pobre paralítico, que gemía y hablaba como si delirara, murmuró con voz quejumbrosa:

- Ven con tu padre, François; ¡eres el único alivio que me queda en mi lecho de Procusto![39] ¿Te sientes mejor ahora, querido hijo? Pensé que tú también ibas a morir... ¡déjame en paz!

Con paso vacilante, mi mano derecha elevada, sintiendo la oscuridad que una vez más inundaba mi cerebro, al no tener ya nadie que me guiara dentro ni fuera del hogar, me acerqué al inválido, quien me dijo, lleno de amargura, envolviendo sus brazos. alrededor de mi pecho con su único brazo:

- ¡Estoy ciego, como tú, François, porque ya no veo a nuestra Jeannette, el rayo de luz que iluminaba nuestro infeliz y despoblado desván! Ahora todo ha terminado. ¿Qué nos queda sino nuestro anhelo, nuestro dolor y nuestra miseria? ¡Oh! Pensé que estaba preparado para el gran golpe, pero me siento una vez más escéptico, pusilánime, cobarde, desanimado. Hemos sido gravemente heridos, hijo mío.

¡La Providencia ha sido cruel con nosotros y no se olvida de atormentarnos! ¿Todavía quieres que renuncie?

---

[38] Río en América del Norte, famoso por sus cascadas.

[39] Personaje mitológico que atraía a viajeros a su posada. Una vez que se dormían, adaptaba el cuerpo de la víctima al tamaño de la cama, cortándola o estirándola con cuerdas y poleas.

Iba a decir algo que pudiera aliviar su inmenso dolor, pero él no me lo permitió, exclamando dolorosamente:

- ¡Desde hace diez días, hijo mío, nuestro hogar ha estado envuelto en crepé y, durante ese tiempo, has estado inmerso en un sueño casi cataléptico, mientras que yo todavía no he logrado conciliar el sueño ni un solo momento, viviendo en una vigilia ininterrumpida! ¡Todos descansan, todos tienen períodos de olvido para sus penas, solo yo me encuentro condenado a velar una y otra vez, por mi mayor tormento!

Has sufrido, lo sé, pero reconozco que entidades extraterrestres te apoyan. ¡Te han quitado el alma desde que murió Jeanne, mientras que yo me siento abandonado por todos, incluso por el sueño! ¡Casi me vuelvo loco, imaginando que mi dantesco martirio todavía puede durar mucho tiempo! Los inquisidores fueron menos inhumanos que aquellos que torturan nuestras almas con el anhelo - ¡el más tremendo de todos los tormentos! ¿Quién creó el anhelo, haciéndolo germinar en el corazón ulcerado por la separación de un ser amado idolatrado?

¡Dios! Es Él, pues, quien, después de cosechar el precioso lirio que aromatizaba nuestro *tugurium*, todavía gira en nuestro pecho el puñal ebrio de nostalgia, cuando debería habernos hecho olvidar el pasado, amurallando nuestros pensamientos, como hacen los trabajadores cuando construyen represas que desvían el curso de los ríos.

¿Protestas? ¿Te cubres los oídos con las manos? ¡Ay! Es porque no viste, como yo, cómo me robaron a mi Jeannette para siempre. ¡No viste, como yo, cómo se llevaban a su objetivo en un ataúd, cubierta de rosas, su pequeño ataúd, dentro del cual estaba también cerrado mi corazón adolorido y lloroso!

Luego, con voz temblorosa, entremezclada de suspiros, delatando lágrimas o miedo de lo que iba a sugerirme, dijo:

- Qué oportunidad tan propicia para poner fin a nuestro martirio... En unos instantes, si quisieras, podríamos ir a unirnos a los queridos muertos...

Comprendí el alcance de aquellas palabras y su lúgubre significado. Me estremecí, preso de un escalofrío convulsivo, ante la idea de suicidio que me acababan de sugerir. Salté, liberándome impetuosamente del brazo de mi padre. Aunque conmovido y compadecido por sus sufrimientos, mi espíritu se rebeló, rechazando la insinuación criminal.

Tuve de nuevo un asombro íntimo. Un destello repentino ocurrió dentro de mi cerebro, como si le hubieran prendido fuego a un dibujo dorado o lo hubieran pincelado con pinturas de luz. Por primera vez, en esa existencia angustiada, vi todo lo que me rodeaba sumergido en una intensa luminosidad, iluminado por un resplandor multicolor.

Volvió a mí la inspiración que creía extinguida. Sentí que alguien me había tocado muy ligeramente en el hombro, después de haberme rozado suavemente la frente, de la cual, al contacto, parecía brotar una luz que la hacía radiante. Y me vi obligado a decir al pobre paciente con inusual elocuencia:

- ¡Es necesario que olvidemos esta página lúgubre de nuestra existencia convulsa, querido padre! ¿Qué es, después de todo, una vida humana? Fragmento microscópico, chispa diminuta, átomo insignificante de la eternidad, una fracción infinitesimal de tiempo, dada la inconmensurable grandeza de la vida espiritual, que vivimos en ilimitada inmensidad, durante infinitos milenios, ¿valen la pena los minutos de la vida actual? Y huyendo por un momento del dolor, retrasaremos la felicidad que aguarda, en la sucesión indefinida de los elfos, en otros orbes de donde fue desterrada la lágrima, donde las almas unidas viven en alegría inexpresable, sin moverse jamás lejos, cumpliendo, juntos, misiones sublimes? Seamos héroes, padre mío, en los momentos de lucha, y no soldados cobardes en el ejército de los torturados de la Humanidad criminal.

Creo en la justicia infalible del Supremo Legislador y en la inmortalidad del alma. Sé que las pruebas que pasamos son lapidaciones necesarias para nuestra perfección espiritual. Luchemos, por tanto, hasta el último momento, en esta bendita cruzada. de la verdadera felicidad. ¡Luchemos siempre, yo sin ver, tú sin brazo, como dos paladines lisiados, como dos guerreros incompletos, sí, pero tú tienes, dentro de tu mutilada armadura de barro, una chispa divina, cuyo resplandor se confundirá con la de las estrellas y las auroras!

Luchemos, bajo las armas del coraje moral, empuñando las armas de la paciencia, de la resignación silenciosa, de la sumisión, de la virtud, y esperemos con calma la vida futura, incomparablemente más larga que ésta que no dura más que un meteoro, que, frente a la del Más Allá, es una gota de agua frente al océano. Si triunfamos en la batalla, superando nuestras imperfecciones morales, nuestra vida se convertirá en un incesante himno de victoria, un canto interminable de alegría, un hosanna perenne, sin mezcla de tristeza o desgracia.

Aquí estoy a tu lado; meditemos sobre nuestra suerte. Tienes un cuerpo sólido y una vista de Argos;[40] me muevo a voluntad y mis pupilas están apagadas, mis ojos inválidos detrás de las sombras. Así, cada uno de nosotros es el que comenta el otro: así nos equipó la Providencia para, unidos, llevar a cabo la misión más conmovedora.

Lo que a uno le falta, el otro lo compensa. ¿No está clara la intervención del cielo en nuestras vidas? ¿Quizás fue el ciego quien hizo esto y nos unió?

No, padre mío, fue el Increado. A Él, por tanto, debemos dirigir una oración, agradeciéndole todas nuestras decepciones, todas nuestras amarguras, expresándole el reconocimiento que le daríamos al discípulo de Asclepio[41] que había nos sometió a la tortura de una operación muy dolorosa para salvar nuestros cuerpos de la gangrena, que, sin ella, pronto estaría completamente contaminado por el virus letal, lo que llevaría a un sufrimiento más prolongado

---

[40] En la mitología griega, gigante que tenía cien ojos, cincuenta de los cuales estaban siempre abiertos. Símbolo de vigilancia.
[41] Dios de la Medicina, entre los romanos y los griegos.

y finalmente a la pérdida de la vida a través de un dolor insoportable.

¡Oh! Mi infortunado padre, sin duda hemos cometido crímenes en el pasado; somos galeras que aun cumplimos penas a las que fuimos condenados en vida, cuya extensión vemos en ésta; penas resultantes de una sentencia estricta pero negligente. Si no recaemos en la culpa que lo determinó, la liberación estará al alcance de la mano. ¡Y el día en que se nos abran las puertas del calabozo será más hermoso, más espléndido de lo que es, para un príncipe, aquel en el que, en el apogeo de su gloria, es coronado soberano de un imperio grande y poderoso! Por eso, es nuestro deber, en nuestra encarnación actual, luchar con valentía, único medio para rescatar las faltas pasadas, los errores siniestros. Luchemos hasta nuestro último aliento y dejemos que la muerte involuntaria nos libere de nuestras tribulaciones."

Tomé entonces su mano y, elevando mi pensamiento hacia el lado de lo incognoscible, con voz emotiva, pero firme debido a una fuerza de voluntad inquebrantable, hice una oración ferviente por mí y por el triste paralítico.

Luego fui al lugar donde solía guardar el violín. Mi padre, cuando me vio empuñarlo, pensó que estaba alucinando y comenzó a exclamar:

- ¡No, François, no me martirices! Ya no quiero escuchar este instrumento que me recuerda al muerto idolatrado. Sus sonidos herirán mi corazón más dolorosamente que un puñal afilado. ¡Lástima! ¡Piedad!

Sin embargo, ya no me era posible obedecerle. Un poder formidable me dominaba. Preludio el ensueño más hermoso, cuya suavidad se mezclaba con el gemido y la voz alterada del paralítico, para decir:

- ¡Dios mío! ¡Qué desgraciado soy! ¡Ni siquiera puedo taparme los oídos porque solo tengo una mano y está casi muerta! Tengo que estar acosado por estos sonidos que ya no quiero escuchar. François ya no me contesta, ¡probablemente se ha vuelto loco! ¡Cada día aumenta mi infelicidad! ¿Qué crimen atroz he cometido, Señor, para merecer tan bárbara sentencia? Yo también me volveré loco.

¿Será que, por estar loco, la Naturaleza me ha restringido, para que nadie me tema, impedido, como creo que estoy, de hacer el mal? Si me vuelvo loco, ¿qué seré sino unos restos humanos, un cadáver miserable encadenado a un alma igualmente muerta, ya que la razón es la vida del espíritu?

Sin embargo, poco a poco se fue calmando. Dejó de maldecir al destino y finalmente guardó silencio, mientras yo, sintiendo mi frente iluminada más que nunca por el celo musical, seguía modulando sinfonías incomparables.

Cediendo a la influencia de un poder misterioso, la mano movía el arco con inigualable maestría, extrayendo de las cuerdas frases musicales de incomparable belleza, en armonía con los acordes que, cerca de mí, evolucionaban de una portentosa orquesta, formada por decenas de flautas, cítaras, laúdes y arpas tocadas por artistas inmateriales, que conmigo ofrecieron un maravilloso concierto. Tratando de imitarlos, medio salvajemente, los vi a mi alrededor, en un gracioso semicírculo, con sus cuerpos aéreos e intangibles, vestidos con ropas blancas y vaporosas, como si estuvieran hechas de espuma de nieve.

De repente, entre tantas entidades diáfanas, uno se adelantó portando una lira de rosas, ensartadas con hilos luminosos, semejantes a los rayos de las estrellas. Deslizándose por el suelo, se acercó a mí para ofrecerme el instrumento celestial. Alrededor de su frente ideal volaban pétalos de flores, falanges iridiscentes y palomas voladoras que danzaban en el aire con la gracia de las sílfides.

El ser angelical que se me acercó de esta manera fue Jeanne. Cumplió la promesa que había hecho, para inspirarme amargura. La reconocí a través de una intuición indefinible. Era la que contemplaba en sueños, cuando mi alma se exteriorizaba de la materia por una influencia poderosa e incontrovertible.

Sí, realmente era Jeanne. Fue este ser familiar a quien había amado en diferentes existencias y que, luego, perteneciente a aquella comparsa de artistas siderales, se me apareció como la misma Euterpe,[42] para infundirme ideas grandiosas en relación con el Arte exaltado, que ella simbolizaba y que siempre había adorado. Me miró insistentemente, como para confirmar que no había olvidado lo que me había prometido y lo que me había pedido en los momentos finales de su agonía. También lo hice, por supuesto, para animarme a seguir en mi vía crucis hasta conseguir la victoria definitiva. Noté que, entre todos esos seres afortunados, ella era la única que parecía meritoria.

Cuando terminé de interpretar la magistral sonata - así puedo expresarme, ya que no me refiero a una obra mía, sino a una composición de etéreos virtuosos -, mi cerebro quedó deslumbrado, eclipsado. Pero, allí en lo más profundo de la mente quedó imborrable la preciosa reminiscencia de la música interpretada y de las apariciones arcángeles, allí este recuerdo quedó impregnado como en el seno del sándalo el aroma muy suave de una esencia embriagadora, que resiste la acción aniquiladora de siglos.

Mi padre, que inicialmente se había rebelado contra mí, en unos momentos se vio dominado por las armoniosas vibraciones del violín. Se calmó. Después de un tiempo, quedó fascinado, casi extasiado. Cuando terminé, me pidió que me acercara a la cama, me abrazó tiernamente y tocó mi cálida frente, mojándola de lágrimas. Pasamos así largos minutos juntos, entrelazados por el mismo dolor, el mismo anhelo turbio, los mismos sueños esperanzadores.

Comprendí que, en ese momento, algo extraordinario, misterioso, supremo acababa de ocurrir en nuestros espíritus, que los había unido para siempre, que había unido nuestras almas y existencias por la eternidad, haciéndolas inseparables desde entonces. En esa hora tan solemne, en la fragua del destino, se derritieron los vínculos que los mantendrían unidos, hasta el fin de los siglos. Esa noche mi infortunado padre durmió profundamente.

---

[42] Musa de la música (mitología griega).

CAPÍTULO IV

Durante unos días tuvimos el alma en paz. Durante horas olvidadas, mi padre y yo pasábamos tiempo hablando de Jeanne y de mi madre, como si nos refiriéramos a dos personas que se encontraban de excursión por una región lejana y afortunada, de la que pronto nunca más nos separaríamos.

Ansiosos, pero resignados, esperábamos este momento, toda nuestra ternura consistía en pensar en ello. Éramos como dos hombres encadenados que, en una isla desierta y lúgubre, cumplían una condena al mismo tiempo severo y justo, ansioso por el próximo día de la liberación, ansioso por regresar a su lejana patria, donde los esperaban sus seres queridos idolatrados. Para nosotros, estos seres fueron los que nos precedieron en el pórtico-tumba del infinito.

Nuestra existencia se había vuelto normal. Empecé a trabajar de nuevo como lo hacía antes que Jeanne falleciera. General; sin embargo, fue la sorpresa en el auditorio que solía aplaudirme, cuando me presenté nuevamente ante ellos. Es solo que me había hecho mayor. Con solo dieciocho años, me había vuelto excesivamente débil, con una lividez marmórea. Muchos amigos asumieron que había estado enfermo.

Unas pocas noches de vigilia y trabajo continuo fueron suficientes para que mi condición empeorara. Se manifestaron síntomas alarmantes. Eran los pródromos del mismo mal que había llevado a mi hermana a la tumba.

Mirándome a través de su tierno corazón, presagiando siempre desgracias inevitables, inspiré en mi padre mayor preocupación y temor que en quienes me veían. Terminó completamente alarmado. Para tranquilizarlo, hice que Duchemont me llevara a la consulta de un médico y, por las vagas frases que pronunció después de examinarme, me di cuenta que nunca recuperaría la salud. En poco tiempo, la insidiosa enfermedad se apoderó completamente de mi cuerpo, produciendo tal desánimo y sufrimiento que se hizo imposible ocultarlo.

Un día me acerqué al paralítico y le dije con la mayor placidez:

- Preveo, padre mío, que ya no podré salir de noche y ya me preocupa la idea que falte todo el pan necesario para nuestra subsistencia. Lo que pensé que era solo una consecuencia del dolor que he estado experimentando últimamente es una enfermedad incurable que ya ha devastado mis pulmones. Pero lo que más me molesta no es mi sufrimiento físico, sino la idea que pronto ya no podré desempeñar mi profesión; sin embargo, mi mayor deseo es apoyarte siempre.

Por eso, padre mío, seamos previsores y en estas condiciones hablaremos con tranquilidad de nuestra situación y del futuro. Si en poco tiempo no puedo trabajar para nuestro mantenimiento, haré los arreglos para que nos lleven a un hospital. Sin embargo, como nuestras enfermedades son diferentes, tendremos que permanecer separados. No te entristezcas por esto, ya que haré todo lo posible para darte valor y aliviar tus penas. Te visitaré muchas veces, tantas veces como me permitan las enfermeras mientras pueda estar de pie. ¿Y quién sabe si me permitirán llevarme mi violín? Si logro la satisfacción de este deseo, no dejaré de realizar las producciones que tanto aprecias, de tu François.

¿Y por qué deberían impedir que mi amado instrumento me acompañe al hogar del dolor y la agonía?

¿Por qué los opulentos y afortunados que, vestidos de punta en blanco y cubiertos de joyas, deambulan por las salas del hospital, mostrando pompa y felicidad ante la miseria y el sufrimiento, como si estuvieran paseando por las risueñas callejuelas de un hermoso parque? ¿No se acordaron también de ofrecer, en lugar de las monedas que siempre dejan caer en las manos demacradas, casi heladas, de seres que solo necesitan una tumba y oraciones, algunas flores a los pobres moribundos? Que ya no tienen hogar, ni patria, vecinos que están en los límites de la patria común, el espacio, donde no hay faros, plantados por el hombre, ni sierras ni ríos que delimiten diferentes patrias, se acuerdan de llevar a quienes, en las camas de los hospitales, vestíbulos de la tumba, están a punto de sumergirse en el seno del infinito, que acoge con más cariño al zapatero rudo y honesto que al monarca omnipotente y cruel, instrumento musical, que, interpretado por las manos de un artista, ¿suavizaría sin duda la agonía de la muerte?

¿Habrá en el país de los profundis[43] un desprecio más solemne y más vibrante que el Réquiem de Mozart?[44]

¡Bueno! Quiero ser el primero en practicar la caridad de esta manera. Soy tan pobre que no puedo albergar a los que tiemblan de frío, ni ayudar a los que sufren el hambre que ya nos amenaza. Quiero ser el primero en demostrar que no solo los ricos, los felices, hacen justicia al escuchar las excelencias musicales de los maestros famosos, mientras que los desafortunados y especialmente aquellos que están a punto de abandonar la arena de la vida, donde dejan a sus seres queridos idolatrados, pueden tener una agonía más suave, suavizada por las notas melodiosas de un violín, una flauta, un arpa, punteadas con extrema delicadeza. Será un alivio para el dolor que los aqueja, para la fiebre que quema sus cuerpos, para los anhelos conmovedores que experimentan al recordar a los seres queridos. quiénes se quedarán en el mundo.

El Omnipotente no dejará de bendecir una acción tan meritoria y siento que es Jeanne, o alguna entidad sideral, quien me sugiere estas ideas. Ideas de esta naturaleza solo nos llegan del cielo.

Pero perdóneme, padre mío, por estas digresiones sobre un tema distinto al que vengo a tratar. Desde aquí solo me acerqué para decirte: seamos fuertes, seamos héroes en las batallas supremas de la vida. Allí no es motivo de consternación. ¿No te das cuenta que

---

[43] Desde lo más profundo.
[44] El Réquiem es la última composición y una de las obras más importantes de Mozart, compositor y músico austríaco (1756-1791).

si se acerca la hora de la eterna redención? ¿Que pronto nos reuniremos con la difunta Jeanne?

¿Por qué entonces lloras? ¡Ánimo! El Creador, que es la bondad suprema, puede haber conmutado nuestra pena, acortando nuestros días de prisión terrenal. Debemos esperar con el corazón alegre nuestra próxima liberación.

- ¡Oh! mi François! ¿Cómo puedo alegrarme, temiendo que tú te vayas antes que yo, temiendo que me quede solo con mi dolor ilimitado? Cuando Jeanne falleció, pensé que me estaba volviendo loco. Volví a ser escéptico y la única razón por la que no me suicidé fue porque no tenía manos para empuñar un arma. Tú, mi François, lograste dar valor a mi alma desolada, me diste el aliento para vivir. Pero si me precedes hasta la tumba, me hundiré en la oscuridad, me volveré loco de anhelo y tristeza.

- Bueno, padre mío, nunca te abandonaré, ni ahora, ni siquiera cuando pertenezca al mundo espiritual, que empiezo a ver, ya que cualquier separación, por breve que sea, es demasiado angustiosa para los dos.

Acabo de concebir una idea que someto a tu apreciación. Estar despierto y al aire libre dañan mucho mi salud. Para evitarlo, saldré durante el día con el violín, tocaré mis posiciones favoritas en lugares públicos y estoy seguro que no pocos oyentes dejarán de ayudarme.

¿Protestas? Estoy seguro que, más que nunca, las entidades celestiales me inspirarán y, así, recogeré muchas monedas que compartiré contigo y con nuestros hermanos, los ciegos y los paralíticos.

No será un sacrificio para mí, padre mío, ya que pediré caridad pública, sino desde dentro de las tinieblas en que vivo. Así, al no ver a aquellos a quienes pido limosna, mi rostro no se cubrirá con la púrpura de la vergüenza, cuando, extendiendo la mano, me responden con la mueca que fácilmente aparece en los labios de los despiadados o de los felices. Con los ojos vendados por la negrura de la ceguera no veo nada y, por tanto, estaré agradecido por cualquier pequeño regalo y no guardaré ningún resentimiento hacia aquellos que me den y rechacen su óbolo.

Me interrumpió, sorprendido y desorientado, diciéndome:

- ¿Pidiendo limosna a la caridad de los transeúntes, tú, mi querido François, excelente violinista, gloria francesa?

- No es el artista, ni mi padre, ni la gloria francesa quienes suplicarán a los transeúntes un óbolo. Es el ciego enfermo, que tiene que mantener a su discapacitado y amado padre, para ahorrarle un dolor más.

- Está bien, mi François, y para evitarte más amarguras, he decidido ir a un hospital.

No volvió a quejarse, pero mientras decía esto lloró profusamente.

CAPÍTULO V

Tiempo después de esta afectuosa charla, ya me sentía sumamente débil, necesitando descansar y fortalecer mi cuerpo, algo que nuestra falta de erudición no me permitía considerar.

Día a día nuestros modestos recursos financieros menguaban. Modeladora Margot, de insuperable bondad hacia nosotros, tanto en los momentos de alegría como en los de adversidad, salía frecuentemente a ofrecer a la venta los pocos muebles y objetos que nos quedaban y que hasta entonces habíamos considerado indispensables. Sin embargo, era más bien el pan para nuestro sustento.

Yo mismo viví en una inmovilidad casi total, tanto en mi sufrimiento físico como moral. La falta de recursos me hizo imposible recibir un tratamiento médico adecuado. Sin embargo, seguí consolando el alma de mi compañero de desgracia, cada vez que le atacaba el desaliento, enseñándole a soportar todas las vicisitudes de la existencia sin quejarse, con valor espartano.

Cuanto mayor era mi postración, más experimentaba la influencia benéfica de los protectores espirituales.

Me cambiaron. Me levanté, cogí el violín y toqué melodías tan suaves como la luz de la luna que se desvanece sobre un rosal en flor. El pobre paralítico, con el alma ungida de resignación, me había confesado que se creía casi feliz en aquel momento.

Un día, la amable Margot se ausentó más de lo habitual y la vimos regresar con la consternación escrita en su rostro. Ese día tardaron mucho en darnos algo de comida. Clara se hizo consciente de la dolorosa situación en la que nos encontrábamos. Entonces mi padre me dijo:

- Nuestra separación es inminente, François. Hoy tenemos que organizar nuestro traslado a una casa de caridad. Pronto hablaremos de esto con nuestro querido Duchemont.

Margot, que se encontraba a poca distancia, escuchó lo que decía mi padre y, con la familiaridad que le permitía su cariño maternal, exclamó con la voz entrecortada por las lágrimas:

- ¿Qué es eso que acabo de oír? ¡Tienes intención de ir al hospital y no avisarás a la pobre Margot! ¿Crees que no tengo corazón y que por tanto nuestra separación no me mortificará? ¿Entonces me abandonas? ¿Ya no le sirvo a su entera satisfacción, señor Delavigne? ¿Ya no confías en la vieja Margot, que te veía de niño?

- Has sido, mi buena Margot, santa dedicada a nosotros y por eso te consideramos familia. Pero no debemos sacrificarte más. Sabes bien que nuestro François ya no puede trabajar. ¿Te condenaremos a mendigar por nosotros o a sucumbir al hambre a nuestro lado? Tienes derecho a una existencia mejor, más libre de cuidados que la que pasas en esta miserable mansión.

- Pero no te molesto exigiendo lo que no puedes darme. Siempre lo arreglo todo lo que puedo, para que no te quedes sin comer, al menos...

- Mira, Margot, las preocupaciones que todos vivimos deben llegar a su fin. Por eso decidimos internarnos en un hospital.

- ...y dejar a la infortunada Margot sin destino, ya vieja, sin familiares, sin poder trabajar, como en el pasado, ¿no es así? Bueno, espera unos días más. No hagas nada antes que te diga: "No puedo permitirme nada más para satisfacer tus necesidades." Después que te haya hablado de esta manera, podrás ir al hospital.

Nos conmovió profundamente la nobleza de sentimientos de aquella criatura inculta, pero desinteresada, que mientras nos contaba tales cosas se secaba las lágrimas con el delantal.

Siguió un largo silencio. De repente; sin embargo, nuestro dedicado sirviente lo rompió y le preguntó a mi padre:

- ¿Qué pasó con su hermano Jaques, señor Delavigne?

- Sabes bien - respondió mi padre -, que, cuando aun era joven, emigró a América por temor al servicio militar en Argelia. No he sabido nada de él desde hace mucho tiempo. ¿Por qué lo recuerdas ahora?

- Porque hoy, habiendo salido con prisas a hacer unas compras, me topé con un hombre casi de su edad, muy parecido a ti, antes de tu enfermedad. Asombrada, estuve a punto de preguntarle su nombre, pero me detuve por temor a alguna mala educación. Estaba bien vestido y caminaba lentamente, notando a los transeúntes, lo que me llamó la atención. ¿Quién sabe si realmente es el señor Jaques, que, al regresar de América, busca al hermano que dejó aquí? Bien puede ser que Dios lo haya enviado a Francia para ayudarte.

- No deberíamos dejarnos llevar por estos sueños de felicidad, Margot. Mientras tanto, intentaré comprobar si mi hermano ha vuelto de Canadá, donde me escribió por última vez hace más de diez años.

Por la noche, como siempre ocurría, recibimos la visita de Duchemont. Mi padre le contó lo que Margot nos había contado y le pidió que investigara un poco para saber qué fundamento podía tener la idea de quien había sugerido el encuentro que había tenido nuestra infortunada compañera.

Cuando Duchemont se despidió, Margot lo acompañó hasta la puerta y allí mantuvo una larga y animada conversación con nuestro buen amigo, quien a partir de entonces empezó a visitarnos con más frecuencia. A partir de aquella noche, la buena Margot también experimentó una notable transformación. Parecía satisfecha, casi feliz y, sin salir todos los días a la calle, como antes, todos los días nos servía buenos bocadillos.

Una vez mi padre le preguntó:

- ¿Encontraste la gallina de los huevos de oro, Margot? Mira, no la mates...

La buena criatura no respondió nada. Guardó silencio sobre su extrema dedicación a los miserables enfermos. Pensando en el caso, no nos resultó difícil descubrir que ella no había encontrado ningún tesoro. Nosotros, mi padre y yo, fuimos quienes encontramos algo más precioso que una veta de oro: el sublime desinterés de un sirviente, combinado con la piedad de un amigo incomparable, ambos con el objetivo de ahorrarnos la más dura de todas las pruebas: una separación dolorosa…

Sin embargo, nos avergonzó una situación similar. Entendimos que no nos está permitido aceptar el sacrificio de uno y la generosidad del otro por tiempo indefinido. Pero, cuando nos disponíamos a dejar definitivamente nuestro incómodo hogar, un dicho inesperado nos sonrió en medio de tanta desgracia.

Las sospechas de Margot sobre el regreso de mi tío Jaques no eran infundadas. Gracias a la información obtenida por Duchemont, pudimos abrazar una vez más al familiar que había emigrado a Canadá.

Fue una escena conmovedora cuando los dos hermanos se encontraron. Se hicieron confidencias mutuas e íntimas. Mi tío se había convertido en rico opulento, fruto de emprendimientos arriesgados, pero siempre exitosos. Era cabeza de familia numerosa, de cuyos miembros nos regaló hermosas fotografías. Entre ellos se encontraba una hermosa joven rubia y esbelta, extremadamente similar a nuestra Jeanne. Mi padre, profundamente conmovido por este parecido, exclamó dirigiéndose a mi tío:

- ¿Por qué no la trajiste contigo, Jaques? ¡Qué alivio sería, para los anhelos que atraviesan mi alma, ver resucitada a mi hermosa y sana hija, mi Jeannette!

Como pensé que me encontraba mejor de salud el día que mi tío pasó en nuestra compañía, le di la oportunidad de escuchar una de mis composiciones más queridas. Quedó asombrado y pronto firmó un plan para llevarme con él a América, diciendo que, con el cambio de clima, tal vez mi enfermedad me paralizaría.

Me negué a acceder a su deseo para no separarme del tullido, que no había aceptado viajar tendido, como un cadáver.

Antes de regresar a Quebec, donde vivía, lo que ocurrió poco después, mi tío encargó a un banquero con el que hacía transacciones que le diera a mi padre una pensión mensual suficiente para sustentarnos modestamente.

Regresó a Canadá arrepentido, prometiéndonos regresar más tarde con su familia, que también sería la nuestra. Fue su corazón, conmovido por nuestras desventuras, el que, ciertamente, en un gesto de compasión, le había dictado aquellas generosas palabras. Dado el estado valetudinario en el que nos encontrábamos mi padre y yo, no cabía duda que mi tío, cuando volviera a pisar las costas francesas, solo tendría que buscar nuestras tumbas: tumbas humildes, anónimas, sin inscripción alguna, marcados únicamente por una simple cruz, que las piadosas manos de Margot y Duchemont colocaron sobre ellos.

Puedes imaginar, amigo mío, cuál fue nuestra alegría al reconocer, después que nuestra separación era inminente y exactamente cuando más necesitábamos cariño recíproco, una íntima comunión de pensamientos, una constante confidencia de dolores y anhelos, que solo la muerte, desde entonces, podría separar nuestros cuerpos mutilados.

Mi padre, lleno de intensa alegría, me dijo:

- Reconozco la intervención divina en este éxito, que calmó nuestros corazones y nos haría felices si no fuera por nuestras enfermedades.

La calma del espíritu, algo de consuelo, días de descanso absoluto y nutrición adecuada, con el tiempo, tonificaron mi cuerpo, de modo que pude estudiar las composiciones de mis maestros favoritos: Beethoven y Mozart. Esto me llevó a aceptar invitaciones para tocar en algunos conciertos celebrados en magníficas mansiones. Sin embargo, la vigilia y el cansancio de algunas noches fueron suficientes para que mi salud se perdiera irremediablemente.

Una vez me propuse tocar música clásica en la casa de un opulento capitalista que estaba celebrando su aniversario de bodas. Ese día; sin embargo, me sentí, como nunca antes, desanimado, afiebrado, incapaz de realizar ningún esfuerzo. Cuando llegó la hora del concierto, noté algo inusual en mí: por primera vez me pareció que la inspiración me había abandonado. Me faltaba el aliento que siempre me dieron los invisibles, el aliento que aligeraba mi arco y hacía brotar de mi entorno armonías indescriptibles. Desprotegido, indefenso ante mis celestiales inspiradores, no pude interpretar las partituras con la maestría que alguna vez lo hice. Un dolor punzante oprimió mi pecho y estuve a punto de desmayarme.

¿Todos habían notado mi perturbación? Anhelaba terminar de tocar la música inicial de la espléndida fiesta, pues los esfuerzos que hizo para ejecutarla fueron sobrehumanos. No supe, como antes, expresar la vida, las cadencias admirables que siempre me inspiraron los artistas siderales.

Libre, con la vibración del último acorde, de esta tortura indescriptible, recibiendo fríos aplausos, me senté exhausto en una silla. Gotas de sudor glacial mojaban mi frente, dándole la blancura del mármol. Estaba tan desorientado, tan turbado, que mi rostro estaba ciertamente desfigurado, alterado por la desilusión, por la angustia, tan lívido como el de un moribundo.

Inmerso en esta confusión, sentí que alguien se acercaba a mí con pasos ligeros. Hoy sé quiénes fueron, porque desde aquí contemplo a la graciosa criatura que, en una hora de ardua prueba, comprendió mi tormento. Es una de esas almas querubines, uno de esos lirios humanos que emergen a la Tierra, en forma de cándidas doncellas, para cumplir una misión de paz y de caricias.

Este alguien me observó con dulzura:

- ¡Debe tener mucho cuidado consigo mismo, señor Delavigne!

- ¿Merecía su atención el lamentable estado de mi salud? - Yo pregunté.

- ¿Por qué dudar? ¡Aprecio muchísimo sus producciones! Hoy; sin embargo, no se siente lo mismo.

Antes de decirle algo, ella, cambiando de tema, me preguntó con afectuoso interés, lo que me hizo llorar:

- ¿Qué pasa con esa joven, que decían que era su hermana y que lo acompañaba a las veladas? ¡Era tan elegante y parecía tan inteligente! ¡Cuántas veces, de vuelta en casa, al recordarla, me sentí sumamente conmovida! ¿Y por qué no debería decirle la verdad? Sentí pena por ella y quería protegerla si ella quería. ¿Por qué ya no lo trajiste contigo?

- ¡Gracias! ¡Cuánto te agradezco que te acuerdes de mi pobre hermana! Ella; sin embargo, nunca más volverá a acompañarme, ya que no bajará del cielo, donde fue, para hacerme compañía... ¡Que Dios la colme de bendiciones! ¡Muy agradecido! ¡Es infinitamente amable!

El recuerdo de Jeanne, en aquellos momentos dolorosos, me conmovió y me entristeció aun más. Quise, en un sincero y profundo impulso de reconocimiento, estrechar la mano de la dulce y piadosa doncella, que me parecía llena de luz. Quería agradecer a quienes se dignaron simpatizar conmigo.

Pero, al levantar mi mano hacia el compasivo arcángel que me hablaba, sentí que otra mano repelía con fuerza la mía, al mismo tiempo que una voz áspera sacudía cada fibra de mi corazón, arrojándome del fugaz sueño en el que me deleité con las vertiginosas profundidades de la realidad más brutal.

- ¡Esté atento, señor! - Me gritó esa voz -. ¿No eres consciente de estar afectado por una enfermedad contagiosa? Este ya no es tu lugar.

¡Oh! ¡Cómo macera todavía mi alma, amiga, las penas recientes de esta última existencia terrena! Solo los siglos, en su incesante y vertiginoso paso, podrán atenuarlos, desvanecerlos, como se disuelve la espuma de las olas, cuando el mar se calma.

En esos tumultuosos segundos experimenté un repentino mareo, un rápido mareo y, poco después, la sensación que la sangre se había precipitado a mi doloroso pecho. Se volvió efervescente y empezó a humedecer mi boca con chorros cálidos y espumosos. Me llevé el pañuelo a los labios y pedí a mi fiel compañero Duchemont que me acompañara a casa, diciéndole que me resultaba imposible seguir participando en el concierto.

Respondió rápidamente a mi petición y, en un carruaje rápido, me acompañó hasta el elevado ático. Mi repentina llegada causó una angustia indescriptible a mi padre, quien sin demora mandó llamar a un médico para que me ayudara. Me encontré casi sin sangre, como resultado de repetidas hemoptisis.

Siguieron para mí interminables horas de agitación y delirio. La cruel ofensa que había sufrido atormentaba constantemente mi alma. También me atormentaba la idea que mi protectora invisible me hubiera abandonado. Dirigí al Eterno una súplica vibrante y sincera e inmediatamente, una calma beneficiosa invadió mi ser. Me quedé dormido y tuve la suerte de ver en sueños a la querida Jeanne, que extendió su mano blanca para ayudarme a cruzar el río impetuoso, por un puente estrecho y frágil, salvándome de ser tragado por el aterrador vórtice que aullaba bajo mis pies.

Al día siguiente, el hombre rico en cuya mansión me habían insultado groseramente me envió una gran suma en francos, muy por encima de la remuneración que me hubieran debido. Como me había echado de su casa, me envió en secreto limosnas generosas. Me quedé perplejo, sin saber si debía recibirlo o no. Comprendiendo; sin embargo, que me iban a pisotear atrozmente, lo acepté. Mi padre me preguntó:

- ¿Por qué no dejaste de tocar, si antes de empezar el concierto te sentías mal?

- Como ahora no nos faltan medios de subsistencia, planeé comprar un piano con el producto de mi trabajo. Por eso no dejé de tocar esa noche.

- Era una hermosa aspiración, mi François, pero no valía la gran preocupación que me estás causando.

- Y tal vez me cueste el sacrificio de mi propia vida. Pero, ¿quién sabe, padre mío, si no estaré más cerca de conseguirlo? Los designios de Dios son siempre sabios.

No aceptó lo que le dije. Lamenté en todo momento mi imprevisión. Imaginé que el esfuerzo que hice con el brazo derecho, para interpretar una composición wagneriana desigual, había provocado la rotura de una de las venas del pulmón. Para evitarle más angustias, le había ocultado la verdad.

Esa fue la última vez que me presenté ante una sociedad mundana, que se despidió de mí, rechazándome de su seno, ya que, invalidado por la enfermedad que me llevó a la tumba, ya no podía, como antes, hacerle deleite durante unas horas, interpretando impecablemente composiciones de los grandes maestros.

¡Qué amarga despedida me hizo el pueblo bienaventurado del mundo! Sin embargo, bendigo ese momento cruel en el que me encontré severamente humillado, ya que el dolor de la humillación es la moneda brillante con la que adquirimos la felicidad en los orbes redimidos. Habiendo apaciguado el sufrimiento de mi alma, di gracias al Creador por no haberme rebelado contra quienes me habían herido en mi corazón, por haber podido sufrir hasta las lágrimas, reprimiendo en lo más profundo tan degradante ultraje, ocultándolo de todos, llevándose al sepulcro el dolor que, durante unos días, como un áspid traicionero, no dejó de picarme ni un solo instante.

El artista, que tantas veces había recibido delirantes aplausos, fue abucheado la última vez que apareció en público, para luego retirarse tras bastidores. Atenuando el brillo de las horas de triunfo, quedó el doloroso recuerdo de la escena final. Sin embargo, me quedaba una cosa para suavizar la impresión dolorosa e indeleble de aquella noche de prueba fructífera en mi espíritu. Me quedó el recuerdo de la bondad de una doncella piadosa, que ciertamente había comprendido la nobleza de mi sacrificio y se había compadecido de mí.

De vez en cuando una sonrisa de alegría aparecía en mis labios. ¿Cuáles fueron mis sufrimientos comparados con la felicidad que me esperaba en el Más Allá? ¿Por qué debería afligirme, si esta felicidad sería mayor cuanto más dura sea la prueba?

Al fin y al cabo, con el tiempo se fueron desvaneciendo los tristes recuerdos del acontecimiento que tanto me había mortificado y, aunque a costa de un esfuerzo heroico, logré triunfar sobre la prueba que Dios me había impuesto para evaluar mi valentía moral.

Amigo mío, la narración de esta existencia en la que, puedo decir, no tuve ni infancia ni juventud, está casi terminada, pues viví sepultado en las sombras, prisionero en un calabozo lúgubre; en el que no conocía los pendientes de uno ni los placeres del otro; donde las decepciones y los contratiempos plagaron constantemente mi corazón.

Pero, por otro lado, innumerables veces mi cerebro fue iluminado por una lámpara interior, similar a las que oscilan frente a los sagrarios, mientras ondas sonoras, melodías divinas, descendían a mis oídos, lo que me hacía olvidar con la mayor rapidez todo mi dolor. como los rayos del Sol, hacen que las brumas de la mañana se disuelvan, dejando al descubierto la Naturaleza hasta entonces oculta a la vista de los cóndores que, con el impulso de ligeras alas, se elevan a alturas que el hombre aun no ha alcanzado. Pero ¿qué le importa esto al hombre si, encadenado a la superficie de la Tierra, puede, con las alas luminosas del pensamiento, llevar el alma a hender el infinito del cielo, a través del polvo de las estrellas centelleantes?

CAPÍTULO VI

Durante unos meses más vivimos bajo el mismo techo, mi padre y yo, recordando el pasado, recordando a los que habían partido al Más Allá. A veces, en privado coloquio, me dijo:

- El dolor, François, es necesario para el alma, no solo para excitarla, para que germine en ella la siembra de sentimientos elevados, sino también para que no olvidemos a nuestro Creador. La felicidad es estéril y egoísta.

Estoy seguro que, si fuera cuerdo, opulento, afortunado, haría una concepción diferente de la vida, cometiendo faltas que ciertamente acarrearían castigos muy severos. Sería ateo, indiferente al sufrimiento ajeno, arbitrario, orgulloso y, probablemente, al principio disgustado, acabaría con la vida.

Precisamente en los momentos de suprema angustia es cuando reconocemos que una fuerza incontrovertible nos gobierna, que nuestro destino fue trazado por un poder divino, que; sin embargo, no nos aplasta con su poder ilimitado, sino que nos infunde ideas de liberación, de justicia, piedad, altruismo... Gracias a su bondad, nuestra mente ve como realidad, en mundos libres de sombras de lágrimas, las aspiraciones que soñábamos en la Tierra.

Cuanto más sufrimos, más deseamos evolucionar, progresar moral e intelectualmente, marchar por el camino del bien y de la virtud, para alcanzar rápidamente la recompensa reservada a quienes triunfan sobre el mal y las imperfecciones que manchan el alma humana.

Dices bien: estamos pagando deudas acumuladas desde hace mucho tiempo. Ahora comprendo que nuestras vidas ya estaban entrelazadas en existencias anteriores. Estábamos unidos por crímenes cometidos en común. Hoy nos rehabilitamos, llorando juntos. Horrendo deben haber sido nuestros crímenes, por lo que nuestra expiación es tan crucial.

A través del dolor nos estamos liberando de las sombras de este pasado funesto. Nuestros crímenes, como eslabones de bronce, han unido nuestros destinos a través de los siglos. Así unidas, nuestras almas deben caminar, permeando todas las adversidades, por un camino que se nos aparece interminable, lleno de obstáculos que superaremos con la mirada fija en el cielo.

Cuando hayamos llegado a la meta de tan dolorosa peregrinación, todos los tormentos que hemos pasado, comparados con la felicidad que luego disfrutaremos, ciertamente nos parecerán muy suaves.

Marchemos, pues, hijo mío, con nuestra con las manos entrelazadas y con el pensamiento extendido hacia el empíreo de donde mana el inefable alivio llamado - resignación -, que muchas veces hemos sentido descender sobre nuestro espíritu, como resplandeciente rocío.

Yo era incrédulo en la supervivencia del ser, en su destino ultraterrestre, y fuiste tú, François, quien me inculcó estas ideas trascendentes que acabo de explicar y sin las cuales sería el más desgraciado de los seres.

¿Sabes lo que recuerdo continuamente? Tu nacimiento, la casi aversión que me inspiraste. Te culpé por la muerte de quien adoraba: tu madre. ¿Cuántas veces te llamé *treval*? Pensé que eras inútil para el país y la familia. Pienso ahora en un sentido diametralmente opuesto. Ustedes han sido nuestro apoyo, serán una gloria de Francia, son mi antorcha brillante. Que Dios me ilumine hasta mi último suspiro.

Así como la estrella de Belén guio a los Reyes Magos hasta el lugar natal del Nazareno, así tú me has guiado al cielo y al Eterno.

Te bendigo por este beneficio, con mi alma inundada de dulce dicha, sintiéndola como sumergida en la más sutil y radiante espuma. Te bendigo por el bálsamo que has extendido sobre mi corazón tantas veces plagado de espinas del dolor. Las tinieblas son las que hacen brillar la luz en mi espíritu. ¡Bendito seas, François!

Estos y otros pensamientos de la misma naturaleza, nos expresó mi buen padre en un tono de infinita ternura, velado por una tristeza que me conmovió y al mismo tiempo me hizo exultar, ¡al darme cuenta que se estaban produciendo una evolución prometedora y una metamorfosis benéfica en su espíritu, dirigiéndose hacia él o hacia la perfección cuyo corolario es la felicidad eterna!

Una vez me dijo esto, con voz afectuosa y melancólica:

- ¡Qué unión tenemos, François! Somos dos personas que juntas no formamos una entidad completa, ya que no podemos integrarnos laboralmente. Tienes, como dices, ojos muertos, y yo podría, con los míos, guiar tus pasos a través de la oscuridad en que vives.

Pero tengo un cuerpo inanimado, un cuerpo cadavérico al que también le falta un brazo. Por tanto, soy inútil para mi familia, a mi patria. ¡Soy exactamente lo que cuando eras niño dije que serías!

Lamento haber dicho cosas tan crueles. Te pido perdón por el daño que te he causado. Veo hoy que somos dos réprobos cumpliendo, en la misma prisión, una pena dolorosa, pero arrepentida. ¿Cuándo obtendremos el permiso de liberación? ¿Cuándo nos liberaremos de estos despojos inútiles? ¡Oh!, ¿cuándo llegará el momento de la libertad para los dos sentenciados sin apelación? Solo la muerte, gran redentor universal, podrá liberarnos, abriendo la puerta estéril de nuestra prisión. ¡Ah! entonces, las lágrimas que el dolor que nos hace derramar se transformarán en perlas rosadas de felicidad.

Actualmente tengo envidia de quienes parten hacia el Más Allá. Todavía me siento tan apegado a la Tierra que, predigo, ¡a mi alma le costará mucho desprenderse del calabozo de piedra que la bloquea!

Sin embargo, estoy resignado a mi suerte. Ya sé bendecir cristianamente todas las adversidades. ¡Sin embargo, temo, François, que, si vas antes que a mí, me faltará el coraje que tengo desde hace algunos meses, como me parece que el refrigerio de la paciencia me viene de tus palabras, de las canciones que interpretas como si fueras enviado del paraíso, un ser extraterrestre, dotado de la capacidad de calmar mis dolores y recuerdos, como tuvo que calmarlos David, con su arpa celestial, la ira de Saúl! ¡Oh, qué situación más horrible será para mí, si me dejan solo, con mis pensamientos, con mi cuerpo y mi alma torturados tenazmente por el sufrimiento físico y moral!

Cuando escuché estas palabras, me di cuenta que me había equivocado al suponer que la resignación se había implantado en aquel corazón. Entonces, queriendo prepararlo para la prueba decisiva, le dije:

- Prepara tu corazón, padre mío, para recibir otro golpe tremendo, que probablemente será el último de tu existencia: el de verme desaparecer del escenario mundial, al final de estos días de amargura, que están por terminar, pues ya he comenzado a cruzar el umbral de la vida espiritual.

Siento que hora tras hora me falta el aliento, que los lazos que unen mi espíritu a mi cuerpo se hacen más finos, que pronto se romperán para siempre. La ninfa está completando la obra de destruir los lazos que la mantienen encerrada en el capullo, donde le falta luz, y, dentro de poco, se transformará en una cosa de alas tenues, ágiles, ligeras, diáfanas, que se elevará al firmamento, en busca de la patria eterna.

- De los dos, seré yo quien se libere primero; pero tengo el presentimiento que seguiré a tu lado. Por tanto, no dejaré para más adelante una petición que quiero hacerte y que espero sea respondida. Cuando dentro de unos días no pueda consolarte tocando en mi violín las canciones que alivian tus penas, no llores ni te desesperes por mi muerte. Sabes cuán turbulentas han sido nuestras vidas, cómo en ellas se han multiplicado los reveses y el sufrimiento; por tanto, debes comprender que será una bendición para mí alcanzar la liberación de mi espíritu. Imagina que terminé mi formación artística y fui contratado para formar parte de una orquesta profesional, que tocará en tierras lejanas y que, después de un tiempo, me encontrarás, con tu salud recuperada, con los pasos firmes de un joven de dieciocho años.

Imagínate además que, mientras dure mi excursión, te transmitiré constantemente mis pensamientos, que confabularemos amistosamente como lo hacemos ahora, porque no ignoras que, libres de materia, nuestras almas pueden confabular con aquellos queridos a ellos en el mundo, utilizando un lenguaje mudo pero inteligible.

Te suplico, por tanto, que tengas la mayor y santísima resignación, cuando me veas partir hacia el paraíso lejano, del que te hablé, donde espero ser feliz, porque en esta vida solo he conocido el sufrimiento y nunca me he rebelado contra las Leyes Providenciales, no he recaído en crímenes que una vez cometí casi con impunidad. Me humillé tanto como debía y, en los momentos de las más severas aflicciones, recibí la benéfica influencia de los mensajeros celestiales, quienes derramaron alegría sobre la lápida de mi alma, como flores esparcidas sobre una tumba.

Siempre he tenido el amor puro de Jeanne y el amor de tu padre, que siento que superará el tiempo y la distancia. Recibí aliento del cielo en los momentos en que el conflicto moral era más duro, como también recibí las más sublimes inspiraciones musicales, el lenguaje de los números, que escucho embelesado y apenas puedo interpretar en las cuerdas del violín, que; sin embargo, expresa todos los sentimientos del alma humana.

No debemos temer a la muerte, ya que la conciencia no nos acusa de haber transgredido las Leyes Divinas. Sabemos que el crimen siempre es castigado y la virtud recompensada. Podemos, por tanto, sondear sin miedo el futuro, que será el eco del presente. No nos manchamos las manos cometiendo ningún delito, sino que las ennoblecimos con el trabajo honesto. No profanamos nuestros labios con perjurio, traición o ateísmo. Por lo tanto, nos queda esperar, con un estoicismo digno de Zenón,[45] en la hora extrema, serenamente.

Por eso, cuando mi vida, corta, pero dolorosa hasta el punto que a veces me parece que ya he vivido un siglo, se acorta, porque el Creador así lo ha determinado, no deplores mi fugaz desaparición de tu presencia, ciertos que más tarde me volverás a encontrar, como todos aquellos a quienes has dedicado un cariño imperecedero e inmaculado.

Sé, pues, intrépido y sumiso a las determinaciones de lo Alto.

Graba bien, en lo más profundo de tu ser, mis exhortaciones. Es necesario saber sufrir en los momentos de pruebas definitivas. No impugnes contra el destino. Bendice tus tribulaciones y dolores, encaminados a la felicidad que disfrutarás si sabes cumplir la sentencia que te fue impuesta, sentencia aparentemente bárbara, pero en realidad basada en la ley celestial, dictada por un tribunal absolutamente justo e imparcial."

Cuando terminé de decir esas palabras, escuché sollozos. La conversación que habíamos estado teniendo, de cama en cama, se detuvo por un momento. Hice grandes esfuerzos para levantarme; No lo logré. Una languidez invencible se había apoderado de mí. Invoqué la ayuda de emisarios divinos y solo entonces pude sentarme.

Con tanta elocuencia y persuasión le hablé de la paciencia necesaria en los momentos angustiosos, que mi padre no expresó una sola queja y prometió resignarse a nuestra próxima separación temporal.

---

[45] Filósofo griego, fundador del estoicismo: doctrina caracterizada por una ética en la que la imperturbabilidad, la extirpación de las pasiones, la aceptación resignada del destino, son marcas fundamentales del hombre sabio, el único capaz de experimentar la felicidad.

CAPÍTULO VI

Durante casi dos meses sentí un dolor indescriptible. Pensé que había perdido mi energía musical, que mis queridos inspiradores me habían abandonado. Ésta, de todas mis expiaciones, es la más dolorosa. Muchas veces lloré en silencio, sin tener con quién compartir mi tortura íntima. Un día, casi al anochecer, dirigí una sincera súplica al Creador y pronto escuché, en un lenguaje silencioso, pero enérgico que se filtró en mi cerebro, estas palabras:

- Toma el violín.

Fue una orden de los invisibles. Para cumplirlo iba a llamar a Margot, cuando oí sus lentos pasos en el compartimento adyacente a donde yo estaba. Le pedí que me llevara el querido instrumento, que había estado en su pequeño estuche desde que la enfermedad empeoró.

Mi padre protestó, diciendo que no permitiría que me fatigara en el lamentable estado de debilidad en el que me encontraba. Temía una consecuencia terrible. Prometí ser moderado, tocar solo una melodía y descansar mucho tiempo.

Con dificultad sostuve en mis manos el precioso instrumento cuando se lo quité a Margot. Me faltaba la fuerza muscular necesaria para mantener el brazo izquierdo en posición horizontal, así como para presionar las cuerdas y mover el arco, ¡tal era mi debilidad! Luego le pedí a la amable sirviente que colocara las diferentes almohadas sobre mis hombros, colocándolas una encima de la otra. Sentado así, pude preludiar un aria, la primera que aprendí y con la que siempre experimentaba afinando el violín.

Sin embargo, el esfuerzo que hice para sostenerlo en mis brazos esqueléticos, debilitados por la fiebre, me hizo sufrir. Lo sentí pesar tanto como si fuera una alusión colosal que, deslizándose sobre ellos, comenzó a aplastarlos.

Mi padre, aprensivo, exclamó:

- ¡No hagas demasiado, ya que podría ser fatal para ti, François! ¡No empeores tu condición, hijo mío! ¡Por Dios, no te canses!

No respondí a su afectuoso llamado y seguí rasgueando lentamente el aria, en esa reliquia sagrada que Jeanne me había regalado, dominada por el misterioso sentimiento que nunca volvería a hacerlo. Tenía ganas de abrazar el violín, de cubrirlo de besos y lágrimas. Sin embargo, tuve que ocultar lo que estaba pasando dentro de mí. Mi pobre padre me estaba mirando.

De repente, como si me hubiera transformado en un imán, un suave fluido magnético me recorrió de la cabeza a los pies y mi cuerpo tembló. Experimenté entonces una agradable sensación de confort y bienestar. Sentí que se derramaban sobre mi cabeza efluvios benéficos, que se infiltraron en todo mi cuerpo, suavizando mi dolor, tonificándolo prodigiosamente.

De un solo impulso me levanté, vestido con un amplio camisón, que parecía una prenda de vestir, y que se abultaba en proporción a la pérdida de peso de mi cuerpo. El violín, que antes me parecía de bronce, apenas capaz de sostenerlo con el brazo colgando, se volvió como imponderable. Con la mano derecha comencé a tirar ágilmente del arco, extrayendo de las cuerdas sonidos que parecían hechos de fibras argentinas.

Inesperadamente, sucedió lo que no había sucedido desde hacía exactamente dos meses, desde aquella noche memorable en la que caí gravemente enfermo: comencé a escuchar, en un arrebato intraducible, como si hubiera estado con el oído pegado al auricular de un teléfono, cuyos cables descendió del infinito, las más bellas vibraciones. Eran dulces melodías, sonidos incomparables, una mezcla de luz y armonías, que caían en cascada desde lo Alto, como si vinieran de un festival seráfico partiendo el firmamento. Fluyeron desde allí y se filtraron en mi alma, prendiéndola fuego en su oscura prisión. Había dejado de sufrir. Todos mis dolores físicos desaparecieron por completo. Pensé que me habían elevado a una región encantadora. Tenía los pies pegados al suelo y la frente sumergida en el espacio exterior. Extasiado, comencé a ver personajes romanos, que, luminosos, aparecían uno a uno, formando una leyenda o un epígrafe misterioso. Sin duda ellos compusieron el título de aquella deliciosa canción que yo, embelesado, interpreté. Formaban la curva de un arco iris, con todas las letras resaltadas, como en una proyección eléctrica multicolor, terminando el pareado con una elipsis de estrellas.

Leí estas palabras:

- *La Dernière Larme.*

* * *

¿Cuánto duró el éxtasis? No sé cómo decirlo... Poco a poco la noción de la realidad volvió a mí y pude entender lo que decía el paralítico:

- ¡Esta es tu producción más hermosa, la que acabas de realizar, hijo mío! Nunca olvidaré estas volatas divinas, que me embriagaron por un momento y que, creo, quedaron grabadas en mi alma. ¡¿Por qué mi vida no terminó en estos momentos inefables?! Moriría feliz si hubiera muerto escuchándolas. ¡Tocaste una serenata celestial, mi François!

- Sí, padre mío, yo también, sin pudor, puedo calificarla de sublime, porque, como todas las composiciones que se me atribuyen, es obra de virtuosos siderales. Siempre los he oído como si espíritus purificados por el dolor los modulasen en mansiones resplandecientes. Son los inspiradores de los artistas terrenales, a quienes así dan a conocer la alegría que les espera en el Más Allá, si no desfallecen aquí, si mantienen sus almas intactas. Te dedico la composición que acabas de escuchar. Es mi canto de cisne. ¿Y quién lo merecería más que mi compañero de prisión? ¿Sabes qué nombre le pusieron?

- Si fuera por mí regalarle una, elegiría *Lágrimas Brillantes*, porque verdaderamente, a medida que la apreciaba, las lágrimas que rociaban mis ojos se volvían brillantes, transformadas en gotas de luz, que me permitían ver nuestra miserable habitación. como inundado por la luz de una luna que se extendía por toda ella. Vi, como si estuviera alucinando, un ente vestido de niebla luminosa, con uno de sus brazos levantado, mirando al cielo, desde donde seguramente bajó para señalarme. Imagínate, François, que reconocí en esta aparición a un ser muy querido por nosotros, muy añorado. ¡Mira cuán renovado debe sentirse mi corazón! ¡Oh! De ahora en adelante sabré ser digno del dolor que azota mi pecho y del cielo que lo envió, porque tengo quien me guía hacia él: uno de los arcángeles más pulcros que ciertamente me esperará allí para que podemos ser bendecidos. ¿Cuál es; sin embargo, el epígrafe de esta producción melodiosa y escéptica?

- *La lágrima final.*

- ¡Hubiera sido para mí!

Habiendo dicho esas palabras, sentí que estaba perdiendo el equilibrio, que algo extraordinario había sucedido dentro de mí. Me sentí nuevamente impotente ante los invisibles. Sufrí un violento shock en todo mi ser y, poco después, un desmayo invencible, la impresión de haber sido arrojado desde lo alto de una torre a un abismo aterrador.

Las fuerzas me abandonaron repentinamente, como si hubieran aislado al dínamo - mi organismo -, de las baterías eléctricas. Mis delgados brazos se volvieron inertes, frígidos. De ellos colgaba el violín que una vez más se volvió pesado como si fuera de bronce. Se deslizó al suelo, cayó junto a la cama de mi padre y, con un sonido resonante, como un gemido de angustia, se hizo añicos.

Quedó inutilizado el preciado instrumento, cuya tapa armónica se había hecho añicos. Mi padre lanzó un grito estridente de dolor indescriptible, como lo habría hecho el desdichado Saúl si hubiera visto el arpa melodiosa de David en fragmentos. Noté que se esforzaba por levantar el violín del suelo, lo que finalmente logró. Luego comenzó a pasar la única mano que tenía a su disposición por la grieta, como la pasaría sobre una herida que deseaba ver curada.

En otra ocasión habría compartido el disgusto de mi padre, pero en ese momento solo un dolor fugaz tocó mi alma. Es solo que se estaba produciendo un cambio serio dentro de mí. Mi individualidad y mi cuerpo me parecían diferentes de lo que habían sido antes.

Comprendí, a través de una sensación indefinible, pero no inédita, que los lazos fluidicos que mantenían a mi espíritu atrapado en la arcilla humana habían comenzado a soltarse y tuve la lúcida certeza que no debía llorar por el amado violín, que ya no tenía dueño, porque mi existencia se acercaba a su fin.

Un mundo que ya no recordaba empezó a surgir dentro de mí. Tuve la impresión que mi cráneo había tomado proporciones colosales. Me pareció que mi alma, después de mucho tiempo de letargo, había despertado a los acordes de aquella sublime cavatina. Empecé a distinguir, como en un sueño, sombras, figuras femeninas, envueltas en crujientes clamidias de blancura deslumbrante, que desfilaban, sin interrupción, a poca distancia de mi cama.

Tantas cosas fantásticas aparecieron y desaparecieron ante mí que mis sentidos físicos se embotaron. Me volví insensible a las dolencias corporales. Olvidé mi próximo final, sumergido en un Leteo muy profundo, del que me parecía que nunca saldría. Casi había dejado de tener vida orgánica. Me sentí lejos de la Tierra, cerca de lugares que no se ven afectados por el dolor y por seres que todavía están fuertemente encadenados a la ropa material.

Finalmente distinguí dos graciosas siluetas, con túnicas níveas, que estaban una a los pies y la otra a la cabecera de mi catre, y no dejé de verlas hasta que se rompieron las últimas ataduras de mi vida.

En una de ellas reconocí a Jeanne y en el otro también a un familiar, mi amado protector. Mis ojos de luto, que ningún milagro había perfeccionado, no podían verlos. Fue mi alma, ya casi exteriorizada del cuerpo físico, la que los vislumbró, en el destello de suave resplandor, que supuse descendía, en torrentes de luz, desde el mismo Infinito.

Reconocí, por intuición, en esas dos entidades, las amadas atalayas que vigilaban cada uno de mis pasos, que se me revelaban a lo largo de mi existencia, mientras luchaba en la arena terrestre, y que esperaban mi regreso al mundo que habitaban, el mundo. de sombras para los precipitados, mundo de luces inextinguibles para los justos o regenerados.

Los miraba fijamente y a veces pensaba que estaban tan cerca de la cama que estiraba los brazos, tratando de sujetarlos por sus ropas finísimas, blancas e intangibles.

Mi atroz experiencia: la ceguera, fue completa. El mundo tangible, que solo había conocido a través de la intuición y las enseñanzas de Jeanne, tampoco existía para mí. Otro había comenzado a revelarse ante mí. Era como si estuviera viendo el desarrollo de una película cinematográfica, en la que se sucedían imágenes de regiones extraterrestres con paisajes extraños, crepúsculos de perlas y rosas y amaneceres de oro pulverizado, seres de belleza vestal y andar alegre.

Comprendí el fenómeno que me estaba sucediendo: mi espíritu ya se había liberado de muchas ataduras que lo confinaban en la prisión carnal, de la cual ansiaba liberarse, como una enfermedad que, al expandirse sus alas de gasa, corroe los filamentos que obstaculizarlo, para, soltándote en el aire, te embriagarás en los lirios en flor.

Ya lo sentía flotando en mis órganos, como un bergantín que oscila sobre las olas. A medida que se iban rompiendo poco a poco los últimos eslabones fluídicos que aun la unían a la materia, adquirí una poderosa facultad que reconocí no perteneciente a la retina, sino al alma: la visión.

***

Todas estas impresiones que acabo de explicarte, querido amigo, las experimenté en los breves segundos que siguieron al soltar de mis manos el querido violín.

Mi padre, al verme casi desmayado sobre los cojines, a su vez dejó caer nuevamente al suelo el pobre instrumento con un fuerte ruido y empezó a llamarme repetidas veces, sin que me fuera posible responder a las conmovedoras súplicas que me dirigía. Luego llamó a Margot, quien no respondió, pues estaba ausente en ese momento en que mi alma se emancipaba de los últimos obstáculos que la ataban a la Tierra.

Mi infortunado padre no dejó nunca de suplicarme ayuda, delirando de angustia, en el colmo de su angustia, hasta que, al regresar, vino la entregada criada, me acostó en la cama y empezó a frotarme la frente y las muñecas con un éter que apenas podía inhalar.

Sin embargo, recuperé mis sentidos. Al letargo le sucedió una exaltación febril. Había un Etna[46] activo en su dolorido pecho. Mi padre me preguntaba a cada momento, con la voz llena de sollozos y caricias:

- ¿Qué tienes, qué buscas, mi François? ¿Por qué agitas los brazos así? ¡Cuánto sufro por no poder ayudarte! ¿Quieres tomar tu tranquilizante?

Por última vez pude balbucear, con un esfuerzo supremo:

- Ánimo, padre mío... ha llegado el momento de dejarte... ¡pero no para siempre! Ha sonado mi hora final... Ya veo seres incorpóreos, que a mi lado esperan mi partida... La muerte se acerca,

---

[46] Volcán de Sicilia (Italia).

lo sé bien, pero no nos separará... Lo prometo una vez más.... protegerte... amarte... nunca abandonarte... jamás...

- No me hables así, François; ¡es la fiebre la que te hace temblar! ¡Cálmate, hijo mío, aun vivirás mucho tiempo para mi consuelo! Fue el exceso que hiciste, tocar el violín en el estado de debilidad en el que te encuentras, lo que te puso en esta agitación... Fue...

No pudo terminar la frase que empezó: aterrado, me vio levantar el busto y tragar por la boca, en una ola espumosa e hirviente, toda la sangre que quedó en mi cuerpo, hasta la última gota.

Pasé entonces por un agotamiento, una tortura rápida y excitante, al mismo tiempo que una suave anestesia se apoderaba de todo mi cuerpo, paralizando mis miembros, volviéndolos glaciales, dándome la sensación que mis músculos se habían convertido en mármol, con los de pies y brazos destacando por su extrema altura.

Me habían sobrevenido disnea y una ligera convulsión, más intensa, que sacudía todo mi cuerpo, contrayendo mis mismas vísceras. El corazón, que hasta entonces había palpitado rápidamente, empezó a congelarse, a temblar, porque a veces, en las sístoles y diástoles finales. Me parecía que estaba a punto de caer en un sueño profundo, un sueño que me insensibilizaría por completo, alejándome del suelo, haciéndome tenue, ligero, flotante. La calma aniquiladora en la que me veía solo fue perturbada por la voz de mi pobre padre llamando a Margot, dándole instrucciones para ayudarme y reanimarme, previniendo el próximo fin.

Escuchando sus palabras de tribulación, de dolor y de súplicas continuas e inolvidables, con el pensamiento elevado al Creador del Universo, fue que dejé de vivir en aquella existencia en la que me llamaba François Delavigne.

Todavía recuerdo claramente las conmovedoras exclamaciones de mi infortunado compañero cuando notó que el aliento vital se apagaba en mí. Fue escuchándolos que expiré.

El exclamó:

- ¡Dios mío! ¡Lo que más siento es estar encadenado a la cama, no poder levantarme para abrazarlo por última vez! ¡Necesitan arrojarme sobre este cuerpo de piedra, para que pueda mirar su frente muerta e inspirada! ¡No me es posible rendirte los últimos homenajes de mi cariño! ¡Perdóname, François! Hijo amado mío, cumple lo que con tanta seguridad me prometiste: ¡ven y alivia mi amargura para que no blasfeme hasta el cumplimiento final de mi cruel sentencia, la de ver ir al sepulcro a los que más amé en este mundo! ¡Ve con Dios, mi François, reza por este desdichado todavía esposado al cuerpo, para ser torturado, y que acaba de perder al último ser querido idolatrado, que lo consoló en los momentos de desventura!

Al final dejé de escucharlo. Mi cuerpo se heló por completo, se convirtió en una estatua rígida de alabastro helado; mis párpados se cerraron fuertemente en una última contracción, para siempre jamás, como la pantalla que desciende sobre el último acto de un drama conmovedor, para ocultar a los espectadores una escena desolada y lúgubre, vendando mis ojos donde antes solo había oscuridad.

El eclipse había cesado para mi alma, que había cumplido una de sus más amargas pruebas. Había sido desmalezada de todos los brezos nocivos, surcada por el arado del dolor, finalmente arada, para el cultivo de todas las virtudes, para que todos los poderes psíquicos, flores inmortales que florecen en los reinos etéreos, germinaran en su seno, como campos divinos y que adornan las frentes de los justos, de los habitantes siderales, flores cuyos pétalos están hechos de la misma luz inextinguible que brota del corazón de las estrellas.

Así terminó mi existencia planetaria, a los dieciocho años de edad, diez meses después del fallecimiento de Jeanne.

Es que, amigo mío, nuestras almas se adoraban no menos que las de Cástor y Pólux[47] - uno de los más bellos símbolos del amor fraternal - y, encendidas por el sufrimiento y las lágrimas en fértiles arroyos, se redimieron de los trágicos crímenes de sus anteriores encarnaciones, ya no necesitaban la lapidación terrenal. Por eso, agradó al Todopoderoso, siempre magnánimo, que nuestra separación no fuera larga y, con su infinita misericordia, ¡bendijo, al fin y al cabo, nuestra inquebrantable y perpetua alianza!

---

[47] Héroes mitológicos. Estos dos nombres se mencionan a menudo para simbolizar la amistad.

LIBRO V

El hombre astral

CAPÍTULO I

"Hasta hoy he vivido exiliado de mi verdadera patria; a ella vuelvo; no lloréis por mí; recupero la patria celestial a donde cada uno de nosotros iremos por turno: allí está Dios."

Hermes.

Aquí estoy nuevamente en el espacio, en el pélago del éter y de las constelaciones, regresando de una de las existencias más dolorosas, en la que mi alma interpretó en silencio la sinfonía del dolor y las lágrimas ignoradas.

Tan pronto como se rompieron las supuraciones fluídicas que mantenían mi espíritu atrapado en los tejidos de mi cuerpo, una ligera perturbación eclipsó los poderes de mi alma. En un leve letargo estaban sumergidas todas mis facultades intelectuales. Este estado; sin embargo, no podía compararse con la aniquilación, con el letargo y la inquietud que me invadieron cuando terminó la vida planetaria de Paulo Devarnier.

Esta última vez me pareció que estaba bajo la influencia de un anestésico agradecido. Aunque un poco aturdido, me di cuenta que estaba amorosamente transportado en los brazos intangibles de un ser que, aunque vagamente, me daba la impresión de no pertenecer ya al mundo cuyos misteriosos umbrales acababa de cruzar.

Umbrales misteriosos, digo, porque ya sea que se trate de entrar en la vida terrena o de salir de ella por la muerte, siempre los cruzamos mientras dormimos, excitados por un sueño placentero o doloroso. Tuve entonces la sensación de hender el aire, ascendiendo rápidamente hacia una región desconocida. A pesar de no estar en plena posesión de mis facultades, me consideraba afortunado y esperaba con calma el juicio de todos los actos que había realizado durante la existencia en que estuve privado de la vista, por sentencia dictada por el supremo tribunal divino. Dicha incomparable, efluvios de alegría y paz invadieron dulcemente mi ser. No tuve que nublar la tranquilidad de conciencia la más leve sombra de remordimiento por la transgresión de los deberes humanos y espirituales. Me alegré de haberme sometido a los decretos del Todopoderoso, de no haber contaminado mis labios con ninguna blasfemia; por haber cumplido, casi austeramente, mi tan conmovedora misión terrenal. Fue, pues, tranquilo que recordé casi todos los episodios de la última encarnación, sin el azote del remordimiento azotando mi conciencia, me pareció que había superado los obstáculos, en los momentos de luchas morales.

Todo esto pasó por mi mente, mientras era llevado por un ente protector, como un niño dormido por los brazos maternos tutelares, sin abrir los párpados. Una fuerza extraña me obligó a mantenerlos cerrados, como si todavía estuviera ciego. Luego sentí que me colocaban suavemente sobre un suelo suave y cubierto de hierba, como si estuviera hecho de felpa o armiño. Un escalofrío sacudió todo mi ser. Pronto pude levantarme y abrir los ojos.

¡Amigo! Hay impresiones que nunca podremos traducir, porque las palabras son inexpresivas. ¡Les falta color, sin el cual no podemos expresar los sentimientos que nos agitan en el alma, en momentos de emociones intensas! Sin embargo, ¡es fácil para ti entender lo que me pasó! ¡Oh! poder finalmente, después de casi cuatro lustros durante los cuales mis ojos estaban siempre tristes, contemplar la Naturaleza, en un florecimiento radiante de una mañana de primavera, en la zona ecuatorial; ¡poder sumergir la mirada en la inmensidad sideral, pinceladas de oro y nácar diluidas en las aguas del Creador del Cosmos! ¡Después de la oscuridad, la sombra, la penumbra, el eclipse, un resplandor! ¡La Tierra en flor, la luz volando a borbotones por el infinito, en una profusión digna del Señor del Universo!

Había cesado la ceguera que oscurecía mi alma misma, pues ésta, constreñida en la espantosa prisión carnal, rara vez vislumbraba efímeras auroras, veloces crepúsculos, fugaces meteoros que pasaban dejándola deslumbrada y caliginosa.

Sabiendo que, después de todo, había terminado la amarga prueba con la que la Providencia había medido mi resignación y humildad; recuperar uno de los atributos espirituales más bellos: el de la penetración visual; poder admirar la Naturaleza, las maravillas que la embellecen, las estrellas iridiscentes que brillan en el firmamento, formando una portentosa gama de colores, de cambios, que deslumbran las debilitadas facultades de quien acaba de despertar del sueño atormentado que es llamada vida terrenal, ¡oh! ¡que bendición! Considera todo esto y corrígelo, buen amigo, me darás la alegría que se apoderó de mí.

Las horas pasaban a una velocidad asombrosa y no me cansaba de mirar lo que me rodeaba, de emborracharme en la contemplación de las flores silvestres, las verduras, la extensión azul, un enebro tallado en un solo bloque de turquesa. mira, queriendo orientarme hacia el lugar al que me habían llevado. ¿En qué región del mundo estaba?

Solo sabía que estaba en la cima de una gigantesca cadena montañosa. Era un cóndor blanco hecho de niebla y posado sobre el lomo de un enorme megaterio, que los siglos habían petrificado. A pesar de las brumas que lo cubrían, similares a una sábana de gasa finísima, de blancura azucarada, mi visión, multiplicada por diez, abarcaba una extensión inconmensurable. A lo lejos se veía un vasto océano; por él navegaban numerosos barcos, con las velas desplegadas, bañados por el Sol. Parecían una bandada de alciones blancas, anidadas en las olas con las alas extendidas hacia el Más Allá.

La niebla que me rodeaba en la cima de la montaña, atravesada por astillas luminosas lanzadas desde el levantamiento, se fue disipando poco a poco, revelando el horizonte rosado, con un incomparable matiz de flores de manzano o de eloandros descoloridos. Apollo[48] estalló, luego, con espadas de oro, toda la Naturaleza, que centelleaba entre destellos de diamantes ardientes, licuados, aun centelleantes. Me asombré de mantener latente en mi memoria todo el conocimiento y toda la nomenclatura de las cosas, toda la colección de recuerdos de épocas pasadas, en las que no ignoraba las formas ni los colores de lo que contiene la Tierra. Me sorprendió ver que todas estas percepciones revivieron repentinamente, como por orden de un hechizo mágico.

El tiempo pasó rápido y no me cansaba de admirar la creación, que es amar al arquitecto del Universo, rendirle un homenaje sincero, tácito, inexpresable; es elevarle, desde el laberinto de nuestro ser, una oración silenciosa que sube por el espacio, evolucionando desde nuestro núcleo como de las fragantes corolas el aroma que recorre el aire en oleadas de delicioso perfume, hasta llegar al cielo mismo… Poco a poco empezó a oscurecer. Occidente, en una apoteosis crepuscular, parecía incendiado por un Nerón[49] que, montado en Pegaso alado[50], galopaba a través del infinito, en un loco deseo de Arte supremo. Luego, como si poderosas lluvias invisibles se derramaran sobre las llamas rojas y doradas, encendidas hace unos instantes, el resplandor del atardecer se hizo más pálido, más tenue, hasta extinguirse por completo, volviéndose cinéreo, apareciendo como una colosal fragua extinguida.

Como una cortina que esconde un paisaje infinito, las sombras velaron entonces, por unos instantes, las cimas de la cordillera donde me encontraba sin otro pensamiento que explorar lo que me rodeaba. Lentamente el cielo empezó a arrojar soles, al principio aislados, luego en maravillosa profusión. Eran ejércitos

---

[48] Dios griego y romano de los oráculos, la medicina, las artes, los rebaños, el día y el sol, Hijo de Zeus.

[49] Emperador romano del 54 al 68, a quien se atribuye el incendio de Roma, del que presenció recitando versos que había compuesto.

[50] Caballo alado que nació de la sangre de Medusa. Es el símbolo de la inspiración poética; Se supone que llevará a los poetas a través del espacio. Montar Pegaso o montar Pegaso significa hacer versos.

lúcidos movilizados en el firmamento, en una marcha rápida y victoriosa hacia una conflagración de nubes, blandiendo bayonetas centelleantes.

Al mismo tiempo que emergían, el suelo también se moteaba de luz, porque las luces revoloteaban sobre las plantas como diminutas estrellas aladas de color esmeralda, cayendo desde la cúpula sideral, ensayando gráciles giros aéreos.

Las constelaciones me fascinaban: eran puñados de cuerdas esparcidas copiosamente por la etérea extensión, más en unos puntos que en otros, y las brumosas platas me daban la impresión que miríadas de estrellas habían sido aplastadas en una rueda de molino ciclópea, reducidas a polvo que entonces, un harmathon desenfrenado se había extendido por la cúpula celeste, formando la Vía Láctea, que la ciñe de un polo al otro, como un Arco del Triunfo colocado sobre la Tierra, a través del cual las almas sueñan con ascender, suponiendo que sea el camino hacia el paraíso idealizado. Mirando las perfecciones divinas, irrumpen en mi mente ideales retrospectivos, de un peregrinaje prodigioso por el empíreo.

Poco a poco, todos los recuerdos cobraron vida, todas las escenas de mi último avatar fueron reveladas. Luego pensé durante mucho tiempo en mi padre, que estaba lejos, sin duda lamentando mi ausencia. Me sentí conmovido y las lágrimas brotaron de mis ojos. Si algún habitante del planeta me escuchara ahora, tal vez sonriera, preguntando desdeñosamente.

- ¡Qué! ¿Cómo pueden existir lágrimas cuando los órganos están verminados en el fondo de la tumba?

¡Allá! es que este ser aun ignora que el sentimiento no crece de la materia, que el llanto no se genera en los vasos lagrimales, que nace en el alma, que lo expulsa gota a gota, cuando se conmueve o se entristece. El sentimiento lo acompaña, el espacio afuera, porque es su sede. Así podemos llorar más copiosamente después de haber sido desmaterializados que con nuestro espíritu encerrado en el ataúd carnal. Las lágrimas son átomos de nuestra propia alma, cuando el dolor la desgarra.

Conmovido, pues, por el recuerdo del desdichado paralítico, excitado por la magnificencia del firmamento, me arrodillé y, durante muchas horas, en plena noche, mis pensamientos se elevaron a la altura del Eterno, estableciendo una misteriosa comunión entre ellos y la inmensidad cerúlea, como si un guion los conectara, o como si subieran uno a uno los escalones de una escalera luminosa.

CAPITULO II

Después de largas horas de meditación, en el majestuoso silencio de la noche, bajo el esplendor de la bóveda estrellada, el conocimiento exacto de toda mi última existencia surgió claramente en el escenario de mi imaginación.

Recordé mis raras alegrías, mis grandes tristezas, las lágrimas que había derramado en momentos de amargura, las caricias de Jeanne, los lamentos y el sufrimiento de nuestro padre; mis arrebatos musicales, los aplausos que recibía en momentos de inspiración sublime. Me sentí dichoso, íntimamente bañado en una tranquilidad incomparable. Verdaderamente reconocido por el Todopoderoso, le agradecí una vez más la magnanimidad que había tenido conmigo, la asistencia espiritual que nunca me había sido negada en los días angustiosos.

Si tuviera a mi alcance un instrumento sonoro, un arpa, un violín, un piano, compondría allí una sinfonía dedicada al Artista Supremo, entregándole así, en oleadas musicales, todo el agradecimiento que de mí desbordaba por los beneficios que había recibido de él.

Cuando concebí esta idea, inmediatamente se me hizo visible un ser muy hermoso, con ropas muy blancas, parado frente a mí. Reconocí en él, a través de un rápido despertar de reminiscencias, mi amada guía, mi divina inspiradora. Ciertamente la idea que acababa de surgir en mi mente había sido sugerida por ella. Su presencia iluminó el lugar donde me encontraba.

Me postré a sus pies, como un cristiano ante un altar sagrado, sintiéndome vibrar de intenso reconocimiento. Ella; sin embargo, me levantó suavemente, tocándome la frente con su radiante mano derecha, y luego, tomados de la mano y mirando el cielo constelado, que comenzaba a desvanecerse con las primeras auroras de Oriente, dijimos juntos una oración al increado.. Luego dijo, con un timbre de voz que me resultó familiar e infinitamente melodioso:

- ¡Afortunadamente no fueron inútiles mis esfuerzos por sostener tu alma, que se inclinaba hacia el vórtice del error y del ateísmo, para elevarla a las alturas siderales! Respondiste fielmente a mis inspiraciones, venciste intrépidamente los obstáculos de las arduas pruebas; nunca imprecaste contra las vicisitudes de la fortuna, ni contra el destino trazado por quien eligió darte la luz de la vida sin la de los alumnos, ocultándote toda la Creación, como si la hubiera envuelto en una niebla espeluznante, de modo que dentro de él de tu ser, se hizo evidente un mundo que desconocías, el mundo subjetivo.

Supiste aliviar con el bálsamo de la resignación todos los dolores - físicos y morales -, que no te faltaban, fuiste humilde y paciente en las horas de duras, pero fructíferas lapidaciones psíquicas; apoyaste y consolaste a quien era tu adorado padre y en quien no reconociste al primo cruel, el adversario execrado en muchas encarnaciones y que, en la penúltima, te asesinó sin piedad, en aquella en la que eras Paulo Devarnier.

¿Todavía tienes miedo, hermano mío? ¿Tiemblas cuando exploras la barbarie del pasado? ¿Podrás posponerla nuevamente? ¿No reconoció tu espíritu, por un solo momento, en esta existencia final, al antiguo e implacable enemigo que tantas angustias te causó y cuyo corazón también heriste con ultrajes incomparables?

¿Nunca imaginaste que Carlos Kocler era el Delavigne que tantas veces te osculó? No, eso es lo que dices y eso es lo que esperaba de ti.

¿Entiendes ahora por qué en el período más agudo de la enfermedad de Delavigne, parecía detestarte a ti y a tu hermana, cuando fueron a visitarlo al hospital donde yacía, víctima de un altruismo heroico? ¿Recuerdas cómo estaba tu corazón? ¿Entristeces de terror cuando escuchas de él palabras de maldiciones? ¿Será que su cerebro, incandescente de fiebre, semejante al volcán que cuando está en actividad arroja las lavas más profundas, arrojó desde sus abismos interiores, desde el verdadero subsuelo del espíritu, todas las reminiscencias, la escoria de un pasado de abominaciones, que resurgió como un espectro aterrador surgido de un osario funerario?

¿Sientes, en lo más recóndito de tu mente, algún átomo de aversión contra él? - ¡No! - Eso es lo que me respondes en tu completa y traslúcida conciencia de ser evolucionado, veo que demuestras una ternura sacrosanta hacia ese infortunado.

Al recordar tu noble espíritu donde predominan los sentimientos generosos, todos los extremos que recibiste de quien, habiéndote quitado la vida en una existencia, te dio el ser en otra; al recordar el cariño puro e inextinguible de aquel a quien llamaste ¡Padre! y que trabajó para tu sustento, cuando eras un infortunado niño ciego; pensar en tu compañero de luchas y desgracias, que aumentaron y solidificaron el amor que le tenías; recordar quién, a tu lado, soportó los mismos golpes que tú, herido tu corazón; de aquel a quien consolaste en momentos de amargura sin precedentes; de aquel a cuyo espíritu, torturado por el escepticismo y el desánimo, le diste el refrigerio de la fe y la esperanza; de aquel a quien prometiste calmar los dolores, para curar las heridas que en su corazón abrió el puñal del dolor, cruzando así el umbral del mundo en el que ya te encuentras y al que volvemos después de cada una de nuestras misiones terrenas, ¡clamaste, François!

¡Bienaventuradas tus lágrimas! ¡Todavía lloras! ¡Ah! ¡Cuán diferentes son tus lágrimas de hoy de las que derramabas cuando aun eras un réprobo, cuando tu alma era azotada en la picota bendita del remordimiento, que lleva al delincuente a investigar sus propios crímenes! ¡Sentir horror ante la villanía cometida y te guía hacia el bien y la virtud! ¡Estas gotas, que destilan de tus ojos, son cubos de tristeza y de anhelo y ya no chispas de compunción, de desesperación, de odio y de dolor!

Hermano mío, aquí estás con el espíritu purificado por el sufrimiento, aclarado por las pruebas duras, pero beneficiosas, preparado, por fin, para los grandes estallidos, para la formación sublime de un mensajero divino, para los compromisos más nobles.

Ya no tienes ningún barro de crímenes que lo ennegrezca, ninguna mancha de odio, de perjurio, de ateísmo, de traición, de venganza. Es claro y sutil. Se ha endurecido, como el acero, en la fragua del dolor, adquiriendo un temperamento inquebrantable, ya no es idéntico a lo que fue, de un diamante en bruto e informe se ha vuelto luminoso, similar al centelleo de una estrella, gracias a las torturas del corte. Actualmente es más blanco y diáfano que una hojuela de la niebla aureola una sierra, al amanecer, y ya empieza a inundarse de la inextinguible luz de la luna.

Ahora conoces la omnisciencia del Todopoderoso; sabes cuán compasivo, magnánimo y paternal es hacia los descarriados, concediéndoles guías e instructores muy dedicados, que los sacan del pozo del error y los elevan a los centros turísticos de la luz. Ya no ignoras de qué manera pone fin al rencor de sus adversarios: ¡soldando sus espíritus con el amor más exaltado, encadenándolos para siempre con los lazos de los sentimientos más dignos y nobles! "Por el afecto filial estás vinculado a aquel a quien viste sufrir, Delavigne, cuya frente marmoleada por el insomnio y la desgracia besaste muchas veces, cuya mano estrechaste con cariño en horas tormentosas de amargos reveses. Ya no podrás olvidar y abandonar a la desafortunada persona que dejaste atrás en Francia, soñando con la felicidad de contemplar - al final de su espinoso viaje -, a los dos seres que, durante mucho tiempo, fueron amados por él y una vez odiados; que endulzó la amargura de la vida y a quienes todavía llama hijos queridos, completamente olvidados del oscuro pasado.

Así se evidencia la necesidad y conveniencia de olvidar todos los episodios de sus existencias pasadas para la criatura que se encuentra atrapada en el aljube carnal. Solo así puede operar una alquimia divina, metamorfosis sombría en la sepultura del alma: del odio, larva repulsiva, que corroe todas las alegrías, todos los sentimientos más generosos, todos los impulsos de bien y de perdón, emergen - después de largas y flagelantes expiaciones -, las gráciles alas de dulce mariposa; es decir, el amor, ya sea filial, conyugal, paterno o fraterno, capaz de los menores sacrificios redentores concebibles.

De esta manera se explican tus pruebas más conmovedoras, especialmente la de la ceguera y la pérdida de seres queridos estremecidos. Esto fue para que pudieras humillarte; para que pudieras domar mejor tus impulsos de rebelión contra el destino, para que pudieras evaluar el poder del Creador, a quien no supiste venerar; para que comprendas que de él proceden todos los bienes de los que disfrutamos, todos nuestros sentidos corporales, de los cuales la falta de uno solo nos hace imperfectos, infelices, mutilados. El otro, el de la separación de los seres queridos, sirvió para ayudarte a aprender a evaluar el dolor que atraviesa nuestro corazón, cuando lo herimos con la deslealtad, con el desprecio del honor ajeno; para que evaluases la extensión y la pureza de tus propios sentimientos. ¿No es en absoluto justo que los seres a quienes antes sentíamos infelices no puedan contribuir a nuestra felicidad hasta que les hayamos dedicado afectos extremos e eternos?

Sin embargo, por el amor inmaculado, por el cuidado, por el trabajo, por el respeto a las leyes celestiales, has quitado todas las manchas del pasado, de los tiempos en que llevaste oprobio, luto, lágrimas a los hogares castos, dejando impunes tus crímenes.

Cuando la justicia humana se muestra impotente y no logra reprimir los errores nocivos y nocivos para el colectivo o para uno de sus miembros, la Divina Temis[51] dicta una sentencia irrevocable, que debe cumplirse inflexiblemente.

Así opera la rehabilitación decretada por el cielo. Y el propio esfuerzo del ex preso depende de acelerar su redención, de obtener la licencia para la libertad, después de cumplir la pena, que es siempre equivalente al delito cometido.

En tu última encarnación lograste, con una esponja mojada en lejía de lágrimas, limpiar las páginas en las que estaban registradas todas tus transgresiones, todos los flagelos que habías cometido.

---

[51] Justicia Divina.

Ahora tienes, en el espíritu encendido por duras pruebas, la diafanidad de la gasa de azucenas, la blancura y pureza de la nieve y el delicado aroma de los jazmines.

* * *

- Respecto a Jeanne, también quiero preguntarte: ¿No reconociste en tu querida hermana a tu ex amante, o a tu amada novia, la encantadora Elizabeth, por quien tanto sufriste? - No - dices. Mientras tanto, los recuerdos de lo que una vez fuiste comienzan a aflorar en tu intelecto, que se ha nublado por la materia y solo recuperará toda su lucidez cuando se disipe el último atisbo de perturbación.

¿Cuándo amaste más a esta criatura, como esposa o como hermana? Como hermana, ciertamente, ya que Jeanne encarnaba para tu espíritu todos los afectos humanos, sin el menor rastro de impureza. Sentiste por ella ternura, afecto fraternal, veneración, sin poder contemplar ni una sola vez su perfil angelical, pero la llevabas prisionera en la hostia de tu alma, como la fragancia de las violetas escondidas bajo las hojas, que aparecen verdes con las raciones acurrucadas, vigilando las frágiles florecitas para que no reciban miradas profanas, como hacemos nosotros con nuestros sentimientos más sinceros.

Por fin, después de décadas de amarguras, que compensaron la ignominia de otras épocas, podrás unirte perpetuamente a quien fue el origen de tus más graves iniquidades, pero que también contribuyó más tarde eficazmente a tu desarrollo moral e intelectual. elevación, transformando en culto el afecto que le dedicas. Sí, ya no es el amor humano el que te une a la dulce alma de Jeanne, sino el afecto fraterno imperecedero, el que siempre prevalece sobre todos los sentimientos afectivos, el único indestructible, el que entrelaza a los seres redimidos por el dolor, los nivela en una misma jerarquía espiritual, los encadena eternamente, haciéndolos hermanos que se buscan, que se juntan en esferas luminosas, cumpliendo juntos nobles misiones.

La fraternidad es el penúltimo eslabón de la cadena casi infinita de los afectos más dignos; solo hace que se confundan e incorporen, en una sola, dos o muchas almas semejantes, que se vuelven gemelas por el mismo grado de elevación moral, la armonía de pensamientos, capaz de ejecutar compromisos sublimes. Por encima del amor fraterno solo hay otro, indefinible, forjado de luces, de aromas, de melodías: es el amor de los amores, el amor supremo - ¡el que consagramos al Creador del Universo!

Ya tienes, hermano mío, estas dos chispas divinas para iluminar tu espíritu y fueron ellas las que hicieron tu corazón invulnerable a los golpes del venábulo de las pasiones criminales, de las imperfecciones de carácter, de los errores innobles. Saliste ileso de las luchas morales finales en el sentido que ingresaste y, por lo tanto, ganaste el trofeo al que has estado aspirando durante más de un siglo: tu unión con la encantadora persona que recientemente conociste como Jeanne.

Te advierto; sin embargo, que tu tarea no está terminada y nunca lo estará. Dejaste en la Tierra a quien, en existencias infructuosas, como muchos de ustedes, se contaminó las manos con crímenes atroces - asesinato y suicidio -, arrastrado al torbellino de iniquidades por su culpa. Ya han iniciado su rehabilitación y deben elevar a alturas radiantes ese espíritu, al que están unidos por lazos indisolubles, tejidos entre caricias, acogidas, sacrificios, amistad recíproca, que se llaman amor paterno y filial.

Tu misión en el planeta al que todavía estás vinculado por compromisos sagrados e inalienables no ha sido, por tanto, completada. Descansarás algún tiempo, en una de las dichosas mansiones de la Creación, para retemplar tu alma, después de los arriesgados torneos de sufrimiento, recuerda lo que fuiste, recibe instrucciones esenciales, después volverás aquí bajo el cuidado de mí, que te he guiado durante siglos, con un cuidado que no puedes dudar, comprometido con tu regeneración definitiva.

¡Recuerda, sobre todo, que prometiste mitigar las desgracias, el amargo anhelo de quienes expían dolorosamente sus desviaciones, suponiéndose abandonados en momentos de indecibles tormentos íntimos!"

CAPITULO III

Habiendo dicho lo que acabo de repetirte por mi querida instructora, comenzamos, por un suave impulso de nuestra voluntad, a hender el aire en busca del infinito, donde están engastadas las brillantes joyas del Omnipotente: las estrellas y las nebulosas.

La Tierra, que al inicio de nuestra ascensión, vista desde arriba, tenía proporciones titánicas, comenzó a disminuir, disminuyendo de volumen, hasta convertirse en una fruta gigantesca, luego en una nuez diminuta y oscura, para finalmente desaparecer, como un protozoo microscópico.

Lloré de nuevo, conmovido y nostálgico al recordar el aislamiento, la desventura del paralítico que aun permanecía en el orbe de las lágrimas, sobre el lúgubre ataúd terrenal, enterrado en la oscuridad profunda, llorando por mí, tal vez abrazando los fragmentos del amado violín, como un náufrago aferrado a los restos de la galera destrozada, con la última esperanza de ver un rincón de la tierra patricia llenando su corazón.

Entonces comprendí, a medida que nuestra separación aumentaba y la distancia entre nosotros se hacía inconmensurable, que nuestras almas estaban perennemente conectadas de uno a otro. Me pareció ver un hilo muy fino tomado de una bola de luz, que los unía perpetuamente.

Pero, ¿por qué lloraba si iba a ser feliz? Feliz. ¿Quién es este en todo el Universo? ¿Dónde existe la felicidad, en toda su plenitud, amigo mío? Siempre alegría y dolor, compartiendo nuestro corazón o nuestra alma, unidos como la sombra al Sol, la oscuridad a la luz, la noche al crepúsculo. El dolor es como el áspid que se esconde entre las frondas de los jazmines en flor, acechando en los nidos de los ruiseñores, o que se arrastra por los tallos verdes, tratando de magnetizar y detener, devorar, a los que pasan volando, soñando con aventuras.

Sí, iba a unirme a la querida Jeanne, tomar su mano tutelar entre las mías, abrazar su frente pura, y sin embargo, tenía la tristeza mezclando mi alegría con el azabache, recordándome que ascendía al descanso, a la paz, y dejé mi compañero de tormento petrificado, todavía encadenado al sufrimiento.

¡Allá! La felicidad integral no existe ni en la Tierra ni en el cielo, pero Dios, artista inimitable, sabe bien por qué no la creó. Por la misma razón no creó la rosa sin la oruga, la luminosidad sin la oscuridad, porque la felicidad completa arrastraría al espíritu a la bienaventuranza, a la inercia; si bien el dolor lo estimula, le hace concebir aspiraciones sublimes, es, en definitiva, esencial a la naturaleza humana, porque espiritualiza y sublima a los seres. La risa, que florece en los labios que se abren, da paso a menudo a la sátira, a la burla, mientras la lágrima que se desliza por los párpados violetas inspira una épica, una sinfonía majestuosa.

¡Bendita, pues, la melancolía que me acompañó hasta el empíreo, como un satélite a una estrella, porque fue ella quien infundió en mi alma sentimientos buenos, generosos y puros!

Siempre volando rápido como cuando era Paulo Devarnier, con mis ideas descargadas por mi noble mentora, todo mi pasado quedó claro para mí. Lo contemplé desde el momento más remoto hasta los que estaban sucediendo.

Vi todas las imágenes de mis diversas existencias, desde la época en que era un simple lapurdiano, animalizado, estúpido, movido por instintos groseros, casi antropoide, perteneciente a la Humanidad primitiva del globo terrestre. Seguí mi desarrollo físico a través de múltiples encarnaciones. Me vi cometiendo crímenes muchas veces, desviándome de la virtud en muchas vidas poco provechosas, hasta que el remordimiento arponeó mi espíritu.

Luego, entristecido, mis sentimientos mejoraron y finalmente me convertí en un hombre culto, un artista dominado por altos ideales.

A veces me veía como verdugo, a veces como víctima, expiando mis abominables desvíos. Reconocí, uno por uno, a los seres que más quiero, destacando siempre a Jeanne y a mi sufrida protectora. Pude evaluar todos sus sacrificios ignorados, todos los actos de heroísmo que realizó para sacarme del pozo de la adicción en el que me había hundido, a los luminosos alcances de la perfección psíquica.

Le agradecí conmovido toda su dedicación, pero, modestamente, me hizo callar y me pidió que observara la serie de cuadros en los que siempre aparecía como protagonista de algún drama familiar, cuadros en los que, como coches cruzando el cielo ennegrecido, la ira, el arrepentimiento, la reivindicación y el amor marcaron el escenario de mi existencia.

Eran tantos los pensamientos tumultuosos y chocantes en mi mente, que me sentí torturado y creí delirar ante el desfile ininterrumpido de aquellos ajetreados paneles, hasta que, finalmente, vi el final de ellos: me vi ciego, indefenso, luchando dolorosamente por sobrevivir. obtener un medio de subsistencia, junto a dos criaturas queridas, Jeanne y mi padre, que una vez fueron Elizabeth y Carlos. Aprecié mis triunfos artísticos, la enfermedad de mi hermana, la filantropía de Duchemont y Margot, mi enfermedad incurable y mi muerte.

Finalmente había llegado al presente y pronto se produjo en mí un repentino estancamiento de ideas, se abrió un vacío inllenable e insondable. Me invadió la sensación de un silencio incomparable - que solo debería reinar en el fondo de los mares y de las tumbas -; sentí que me iba a desmayar y solo entonces quedarme dormido para siempre. Todo mi potencial psíquico quedó paralizado. No era más que una pluma ligera, insensible e inanimada a merced de una fuerza poderosa que no podía definir.

Sin embargo, mi entumecimiento intelectual no duró mucho. Como un planeta que, atravesando una espesa oscuridad, volvería a mostrar su rostro iluminado por el Sol, desperté de ese cansancio, del letargo espiritual que me excitaba y aturdía, y con asombro comprobé el florecimiento de todas mis facultades mentales. Una luminosidad astral me penetró, un resplandor de constelación se produjo dentro del cielo de mi alma, que estaba suavemente iluminado por un brillante y deslumbrante crepúsculo.

Finalmente alcanzamos el objetivo de nuestro viaje: nos acercamos a una estrella espléndidamente verde, similar en color y fosforescencia a una luciérnaga, y, al poco tiempo, flotamos a poca distancia de su suelo.

Experimenté una sensación deliciosa cuando penetré en la fotosfera esmeralda, que hizo que mi piel fuera incomparablemente hermosa. Mi apuesta instructora, resaltando sus ropas blancas, tiñéndolas de delicados tonos. Me parecía que había al mismo tiempo una irradiación que envolvía mi cuerpo anímico y otra que irradiaba desde dentro de mí. Ahora supuse que mis pensamientos iban a sufrir otra parálisis, detenidos por un poder incontrovertible; ahora los sentía impregnados de un intenso resplandor, surgiendo de mi mente con tal violencia y fecundidad que, si pudiera escribirlos, ocuparían toda la longitud de la línea blanca de la Vía Láctea.

Nos acercamos al núcleo resplandeciente del orbe esmeralda, volando horizontalmente y cerca del suelo. Pronto se nos presentaron paisajes encantadores, de aspectos indescriptibles: cadenas montañosas que parecían gigantescos montículos de turmalina, con todos los matices del verde; las mansiones de estilo bizantino, talladas en jaspe, lo transformaron todo, con extensos jardines en los que crecían esbeltas hortalizas, con hermosas flores intangibles para los que aun pueblan los planetas inferiores, que parecen talladas en piedras preciosas, de todos los cambios, con un olor muy agradable.

De todos los castillos resplandecientes salía una melodía inefable, como si en todos ellos se celebraran pomposas fiestas. Todos los recuerdos dolorosos de la Tierra desaparecieron lentamente de mí; me invadió una calma, una calma que esperaba que nunca se extinguiera.

De repente; sin embargo, mi amiga, mi valiente guía se detuvo y comenzó a descender. Aterrizó en uno de los escalones de la escalera, en forma de voluta, de alcázar deslumbrante, como tallada en topacio brillante, y entramos sutilmente, de las manos juntas, en un vestíbulo donde la luz se derramaba desde el techo de cristal resplandeciente, rodeado de las más dulces fragancias de flores inmarcesibles y los arpegios de una orquesta interpretando una magistral sinfonía.

Una sociedad selecta estaba abarrotada en la sala, formada por todos seres jóvenes, vestidos con sencillez, pero con la mayor elegancia, con túnicas plateadas y luminosas de escoria.

Entonces recordé la época en la que tocaba de noche en los palacios de París y aprecié el contraste que había entre un público y otro. En la Tierra reinaba casi exclusivamente el egoísmo, la vanidad, la ostentación y la hipocresía. En lo sideral solo reinaba el amor, en todas sus nobles modalidades. De las frentes de todos aquellos seres, aureoladas por un halo radiante, aparecían pensamientos de extrema pureza. Todas aquellas entidades traslúcidas estaban animadas por altos ideales, por sentimientos fraternos, que burbujeaban en sus corazones radiantes, que veía palpitar a través de sus ropas níveas.

La realidad; sin embargo, absorbió mi atención. Entramos en aquel reducto luminoso, donde se congregaban cientos de seres de pulcro y mi compañera guardián, lleno de solicitud, señalaba nuestras manos murmurando:

- Aquí hemos llegado, hermano mío, a uno de los innumerables ateneos del Universo, donde los espíritus liberados de las últimas imperfecciones, encendidos por el sufrimiento, redimidos por el cumplimiento escrupuloso de los deberes sociales y divinos, vienen a recuperar las fuerzas debilitadas por prolongadas lecciones morales - en las que los corazones luchan y, a veces, se desgarran -, para tomar nuevo aliento para continuar por el camino de las virtudes austeras, para pensar en las úlceras que se abrieron en el alma durante las arduas luchas contra el mal y la adversidad. Es aquí, finalmente, donde se inicia la etapa para el desempeño de misiones serias y meritorias: las de mensajeros celestiales.

Alégrate, hermano mío, porque lograste un triunfo espléndido en tu última encarnación, junto a aquel a quien amaste santamente. Tú y Siderea ya están clasificados en la misma categoría espiritual, juzgados, en el areópago divino, dignos de permanecer en un orbe de paz, de alegrías inmateriales, sanas, inmaculadas, y también aprendizajes imprescindibles para el exaltado papel de los agentes siderales.

Recibirás el bautismo espiritual, dejando de ser designado con un nombre terrenal y tomando otro, inmutable, elegido por mí: el de Astral. Así es, de ahora en adelante, es como te llamarás. Este nombre marca tu iniciación en el sacerdocio. de las responsabilidades más dignas.

Al final de este breve discurso, con un gentil gesto de Alfen - el nombre de mi brillante protectora, quien me reveló por primera vez -, todos esos seres aéreos se acercaron a nosotros - similares a joviales y chirriantes golondrinas revoloteando rápidamente a las primeras vibraciones del campanario del templo donde revoloteaban -, y, entre todos, se destacó uno, quien me miró fijamente insistentemente desde que llegamos allá. Reconocí en él la misma grácil aparición que, cuando interpreté la sonata *"Las bodas de las tórtolas"*, sostenía una lira de flores. Sintiendo su mirada que penetraba hasta lo más recóndito de mi alma, como magnetizándome, atrayendo el mío a su espíritu, atándolo con una corbata de sol, de pronto comprendí que aquella entidad unificaba a varias criaturas, las últimas de las cuales eran - Elizabeth y Jeanne. Ella representó la fusión de dos amores inextinguibles, la amalgama de dos afectos eternos e inefables, ya bendecidos por el Creador. Estaban en una sola individualidad la novia y la hermana idolatrada, cuyos rasgos faciales mi criado siempre había conservado y mi corazón siempre había evocado. ¡Tenía ante mí a Bet y Jeanne, mi amiga! ¡Aventura indefinible e inaudita!

CAPÍTULO IV

Imagínate, amigo mío, el transporte de felicidad en mi espíritu, en el gran momento en que me acerqué a ese ser secularmente amado. Por un momento todas mis ideas se congelaron, concentradas en el presente, en esa realidad incomparable, de la que ya no podía dudar:

- ¡Mi unión perenne con la persona que había idolatrado en varias vidas!

Sin embargo, poco a poco mi mente se fue aclarando, lo que me permitió evaluar mejor lo que había dicho. La síntesis de todos mis sentimientos afectivos estaba a mi alcance, la realización de dos entidades - Elizabeth y Jeanne -, fusionadas en otra, que las reemplazó con ventaja – Siderea -, Arcángel purísimo, blanco y radiante, cuyos pensamientos luminosos iluminaban su noble frente.

Estaba cerca de mí aquel por quien había sufrido tanto y que había sido, últimamente, el compañero de mis amarguras, el partícipe de todos mis dolores, el único rayo estéril que había iluminado mi infancia y suavizado la tristeza de mis ciega juventud, que me había guiado de alma al Omnipotente, lanzándola, en fortísimo impulso, desde el pélago terrenal a las costas cerúleas, ya que para unir mi destino con el suyo, fue que logré olvidar los insultos que lo que me había hecho un adversario inhumano, fue que aprendí a aborrecer el mal, a aclarar mis pensamientos, a recorrer el camino del bien.

Verla cuando quisiera, poder transmitirle mis aspiraciones, mis pensamientos más secretos, contarle todas mis desgracias pasadas, mis preocupaciones cuando estuve lejos de ella; ¡Saber que nuestras vidas, por los siglos de los siglos, serían idénticas, que nuestras duras pruebas habían terminado, que nuestra alianza, eterna e indisoluble, había sido bendecida por lo increado! ¡Considera, por todo esto, amigo mío, la magnitud de mi alegría!

¡Cómo me sentí aliviado de todas mis angustias, en esos segundos de felicidad ideal! ¡En un solo instante, con pura alegría, olvidé siglos de dolor y lágrimas!

Sin embargo, mi alegría se vio empañada por el recuerdo de épocas prístinas. ¿Sería posible que esa criatura, objeto de mi fascinación, cándida y vestal, fuera la misma por la que ya había albergado una pasión pecaminosa, cuando la hice mi amante, robándole un hogar honesto, obligándola a abandonar a un ser diminuto, quién, sin sus cuidados maternos, perecería? El enemigo cruel me execró. Entonces reconocí que tenía muchas razones para odiarme.

El recuerdo de haber sido un miserable ladrón del honor y la fortuna ajenos me aterrorizaba. Y la evocación de mis crímenes empezó a marcar la satisfacción que me embriagaba en aquel momento más solemne de mi existencia astral.

¿Cómo podría el Eterno olvidar nuestros crímenes? ¿Estarían completamente purificadas mis manos, que fueron purificadas por la sangre de un hermano insultado en su dignidad de marido? ¿Cómo nos castigó el Creador y puso fin a nuestros rencores mutuos? Imponiéndonos una sentencia rigurosa, pero imparcial y completa, conectando nuestros destinos en varias encarnaciones, haciéndonos amarnos santamente, uniendo nuestras almas a través de vínculos inmateriales, a través de afectos inextinguibles.

Entonces comprendí que me habían llevado a recordar el pasado para juzgar el alcance de la generosidad y la rectitud de la Justicia Divina. Sentí que mi espíritu nunca se había elevado tanto al nivel Omnisciente como después de confrontar mis errores con su paciencia y la plenitud de sus leyes infalibles. ¡Esto resultó en mi perpetua sumisión al censor celestial!

Del abismo de reminiscencias en el que me había sumergido, mi querida guía me sacó, tomando una de mis manos y conduciéndome hacia donde estaba absorta la persona amada que contemplaba. Cuando llegó, dijo:

- Hermanos, aquí hay otro espíritu valiente que triunfa, otro ser evolucionado que viene a iniciarse en la más alta formación de mensajero celestial, otro liberado de la carne, del error, de las imperfecciones morales, que se suma a nuestras filas llenándose de alegría. ¡Todas las mansiones de este orbe, donde se solemniza la llegada de otro prosélito del bien, de un hermano en Dios!

Todos se acercaron a mí, saludándome gentilmente, depositándome un beso fraternal en la frente, el cual les devolví. Luego, volviéndose hacia mí, la guía continuó:

- ¡Aquí están tu novia y tu hermana, Astral! Por fin ha llegado el momento de realizar el consorcio que, durante muchas décadas, has querido realizar, a través de obstáculos insalvables. Desde que te encadenó el amor fraternal, nunca sustituirá otro sentimiento de la naturaleza de los que prevalecen en los seres aun bajo el abismo del sensualismo, el afecto inmaculado que, desde hace mucho tiempo, une sus almas, como las de todos los que aquí se congregan y quienes habitan todos los radiantes centros turísticos esparcidos por el firmamento, son superados solo por uno más: ¡por el amor que nos une al Creador del Universo!

Hace medio siglo se podía estar disfrutando de la bienaventuranza de este la comunión espiritual, tan deseada con tanto anhelo, pero que no la conseguiste porque habías cometido crímenes con frecuencia. No quiero recordar sus desvíos, para no oscurecer la felicidad rosada en la que hoy se regocijan sus almas. Solo les diré que: al fin y al cabo, supiste ganar la recompensa de los vencedores, de los fuertes, cumpliendo correctamente la pena que te fue impuesta. Para poder reparar tus transgresiones, necesitabas varias existencias llenas de luchas mortificantes. Soportando trabajos dolorosos, ignoraste los sufrimientos, los pisoteos, las ofensas, te purificaste, te espiritualizaste.

Cumpliste todos tus deberes sin dudarlo, practicaste actos de altruismo, fuiste afectuoso y compasivo con tu último padre, temeroso y observador de las leyes sagradas. No tapaste tus labios con palabras de burla, escepticismo, blasfemia, perjurio, hipocresía, pero tú los purificaste con el de perdón, consuelo y piedad. Ennobleciste tus manos, una vez manchadas por el asesinato y la aniquilación de tu propia vida, mediante un trabajo muy honorable.

¡Estás rehabilitado, amado hermano!

Bendice ahora los vientos de adversidad, muchas veces desatados sobre sus hogares, bendigan sus humillaciones, sus dolores, ya que fueron los que los emanciparon de las imperfecciones. Yo, que los guio desde hace más de un milenio, cubriéndolos incesantemente con mi solicitud, comparto su alegría, resuena en mí, así como la gloria, el valor de sus hijos, los honores que les son concedidos, resuena en el corazón de un padre amoroso del progreso psíquico; pueden, en consecuencia, permanecer en este orbe - una de las primeras paradas a las que llegan los regenerados -, durante el tiempo que sea necesario para tu descanso.

Existe un número incalculable de esferas resplandecientes, aun más locas que ésta, por las que irás subiendo poco a poco, a medida que asciendes en la interminable espiral de la perfección espiritual.

Vas a iniciar el más noble aprendizaje de la misión de protectores de la Humanidad doliente, vas a aprender a infundir en las almas sacudidas por el dolor sentimientos dignificadores, ideas elevadas, nuevas energías, efluvios de esperanza y concordia, para llenarlas de tenacidad, con perseverancia sin desmayar, y cada triunfo psíquico que cualquier ser desafortunado logre a través tuyo, también te hará ascender un nivel en la jerarquía espiritual.

Recréate; sin embargo, por un tiempo; disfruta de la paz que reina en esta feliz mansión, junto a estos hermanos, nuestros tiernos aliados; consuela tu espíritu aun aturdido y ulcerado por pruebas largas y dolorosas. Luego, cuando debas partir, sabrás cuáles son las criaturas que tendrás que custodiar en el duro proceso de la virtud, que desemboca en el cielo, en el infinito, en el seno del mismo Arquitecto del Cosmos.

Sin embargo, antes de comenzar tu gran tarea, Astral, compondrás una marcha triunfal, cuyo tema te proporciono en este título que te doy: *Epitalamio sideral*.

Hasta el día de hoy has producido composiciones inspiradas en juglares trascendentes; ahora se te concederá la facultad creativa de las Artes, que es uno de los atributos de quienes, evolucionados, asisten a las academias del Universo. Tocarás un instrumento desconocido en la Tierra, instrumento con el que tu alma emocional fantaseó para ampliar tu celo musical porque encontró el violín y el piano imperfectos, incapaces de expresar lo que escuchaste en éxtasis. Se llama *arpa eólica*, por su analogía con la de Eolo,[52] que era tocada por bardos inmateriales e invisibles, y no exclusivamente mediante el toque. Esta arpa es el magnífico conjunto de varias orquestas, produce un sonido encantador, que desciende en ondas hasta el cerebro de los artistas planetarios, haciéndoles creer que están en un delirio o en un sueño, como sucedió muchas veces.

Dicho esto, nos tomó de las manos a mí y a mi hermana y nos condujo hasta un instrumento titánico y reluciente, que me pareció tallado en topacio y con hilos tejidos con el sol. Cada uno tenía el sonido de un instrumento mejorado y ninguno dejó de vibrar, soltando suaves acordes, mientras mi magnánima mentora nos hablaba.

Colocando a Jeanne a mi derecha - como antes, en París, cuando compuse la primera melodía -, me hizo, deslumbrada, tocar la hermosa arpa y permaneció, con su aspecto majestuoso, a poca distancia de nosotros. Luego, levantó los brazos en actitud de oración, para recibir desde lo Alto los efluvios que ciertamente provienen del deleite donde se refugia el Sumo Inspirador, para dirigir desde allí todo el Universo. Se estableció una verdadera fusión entre ella y el cielo, mientras una brillante cascada dividía el espacio hacia sus manos de alvinita.

Luego colocó suavemente sus dedos delgados, diáfanos y brillantes sobre mi cabeza, y pronto sentí que un nuevo poder había florecido en mi mente, a través de la influencia divina. Pude entonces, por mi cuenta, en un espíritu ebrio de inefable felicidad, componer una portentosa marcha esponsal, que escucharás, amigo mío, cuando termine mi primera misión espiritual, cuando irás

---

[52] Dios griego de los vientos.

conmigo al mundo esmeralda donde estoy. Encontré la felicidad vanamente imaginada en el globo terrestre.

Conoces la sublimidad de la música en pleno infinito: es inexpresable en cualquier lenguaje planetario. Solo ella interpreta todos los rangos de emociones del alma por excelencia, su lenguaje es dulce y, así como las currucas de la Tierra se comunican y comprenden a través de melodiosos chirridos, así los seres astrales transmiten alegría, esperanza, fe, anhelo, improvisando trinos sobre arrabis y cítaras mágicas, ideado por artesanos divinos.

Las melodiosas ondulaciones que surgieron bajo mis dedos, superaron a las de la propio arpa de Eolo, que los rapsodas intangibles rasgueaban cuando los céfiros pasaban a través de sus fibras, superaron a las de aquel cuyos salmos místicos estaban inspirados en las Leyes eternas: David,[53] exiliado del cielo, quien, en momentos de transporte, ciertamente recordando lo que había dejado en el Más Allá, en alguna esfera resplandeciente, componía canciones muy suaves que deleitaba a Rabí Saúl,[54] calmando su exaltación de espíritu.

Esas modulaciones no reflejaban ira ni sentimientos fuertes y bárbaros. Más bien, eran como trinos de pájaros, que se despiertan en una selva centenaria, llena de aromas, adornada con orquídeas, como la de las regiones ecuatoriales. Otras veces parecían lamentos descarados, balbuceos infantiles, peroratas reminiscencias de lágrimas derramadas en el pasado, de dolores sufridos y que afloran en el alma sin lastimarla más, gracias a la unción del tiempo, que bálsamo todos los dolores.

Concluí la majestuosa marcha, sobre la incomparable arpa, con un crescendo triunfante, expresión de la alegría de dos almas afines que se encuentran después de siglos de separación y

---

[53] Segundo rey hebreo (1015-975?). Se convirtió en el escudero musical del rey Saúl, a quien encantaba con sus salmos acompañados del arpa.

[54] Primer rey de los israelitas; fue reemplazado por David, su yerno, por haber desobedecido las órdenes de Jehová.

sufrimiento, y que juntas ascienden al empíreo, para nunca separarse.

Todas las entidades bondadosas que, sonriendo, nos rodeaban - en el compartir fraternal de alegrías y dolores -, rociaron sobre mí y sobre Siderea flores fragantes, cuyos pétalos tenían la apariencia de rubí, zafiro y ópalo etéreos y se deshacían tan pronto como tocaban el suelo. Comprendí entonces que mi espíritu había sido iluminado por los siglos de los siglos, que mi frente se había llenado del halo de la inspiración, que ésta, en catarata refulgente, había descendido suavemente desde lo Alto, desde que mi seráfica protectora había invocado al Omnisciente.

Siguió un breve silencio. Me levanté suavemente, impulsado por mi maestra, y ella, tomando mi lugar, improvisó una canción magistral, que se llamó "*Himno Fraterno*" - y pronto fue cantada por las voces cristalinas y melifluas de cientos de hermosos seres apolíneos.

La maravillosa fiesta concluyó, después de tratar diversos temas de la Moral, las Ciencias y las Artes, con otro himno, más hermoso que aquel, parecido al reconocimiento, la veneración, los sentimientos puros e inefables, que arrastraban el alma de quienes lo escuchaban. Estaba consagrado al Todopoderoso.

CAPÍTULO V

Pasé algún tiempo en este maravilloso Edén, identificado con los seres que lo pueblan a través de vínculos emocionales inquebrantables, escuchando las odiseas de sus existencias pasadas, consejos beneficiosos que solo la experiencia de milenios de pruebas solo puede dictar, ingeniando obras de arte, asistiendo a las encantadoras festividades que allí se desarrollaban constantemente, escuchando conferencias científicas y morales, teniendo siempre a mi lado a mi querida hermana.

Ella y yo recordamos, sin amargura, todos los episodios de nuestras últimas encarnaciones, especialmente aquellos en los que fracasó nuestro compromiso, cuando éramos Paulo y Elizabeth. Le describí, con colores vivos, cuánto sufrí cuando regresé a Berlín por última vez, sin llevarla conmigo a Francia, dejándola todavía entregada a sus torturadores, donde la veía siempre llorosa, a los pies de su madre desmayada.

Recordamos todo el martirio indescriptible de los últimos meses que siguieron a nuestro encuentro y a nuestro trágico final. Recordamos nuestra reciente existencia, donde vivíamos bajo el mismo techo, y ella me confió que, antes de ser Jeanne, había tenido otra vida corta y miserable, en la que había sido una niña pobre, deforme, linfática, casi ciega, hija de criaturas rudas y crueles que planeaban aprovecharse de su desgracia haciéndola mendigar. Había perecido en un incendio, cuyo recuerdo todavía torturaba su espíritu.

Le hice consciente del pesar que había exultado mi corazón al no poder verla, a consecuencia de mi ceguera; sabiendo cuánto la mortificaba, cada vez que me acompañaba a veladas, la obligación de quedarse, cuando tantos jóvenes sonrientes se divertían, vestidos con trajes exquisitos, en los pasillos, junto a criados y lacayos, esperándome, temblando de angustia. Para mí, nos guiaba a nuestro refugio.

Recordamos los días de adversidad, cuando nos faltaba pan, los cuidados de Margot, la generosidad de Duchemont, el sufrimiento del paralítico, que seguía preso en el lecho de los tormentos, y quisimos partir en busca del planeta de las lágrimas, seguirlo en su vía crucis moral, ungir su alma con el bálsamo de nuestra entrega.

Estas mutuas confidencias enredaron aun más nuestros espíritus en la red del amor fraterno, solidificando para siempre nuestro afecto indestructible, haciendo eterno nuestro consorcio.

Disfrutamos así, durante algún tiempo, de una felicidad sin precedentes, considerando como una fortuna incluso el recuerdo de nuestras amarguras pasadas, que luego nos aparecían atenuadas, desvaídas como paisajes lejanos, a través de la niebla o de las entrevistas oníricas.

Nuestros hermanos compartieron nuestra alegría y en muchos de ellos reconocimos amigos y familiares de otras existencias, y que ahora lo son más que nunca, por la afinidad de ideales, la identidad de condiciones, la comunión de sentimientos. También nos contaron sus luchas, el doloroso aprendizaje que atravesaron, para limpiar de manchas sus almas réprobas y alcanzar la perfección psíquica.

Cada uno de esos seres necios tenía dolores que narrar, reconociendo; sin embargo, la justicia y la paciencia del Creador, que sentencia según los errores cometidos y sabe recompensar a quienes trabajan duro.

Finalmente, nuestra querida guía nos sacó del deleite en que nos estábamos divirtiendo, diciéndome:

- Te insto a que salgas, Astral, para llevar a cabo tu piadosa misión. Si la cumples con valentía, podré dejarte para siempre abandonado a tu libre albedrío. Espero que nunca cometas la más mínima infracción de las leyes del Todopoderoso, porque nuestra responsabilidad aumenta a medida que avanzamos en la escala jerárquica de la perfección, y cualquier desviación insignificante del deber - excusable en un ser inferior, imperfecto, todavía animalizado -, es severamente castigada en aquellos que ya han desarrollado todos sus poderes espirituales.

Ya no deberías ser cojo, hermano mío. Ya tienes una larga experiencia de entrenamiento en la escuela de las pruebas y del dolor, donde purificaste tus sentimientos. Por eso confío en ti; sé que serás un rígido ejecutante de todas los tareas que te han sido encomendadas, atento a aquel cuyas desgracias vas a aliviar, infundiendo coraje y esperanza en un alma que pronto ya no permanecerá esclava de la materia, prisión putrescible de la chispa divina que, liberada, se libera en el firmamento constelado.

Siderea tendrá la misma tarea con una criatura que ya ha sido sacudida por ambos.

Este es quien, en su penúltima encarnación, fue uno de tus antepasados, uno de tus abuelos, el que impidió la realización del vínculo matrimonial al que aspirabas, porque estaba molesto contigo. Tenía el corazón saturado con excesivo amor cívico y de orgullo, pero sufrió por tu culpa y no pudo resistir, a su avanzada edad, la separación de aquel a quien llamaba, con sorna, el francés, y al que; sin embargo, adoraba.

Actualmente reside en Austria, habiendo nacido en Irlanda, de donde se expatrió siendo niño. Huérfano y extremadamente pobre, un piadoso vienés lo llevó a su tierra natal. Hoy sufre opresión, lucha con la falta de recursos económicos en un país extranjero, pero ya está regenerado por el dolor que ha sufrido, sabe amar a los hijos de cualquier nación. Sin embargo, aun no está convencido de la integridad de la Justicia Suprema, cree que sufre arbitrariamente por lo que no hizo a los demás, al desconocer la ley de la pluralidad de las existencias, sin la cual la Justicia Divina ya no tendría el sello de la perfección.

Sidérea asistirá, por tanto, al protector de un ser evolucionado, con el alma completamente desherbada de las zarzas de las imperfecciones, capaz de recibir la semilla de grandes enseñanzas.

Ella contribuirá a suavizar las dificultades de una vida de exiliado, infundiéndole confianza en los designios de la Providencia Celestial, infundiéndole amor por el ser que, en el mundo finito, rodeado de estrellas, preside nuestros destinos. Le señalará, en horas de nostalgia, la patria eterna, el Universo, haciéndolo saber que la criatura humana no tiene una patria única; que debe considerar a todas las naciones como partes integrantes de un todo indivisible - el mundo terrenal -, y que debe amar, como hermanos, a todos los pueblos.

Hará florecer en su espíritu las grandes y excelentes verdades emanadas del Creador, convenciéndolo que el alma no tiene patria determinada; es como un pájaro nómada que construye su nido dondequiera que pose, en cualquier fronda virulenta que se balancee con el ráfagas de favonios o siroco.

Sentirá su afectuosa asistencia como quien, sumergido en profunda meditación, adivina la llegada del ser amado que, desde atrás, ha tapado sus ojos con sus manos adoradas, que, en momentos de broma o de caricia inocente, siempre tienen la suavidad del peluche.

Es necesario que tú, Astral, regreses a la Tierra antes que Sidérea. Sin embargo, puedes regresar aquí cuando quieras, por el simple impulso de tu voluntad, para fortalecer tu espíritu con la serenidad que brota de esta esfera, como alguien, sediento y febril, busca una fuente hialina para beber. Entonces oirás los más bellos salmos e himnos, la música más impresionante, las sinfonías embriagadoras, que deben sugerir pensamientos exaltados.

También podrás componer algunas, cuando la inspiración, como filetes de estrellas, broten de tu frente, que se irá iluminando cada vez más por la luna, hasta quedar eternamente iluminada con la aureola de los mensajeros de Dios. Tu felicidad perenne depende del cumplimiento exacto de la misión que vas a realizar: la de velar por aquellos que, en la Tierra, aun sufren las consecuencias de sus errores, anhelan tu presencia, se sienten abandonados en momentos de dolor infinito, enterrados en su propio cuerpo, que se volvió pedregoso.

Ve, Astral, infunde, en un alma llena de anhelo, pensamientos de resignación, de olvido del pasado, de veneración al Todopoderoso, de sumisión a las leyes sagradas, de esperanza en el futuro.

Tú serás, a partir de ahora, uno de sus guías invictos y desempeñarás tu papel con la misma dedicación que tenías cuando, bajo el mismo techo, lo llamaste ¡padre!

Asistirás, en tu meritoria empresa, a uno de nuestros leales hermanos, el mentor de Delavigne, quien, desde la antigüedad, ha sido infatigable, haciendo enormes esfuerzos para cambiar de rumbo, cada vez que sus ideas lo inclinaban hacia el torbellino del ateísmo y el crimen. Tu ayuda ahora es esencial para él, porque tu espíritu ejerce sobre el suyo una influencia saludable y poderosa. Fue gracias a esta influencia que, cuando estuviste a su lado, lograste elevarlo moralmente, conduciéndolo al bien y a la virtud, que lograste finalmente cultivar tu alma para la siembra de verdades trascendentes.

Juntos ahora, colaborando para lograr el mismo objetivo, podrán alcanzar más rápidamente su deseo, por el benéfico dominio que ejercitas sobre él, ya que te has apegado profundamente, ya que las guirnaldas doradas de ese sentimiento extremo, que hoy sostiene tu espíritu. Las pruebas dolorosas, las adversidades soportadas estoicamente en común, sustituyeron el odio que las repelía, como polos magnéticos isonómicos, por fuerzas heterónomas, que las atraen, uniéndolas entre sí por los siglos de los siglos, porque estas fuerzas son incontrastables y eternas. Los símbolos magnéticos se llaman perdón, ternura, amor.

¿Qué es lo que el amor no puede lograr, sea paterno, filial, fraterno o conyugal? Dedícate, por tanto, a quien te añora, Astral, y, cuando termines tu inmensa y gloriosa tarea, podrás descansar aquí por más tiempo, durante mucho tiempo. Después se te confiarán otras tareas, que aumentarán tu responsabilidad, a medida que subas los peldaños de la escalera de la perfección del alma. Todas estas entidades afortunadas que ves son verdaderas golondrinas migratorias: parten exultantes de este orbe - que tanto te asombra y es uno de los sanatorios del espacio, donde se tonifican las almas -, para cumplir sus primeras y arriesgadas misiones espirituales. Pero regresan aquí constantemente para recibir instrucciones y, sobre todo, para fortalecer el coraje debilitado por largas y difíciles creencias morales, ya que algunos los apoyan muy ferozmente y sufren indescriptiblemente cuando, ya en posesión de los atributos inherentes a la nobleza de carácter y designados para velar por las personas que les son queridas, rechazan sus saludables consejos y cometen actos repugnantes que ofenden la pureza de los sentimientos elevados.

Este es, pues, querido Astral, uno de los innumerables sanatorios del infinito y al mismo tiempo una de sus universidades, para neófitos o aprendices de perfección espiritual. ¿No quieres conocer otros mundos aun más exquisitos? Aquí llegan a tierra - benditos pájaros callejeros que se han liberado de esos inviernos polares que se llaman pruebas planetarias -, cuando algún hermano se refugia o pasa a otro orbe más perfecto.

Allí has sido testigo de las deslumbrantes fiestas con que se solemniza este gozoso acontecimiento, pues aquí ya no reinan el egoísmo y el miedo a la separación eterna. Quien parte en cumplimiento de deber sacrosanto, o para descubrir nuevos dominios siderales, regresa a estos lares, desaparecido los amados compañeros que dejó atrás momentáneamente.

Este es uno de los imperios de la esperanza inmortal. Por eso predomina en todo él el color verde, que simboliza el planeta del que viniste y al que regresarás. En él, la idea de la separación perpetua ya no atormenta a nadie. de los seres con los que te acabas de unir para siempre.

¿No te sientes todavía con fuerzas suficientes para la altísima tarea moral que te confía la Providencia: proteger a quienes sufren por ti y por Siderea, dos satélites de tu alma torturada?"

- ¿Cómo puedo excusarme, querida maestra, de cumplir la orden que me das, recibiéndola de la divina omnipotencia, si te debo lo dicho y la serenidad que disfruto? Ejecutaré, sin tergiversaciones ni desmayos, con la mayor sumisión, todas las determinaciones que provengan de un espíritu tan claro como tú, porque te venero, te admiro y deseo corresponder, con perenne gratitud, la preocupación materna que ¡tú me has dado! Es ahora mi ardiente aspiración permanecer al lado de aquel a quien le di el sacrosanto nombre de padre, deseando hacer lo que siempre le prometí, incluso en mis últimos momentos de vida terrena.

Tú, oh amada maestra, que me sacaste del torbellino de crímenes, que anhelas la mejora de mi alma, ¿no lees mis pensamientos a través de mi frente traslúcida, que se asemeja a la campana de cristal que cubre una lámpara encendida?

¿Puedo negarme a revelarme a aquel a quien tengo un afecto eterno? Todo nuestro pasado trágico y doloroso ha desaparecido. Ya no queda rastro, dentro de mi alma, de lo que fuimos el uno para el otro, en épocas remotas, y, como dijiste, el amor filial que le prometí, como una esponja higienizante, borró de una vez por todas los caracteres atroces que el odio había grabado en los recovecos de nuestro espíritu y que, cuando nos aborrecíamos, parecían imborrables. ¡Démonos prisa! Dejo nuevamente la felicidad por el dolor, pero no me molesta, porque estoy convencido que los conquistadores de la felicidad suprema son el sufrimiento, el sacrificio, el deber.

Detener una lágrima es sentir un alma feliz; cumplir un deber sagrado y austero es bañarla en un torrente de luz, que nunca se apagará.

Diciendo estas palabras, me tendió una mano llena de niebla radiante y estrechó la mía efusivamente, murmurando llena de emoción y ternura:

- ¡Mis esfuerzos no fueron en vano, ya que logré rehabilitarte, convertirte en un espíritu recto y noble! ¡Señor, bendice a este hermano que ya es digno de ser uno de tus emisarios!

Al pronunciar esta vehemente súplica, al son de un dulcísimo himno, todos los hermanos que nos rodeaban se concentraron en profunda meditación, formulando una oración ferviente en una verdadera comunión de ideas. Observé, por primera vez, un fenómeno maravilloso: vi caer desde lo Alto una lluvia de plata pulverizada. Era como si sobre todas aquellas frentes inmaculadas, elevadas hacia el Más Allá, en actitud de oración, brillara una suave luz de luna. Sentí que mi ser se sumergía en un océano de paz, de inefable serenidad, flotando sobre olas de luminosa suavidad.

Tan pronto como todos dejaron de orar por mí, nos reunimos alrededor del arpa eólica y, flanqueada por mi distinguida maestra y Siderea, interpreté una sonata que estaba estudiando en mi mente, como si la hubieran transformado en un océano de armonías. Cuando terminé, la consagré a la piadosa amiga que me guio hacia el bien y la felicidad que disfrutan los redimidos. Luego cantamos, a coro, un canto al incomparable, expresándole todo lo que desbordaba dentro de mí: -reconocimiento imperecedero por los beneficios otorgados a todas las criaturas; tristeza, por tener que alejarnos, aunque sea momentáneamente, de aquel remanso; ansiedad por regresar; deseo de cumplir estrictamente la tarea que se me ha encomendado; deseo ardiente de no vacilar ni debilitarnos y de ser ayudados con la bendición divina: el escudo de oro que nos hace inmunes, invulnerables a los ataques del mal, eternamente invencibles.

Siderea también compuso algunas estrofas líricas, que fueron cantadas por ella y otros hermanos. Todavía recuerdo las siguientes cuartetas, que se decoloran al traducirlas a un lenguaje inexpresivo e imperfecto, tan diferente del original:

¡Creador! En los momentos supremos, en que tus fieles paladines partirán hacia las gigantescas prisiones del deber, te imploran, en un himno:

Llénanos la frente de Esperanza... Danos una bendición alegre e incontaminada: Esto es luz, esto es consuelo, es bueno... ¡Si alguien la tiene, ganará cada pelea!

Momentos después, mi amada mentora y yo abandonamos el orbe esmeralda y comenzamos, en un vertiginoso vuelo descendente, a reclamar el planeta terrestre.

Después de muchas horas, lo vimos rodeado de una atmósfera espesa. Después de los prodigios que había contemplado, experimenté un vago miedo, un estremecimiento de disgusto, porque la Tierra me parecía una esfera carbonizada, envuelta en una gasa caliginosa, un verdadero refugio de lágrimas, de expiaciones pasadas, de sufrimiento. Pero, para calmar todas mis frágiles emociones, me quedó el recuerdo de haber pasado algún tiempo en un paraíso radiante. Dondequiera que estuviera, tenía cuidado de escuchar, acompañándome hasta el espacio afuera, como si un ruiseñor, perdido en el cielo, cantara el dulce himno de Siderea, cantado en el momento de nuestra separación. Era otro vínculo que había unido perennemente su alma anhelante a la mía, donde, así, había dos vínculos de luz: uno que me unía a la Tierra y el otro al cielo.

CAPÍTULO VI

Solo entonces, al cruzar el Espacio en busca del globo terrestre, me di cuenta de la maravillosa realidad que se disfruta en un mundo fascinante. Mientras estaba allí, ¡me encontré en medio de un sueño fantástico!

¿No sería realmente pura fantasía permanecer en una hermosa región como esa, poblada de seres cultos, trabajadores, bellos, excelentes artistas, asociados para cooperar en grandes empresas de bien? No era una ilusión haber tenido una relación con los infatigables agentes siderales, que descienden a los planetas de la purificación espiritual para sostener a las almas al borde de la iniquidad, donde el *simum* de las imperfecciones y los vicios las arrastra, y las prepara para la ascensión a los orbes. ¿Libres de la injusticia, de la guerra, de la impureza, de la hipocresía, en definitiva, de todo el conjunto de males y defectos morales que han plagado a las comunidades de todas las épocas? No.

En esa esfera resplandeciente pasé agradables horas, descubrí las Artes en su máximo refinamiento. Todo; sin embargo, lo había dejado para cumplir con un deber. De ahí la tranquilidad de mi conciencia, aunque me dominaba cierta melancolía. No tuve un solo momento de desmayo, porque, como bien sabes, en un espíritu iluminado y vigorizado por las luchas morales, la tenacidad es poderosa, hercúlea es la fuerza que lo impulsa hacia el bien, para realizar las misiones más arriesgadas, por muy dolorosos que sean. En él prevalece la aspiración de servir fielmente al Creador, de mostrarle una gratitud eterna, de merecer su preciosa bendición, que enciende en él focos de luz pura y le da libre entrada a los mundos modelo, donde ya se puede encontrar la felicidad en casi todas partes, su plenitud, donde quienes se aman efusiva e inmaterialmente ya no temen apartamentos atractivos: ¡la prueba más dolorosa!

Cuando nos acercamos al globo terrestre, que me parecía bronceado, ennegrecido, sombrío, aislado, en comparación con las esferas brillantes por las que habíamos pasado y frente a las cuales nos habíamos detenido un momento para contemplarlas mejor, experimenté un repentino despertar.

Al comprender la emoción que se había apoderado de mí, mi querida mentora renovó su consejo, lo que me hizo llorar.

¡Lágrimas! ¿Qué son las lágrimas? Chispas que silenciosamente se desconectan de nuestro propio ser, perdiéndose en el éter y dejando muchas veces en él un surco luminoso que nos sigue a través del espacio más allá, similar al de los aerolitos que, como plumas desprendidas de aquellos cóndores llameantes - las estrellas fugaces -, que vuelan por el infinito, se ven desde la Tierra como lágrimas de luz, serenas y rápidas, que llevan a los niños a preguntarse "si las estrellas también lloran."

Me reiteró las instrucciones que me había dado para el desempeño de mi misión espiritual, esbozándome el camino que debía seguir en el cumplimiento de mis deberes. Sus palabras, apenas fueron dichas, quedaron impregnadas en las hojas de mi alma.

- Hermano mío - me dijo -, ya sabes lo que tienes que hacer para aliviar las últimas afliciones de un ser querido, quien, pronto, al exhalar un aliento extremo, será llevado al orbe que tú ya conoces y que está en al mismo tiempo una Corte y una academia para iniciados en misiones trascendentes. Son dignos de la tarea que les ha sido confiada y podrán disfrutar durante más tiempo de la convivencia de hermanos perfeccionados por un siglo de sufrimiento. Sin embargo, nunca querrás permanecer inactivos, porque el trabajo es el propulsor de los espíritus hacia el Omnipotente, quien ya no es una criatura reptante y banal, debes saber bendecirla. Todas las entidades que viste, ávidas de progreso, son cada vez más diligentes en el desempeño de tareas que les dan derecho al acceso, a ascensos en la jerarquía espiritual, realizados de acuerdo con el mérito real, obedeciendo a la más completa justicia, a la más desinteresada, a la más intrépida, héroes trabajadores.

Pronto te dejaré, Astral, anhelante pero exultante, porque te veo recorrer el áspero camino de la virtud y si: que nunca menospreciarás mi opinión.

Vendré a aconsejarte frecuentemente; permaneceré vigilante, incluso separada de ti, porque sabes que hay una esposa radiante que une a todos los seres redimidos - el amor -, una chispa divina transfundida en nuestras almas, un sentimiento-luz, como el odio es el sentimiento: oscuridad.

Podrás endulzar tus labores cuando quieras, pasando unas horas de ocio en el mundo que te encanta, donde compondrás obras armoniosas.

Tendrás la oportunidad de conocer a quienes fueron tus antiguos compañeros, familiares, en existencias pasadas, y que están terminando sus pruebas planetarias. No dejaré de velar por ti, maternal y devotamente, pero no me verás por algún tiempo.

Seré como un cuerpo que, ensombrecido por un eclipse total, no puede ser visto desde la Tierra, pero continúa ejerciendo la misma influencia sobre ella.

***

- Aquí estamos, Astral, a mitad de camino de nuestro viaje. Estamos en Francia, que fue tu patria en más de dos encarnaciones, un país donde sufriste dolores insoportables, donde cometiste crímenes muchas veces y donde recientemente pusiste fin a una de tus vidas más llena de reparaciones conmovedoras y saludables.

Siempre es beneficioso para nuestro espíritu visitar lugares que nos son familiares, para recordar lo que hemos hecho mal y lo que allí hemos sufrido. A todos te acompañaré, porque a todos ellos también les afecté.

Nos acercamos ahora a París. Esta es la llamada Ciudad Luz, tan hermosa, tan imponente para quienes la observan con sus órganos visuales aun materializados, poetizados por un pasado memorable. Aquí se han desarrollado dramas estúpidos, monstruosos y siniestros. ha sido también escenario de abnegaciones, heroísmos, tragedias, martirios indecibles... Contémplalo, Astral, con la misma reflexión con la que entramos en un Campo Santo, donde yacen los harapos humanos, las vestiduras desgarradas del alma.

Con el aprendizaje que ya has hecho en mundos deslumbrantes, puedes ver claramente cuán inferiores son a las maravillas de la Tierra en el espacio.

Me encontré de repente, como despertado de un largo sueño feliz, en una región poblada, con su incesante paso de transeúntes - olas humanas que se suceden: ininterrumpidamente -, con sus espléndidos palacios, sus famosos monumentos, que causan asombro a los turistas. quienes; sin embargo, son extremadamente mezquinos en comparación con los de los orbes brillantes, donde las Artes se han vuelto esenciales, inimitables, donde la magnificencia de las construcciones, de una arquitectura impecable, cautiva a quien las contempla por primera vez.

Es que en ellos predomina la luminosidad; el material del que están hechos es casi imponderable, tiene la traslucidez y el brillo del topacio, los diamantes y las esmeraldas ardientes.

Fue con una emoción indescriptible que comencé a volver a visitar esos lugares familiares y amados. Comprobé entonces cuán precisa era la idea que tenía de todo lo que me rodeaba, cuando estaba ciego. En mi retentivo - un espejo mágico en el que se reflejan las imágenes de todo lo que observamos en existencias anteriores -, se reflejaban todos los fenómenos presenciados en diferentes encarnaciones, grabados, todo como encerrado en una urna encantada, que abro cuando quiero.

Me dirigí, todavía guiado por mi protectora, a la exigua buhardilla donde por fin había desencarnado el fin de la vida espinosa que hoy bendigo, porque recojo flores que nunca se marchitarán y que, para florecer, necesitaban tener sus tallos salpicado de lágrimas.

Aunque nunca la había visto, no me dejé engañar por la idea que siempre tuve de ella. Otros muebles modestos reemplazaron al nuestro; otra familia muy pobre, formada por criaturas pálidas y melancólicas, habitaba el humilde ático. Espectadores invisibles, caminábamos libremente por los pocos y estrechos compartimentos que lo componían. Me detuve en la pequeña habitación donde mi hermana y yo habíamos exhalado nuestro último aliento y donde nuestro pobre padre nos había dirigido tantas súplicas. ¿Dónde estaba? Leyendo mis pensamientos, la compañera tutelar me informó:

- Está en un hospital. La pensión que recibe de su hermano se la da a los ciegos. La amable Margot se acogió en casa de su leal amigo Duchemont.

Una ternura infinita había conmovido todo mi ser. Me invadió el deseo vehemente de ver tullida a mi amada, cuyos rasgos no conocía, pero imaginaba que revelaban una austera nobleza. En cuanto a lo que había sufrido allí, ya no me dolía. Mi impresión era la de alguien que, tras haberse quedado dormido en un barrio pobre, se había despertado en una suntuosa mansión, emergiendo de la tierra con el toque de una varita mágica.

¿No fue eso realmente lo que me pasó a mí? ¿No me quedé dormido, después de desgracias inconcebibles, en un oscuro tumulto para despertarme en un mundo resplandeciente de belleza ideal?

- Recuerda siempre, Astral, con gratitud, a las personas que vivieron en este incómodo lugar - me dijo también la cariñosa guía -, y visita a cada una con cariño. También deberás ir a casa de Duchemont, ayudarlo en su trabajo musical, hacerle entender que no lo olvidas y que los lazos que unen tu alma a la suya nunca se romperán. Camina por este ático sin vergüenza. Sí, sus muros son lúgubres, como lo fueron los que amurallaron tu espíritu, pero fue aquí donde tu alma comenzó a vestirse de luz, para contrastar con la oscuridad de tus ojos.

Recordar lo que fuimos, lo que sufrimos, hojear las páginas de vidas pasadas, escritas con lágrimas, es beneficioso para nosotros, sirve para que ni un solo átomo de orgullo se nos pegue, para que podamos evaluar mejor nuestros esfuerzos, la metamorfosis operó en nuestro ego...

Revivir el pasado es sondear un enredo inconmensurable con el disfraz de la realidad, llevando en la mano una linterna de radio, a cuya luz podemos indagar, investigar con calma - como el científico aislado en su laboratorio -, lo que ya hemos practicado, descubrirá entonces, en el pélago del alma, dragones horripilantes: nuestros sueños -, y las perlas rosadas de los afectos sinceros, de las caricias inolvidables, de las abnegaciones sublimes, de los sacrificios redentores.

Por tanto, sondeemos constantemente el pasado, este océano grande e ilimitado que está contenido en nuestra alma y que se hincha, crece de segundo en segundo, pero del que nunca se desborda una sola gota.

¿De qué valdría el placer disfrutado en una esfera resplandeciente, si olvidáramos todas las desgracias que laceraron nuestros corazones, mientras peregrinamos en la Tierra? Para que la felicidad sea plena e intensa, es necesario que haya sufrimiento; que represente el trofeo de lucha.

Quien nunca ha sufrido inconscientemente disfruta de una fortuna, que con el tiempo se volverá insípida, tediosa, nula, devoradora de sí misma, como lo fue Saturno de sus propios hijos. Quien ignora lo que es el trabajo, no sabe apreciar las horas de ocio; quien nunca derrama una lágrima de dolor, ajeno a la esperanza que florece en los corazones en los momentos de amargura, haciéndoles soñar con días de calma y paz.

El riesgo no se alimenta mientras no hay nada más que desear, que satisfacer, que emprender. Una criatura feliz, que no aspira a nada más, vive inerte, y la inercia es corrosiva, como la oxidación, que destruye el acero mismo.

Para que una verdura se vuelva verde, exuberante, pueda presumir de flores, es necesario frotarla cada noche, regarla cada mañana, recibir los besos del Sol, respirar el aire fresco. Bueno, la felicidad es una planta aun más delicada, requiere cuidados extremos e incesantes, para que no se marchite, se seque y perezca.

Aquel que desde niño solo se alimentaba de un delicioso néctar, no sería capaz de encontrar en él el sabor que alguien, acostumbrado a la comida frugal, descubriría en él solo una vez en su vida. La repetición de la aventura lo vuelve banal, duradero, constante, siempre debemos tener obstáculos que superar. En los momentos de descanso, necesitamos tener, evocar, el pasado, las luchas, para que nunca caigamos en la bienaventuranza. Por eso el trabajo es progreso, es una de las leyes eternas y universales, es la piedra de Sísifo,[55] en perpetuo movimiento.

***

- Apurémonos ahora, Astral, para que puedas comenzar tu misión espiritual.

Contemplarás por fin los rasgos de aquel a quien estás ligado por los siglos de los siglos. ¿Dónde fueron forjados los grilletes que los unieron para la consumación de los siglos? Sobre dos lechos de dolor, de los cuales solo queda uno. Ven a verlo, hermano mío.

La mentora preclara guardó silencio y yo me quedé rememorando el pasado, como si recordara las escenas de un drama doloroso y fugaz, que nunca podría olvidar, pero que ya no me causaría opresión. Estas peregrinaciones, que hemos emprendido a lo largo de épocas remotas, son como las últimas olas que se desploman en una vasta playa, sin la impetuosidad de las primeras, las que se levantan desde lo más profundo del abismo oceánico.

Incluso dudé, por momentos, que la persona que tanto ansiaba ver, a quien extrañaba, fuera la misma que ya había odiado con todo mi corazón.

---

[55] Sísifo, en la mitología griega, fue condenado, para toda la eternidad, a hacer rodar una gran piedra de mármol hasta la cima de una montaña donde inmediatamente volvió a caer. La piedra de Sísifo es un símbolo del trabajo que continúa una y otra vez.

Salimos del ático por donde entramos y pronto nos encontramos en un enorme edificio, en el que entramos sutilmente. Una vez allí, me vi obligado por una fuerza extraña a acercarme a una de las camas de aquella extensa sala.

Mi protectora me detuvo y, con una voz imperceptible para los que veíamos, pero para mí, lenta y meritoria, murmuró:

- ¡He aquí la antecámara de la muerte, en la morada del dolor! Aquí es donde todas las razas humanas se funden en una, donde todas iguales en el sufrimiento, hermanos sin hogar, sin familia, sin amigos, todos viviendo, en el último cuarto de la existencia, fraternalmente, de prejuicios. Aquí, el artista, el filósofo, el héroe, el zapatero, el borracho, el vagabundo, los desafortunados de todas las clases sociales se convierten en filantropía y compasión por los demás. Aquí terminan las vanidades, el orgullo, la belleza física, el disfrute material; aquí solo hay una raza, una nacionalidad: la de los desafortunados, ya sean de Siberia, de Australia, de América o del Congo; Aquí todos se convierten en compatriotas, porque la desgracia no tiene patria, allana todas las condiciones, como lo hace la naturaleza, en las tumbas, con los cuerpos putrefactos. Aquí se habla el idioma mundial, un idioma conocido por todos: el de los gemidos, la agonía y el sufrimiento. Los gemidos, los sollozos y las lágrimas, como el dolor, no tienen patrias diferentes, son cosmopolitas y no se diferencian en ningún país, ya sea que lo habite un pueblo culto o una horda bárbara de silvicultores.

Acerquémonos ahora, hermano mío, porque aquel a quien vas a velar está ansioso por tu venida. Contémplalo con piedad y cariño, como nunca lo hiciste en tu última existencia, porque tus ojos no tenían vida.

Me acerqué a una cama blanca donde yacía un enfermo con los párpados entrecerrados. A pesar de estar extremadamente demacrado y pálido, sus rasgos faciales, esculpidos con el cincel del martirio tras largos años de enfermedad y sufrimiento, eran de notable pureza y corrección, similares a los de una imagen esculpida por renombrados estatuarios. Parecían talladas en jaspe.

Su cabello, antes rubio, ya había sido invadido casi por completo por el carrizo, que es la nieve de la senescencia o del dolor. A diferencia de lo que ocurre con las estaciones del año, en las que la primavera sigue al período hyemal, la flor después de la helada, que crece la nieve y separa los hilos dorados de las frentes juveniles, transforma los cabellos leonados o azabache en plateados y se etiola en nuestros corazones las últimas rosas de la ilusión.

Una sonrisa de resignación se cernía sobre sus pálidos labios; estaba inmóvil, como una escultura humana de mármol, medio velada por una sábana de nieve. Reconozco que no era un cadáver porque, por momentos, abría los párpados, emitía sonidos y gemía. Quedó claro, finalmente, que su alma seguía prisionera en la tumba carnal, casi inerte, como un fantasma que abriera el capullo, aun unido a él por una resistente fibra de seda.

No era una estatua, porque toda su vida estaba concentrada en su cabeza. En su rostro había una expresión indescriptible de dolor y anhelo, que ningún artista genial había logrado grabar en un bloque en Paros, así como, con su cincel y con absoluta perfección, logra esto el dolor, que poco a poco mejora el alma y lo embellece, de tal manera que lo hace brillar a través de la materia, luminoso dentro del organismo más deformado.

Cuando Leonardo da Vinci,[56] en un arrebato de inspiración, inmortalizó en un panel la inconfundible sonrisa de la Gioconda, si hubiera recordado inmortalizar la angustia de los incomprendidos, de los torturados, legaría a sus coetáneos y a la posteridad una obra superior a todas sus obras maestras.

¿Quién no se conmovería ante una pantalla donde ver el dolor silencioso de alguien que perdió a un ser querido, alguien que fue traicionado, pisoteado, alguien cuyo corazón rebosa de lágrimas que, una a una, se deslizan por su rostro de mármol en silencio?

---

[56] Pintor italiano (1452-1519), cuya obra más conocida es la Gioconda (retrato de Mona Lisa). También fue escultor, arquitecto, físico, ingeniero y escritor.

CAPÍTULO VII

No hay palabras, querido amigo, que puedan expresar la emoción que me invadió al encontrarme, después de algunos días de separación, con aquella persona temblorosa a quien llamé padre. Solo entonces me fue posible mirarlo y lo hice con una ternura y compasión que nunca había sentido por ninguna otra criatura humana, excepto por mi hermana. ¿Y por qué no exponer todos mis pensamientos en esta sincera confesión que está por terminar?

Una mezcla de amargura y remordimiento se apoderó de todos mis sentimientos, por haber casi sido la causa del sufrimiento, del amargo calvario de la persona que allí vi con los miembros heridos, el cuerpo, por así decirlo, petrificado y el cerebro escaldando, en un continuo burbujeo de ideas mortificantes, pensando en su inutilidad en la vida, en ausencia de sus queridos hijos, teniendo que reforzar los recuerdos que de ellos conservaba de su amor paternal intensificado por un anhelo muy vivo.

Esta mezcla indefinible de sentimientos que se conflagraban dentro de mí se apoderaba de mi espíritu. De repente; sin embargo, noté que la mirada pura, serena y afectuosa de mi protectora descendía sobre mí, como una bendición celestial y, percibiendo en esa mirada una tácita interpelación, me postré al borde de aquel lecho de sufrimiento físico y moral. Entonces sentí que de mis ojos o de mi propia alma goteaban lágrimas ardientes, como chispas liberadas de un fuego ardiente, agitadas por un poderoso tridente.

Entonces, genuflexo, humilde, sin atreverme a mirar al pobre paciente, le supliqué que me perdonara por todo lo que le había hecho sufrir. Al mismo tiempo que formulaba esta vehemente súplica, mi espíritu, sensibilizado, volaba hasta el infinito, en las alas del pensamiento, para implorar perdón al

Soberano del Universo. Inmediatamente me sentí arrepentido y lleno de una luminosa paz de conciencia.

Entonces mi guía me dijo, siempre compasiva:

- Levántate, hermano mío. El pasado, que aun permanece vivo en tu mente y que aun atormenta tu alma regenerada y noble, ya lo has redimido en el Jordán de lágrimas que derramaste, soportando todas las pruebas sin rebelarte contra la Divina Providencia, cumpliendo rigurosamente con tus deberes, ungiendo con suave bálsamo el corazón de aquel a quien acabas de pedir perdón, logrando elevar su espíritu del caos de la duda y el escepticismo a los reinos siderales con los que siempre sueña en los momentos de angustia.

Este perdón que hace un momento pediste, demostrando la pureza de tus intenciones y de tus sentimientos, ya te lo ha concedido el Todopoderoso y lo obtuviste hace mucho tiempo de aquel que pronto se liberará de la carne. Ahora lo que te colma es, cuando te pinchen dolorosamente recuerdos, has todo lo posible por desvanecerlos, de modo que los lazos emocionales que los unen se vuelvan aun más estrechos.

Puedes empezar a llevar a cabo tu misión. Contémplalo sin remordimientos, con ternura fraternal, intenta leer sus pensamientos, que te iluminarán sobre sus sentimientos actuales.

Pude entonces observar plácidamente lo que evolucionaba desde ese cerebro. Los pensamientos son como fotografías claras y fugaces que vienen incesantemente de la frente humana, lleno de emoción y compasivo con sus penas, descubrí que estaba pensando en sus amados hijos.

Unas gotas de lágrimas se deslizaron por su rostro de alabastro, mientras sus labios se movían levemente, rogando al Todopoderoso que le permitiera unirse a aquellos a quienes adoraba y que lo precedieron en el misterioso peregrinaje de la muerte, la eterna segadora, la libertadora, cuando corta el vínculo de una vida sin mancha, santificada por la justicia de los rectos.

Cuando me acerqué a él, un estremecimiento vivo recorrió todo su cuerpo y le hizo abrir inmensamente los párpados, como si quisiera ver bien algo extraordinario que había visto. Su mirada; sin embargo, vagaba sin rumbo, sin fijar ningún punto concreto, como buscando aquello que le había hecho estremecerse. Tuvo una intuición de la presencia de un ser inmaterial recién llegado y, sin saberlo, dejó de mirarme directamente.

Siguiendo las instrucciones de la querida mentora, extendí mi mano sobre su frente, prematuramente encanecida por el invierno de la desgracia. Se diría que las lágrimas de dolor, atrapadas en el cráneo, se derramaron por los poros y, cristalizadas o congeladas de repente, formaron los hilos de nieve que cubrían su cabeza. Y mi mano tocó otra, también imponderable, que me ciñó fraternalmente.

En ese momento, se me apareció un noble mensajero sideral, protector de mi padre, y me hizo saber, hablando el lenguaje del pensamiento, que, de ahora en adelante, nuestros esfuerzos se unirían, colimando un mismo elevado objetivo: aclarar lo aburrido, suavizar su amargura final.

Una vez amainada la inquietud que lo agitaba, pude ver, con piedad y ternura, mi propia imagen, como en una fotografía, desprendiéndose de su cerebro, en la actitud que me era habitual cuando interpretaba mis composiciones musicales. El llanto, que brotaba incesantemente de sus ojos, fue disminuyendo hasta cesar por completo y se durmió plácidamente, recordando siempre con cariño a su amado hijo y las melodías con las que calmaba los tormentos de su alma.

¿Cómo puedo expresarte la emoción que me conmovió ante esa evocación del pasado, del tiempo en que nuestros espíritus estuvieron unidos para siempre?

Por tanto, estaba absolutamente seguro del cariño que me dedicaba. Y poco sabía el pobre encarnado que aquel a quien su imaginación resucitó estaba allí al alcance de su brazo, ya estaba arrodillado junto a su cama, y también había llorado junto a su cama, suplicándole el perdón indispensable para la perfecta tranquilidad de su conciencia.

El sueño es el símil de la muerte, de la emancipación del alma encadenada a la materia. Cuando se durmió, su espíritu fue liberado y me dejó.

Pude acompañarlo por unos momentos, seguirlo en sus divagaciones, en sus esfuerzos por encontrar a los seres idolatrados que él no podía ver, como su corazón, lleno de anhelo, deseaba.

Cuando tuve ganas, me presenté frente a él, tomé una de sus manos y se la estreché afectuosamente. Tan intensa era su alegría que, sobre la cama, el cuerpo petrificado se estremeció levemente. Se despertó asustado, abrió mucho los ojos queriendo asegurarse de dónde estaba y pronto se produjo una notable transformación en su fisonomía. A la expresión de dolor y anhelo que apareció en su rostro se unió un brillo de alegría. Un resplandor íntimo se extendió por su rostro, desde su alma hasta su rostro de mármol, que lo transfiguró, dándole un aspecto de incomparable serenidad, un atisbo de felicidad.

Fue así que, cuando se acercó a él la monja que lo trataba con dedicación casi filial, una criatura joven y grácil, de ojos cerúleos, melancólicos y asombrados, revelando un dolor secreto e inconsolable que la había hecho negar las alegrías efímeras de la vida y la había llevado a para consagrar su floreciente juventud a la Humanidad sufriente, criatura a la que había tomado un inmenso cariño, porque le recordaba el conjunto angelical de Jeanne, el desdichado paralítico le dijo casi alegremente:

- Hermana, acabo de despertar de un sueño dichoso, en el que vi a mi François, mi hijo inolvidable, el artista inspirado que suavizó las dificultades de mi existencia al son de su violín encantado. ¡Qué sueño tan maravilloso, hermana! Hoy me siento feliz porque fue la primera vez que soñé con mi amado muerto: ¡me parecía que acababa de verlo, de verdad! Se acercó a mí, besó mi mano y todavía tengo la impresión de haber recibido esa caricia que me hizo exultar. ¡Ojalá nunca despertara, para sentirlo siempre! ¡Ora a Dios para que permita que esta ilusión se convierta en una florida realidad, hermana! ¿Cuándo disfrutaré la alegría de reunirme con mis amados hijos?

-Más allá - respondió seriamente la monja, señalando hacia arriba, con su blanco y su esbelto dedo índice -, y cuando le plazca a nuestro Padre Celestial. No desees demasiado la muerte, no la desees antes que el Señor quiera enviártela: es necesario que nos conformemos a los planes divinos, no buscando acortar los momentos de dolor que merecemos.

- Lo sé, hermana, y eso es lo que siempre me decía mi François, pero ya he sufrido tanto que el Altísimo bien podría derramar sobre mí su misericordia.

- ¡Él sabe cuándo te lo mereces, hermano! - Respondió la voluble sacerdotisa de la caridad, alejándose de la cama de Delavigne.

Hermanos, así se trataron aquellos dos seres que, para el mundo, ya no tenían los nombres que recibieron en la pila bautismal.

En uno de los hogares del sufrimiento - un hospital -, aliviado por el altruismo de la sociedad civilizada, que ya se compadece del dolor de los demás, utilizaron la misma designación que, en el espacio, los seres regenerados adoptan entre sí. Así comenzaron, en la Tierra, lo que luego harían en el empíreo.

Hermanos, sí, porque la Humanidad, repartida en innumerables mansiones, está formada por miembros que, a lo largo de los siglos, se vuelven iguales en condiciones y sentimientos, solidarios entre sí.

La fraternidad es el vínculo sublime y luminoso que une indisolublemente a todas las almas, consustanciando todos los sentimientos afectivos en uno solo, el amor recíproco, sobre el cual, como decía mi querida maestra, solo existe el sentimiento-luz, el sentimiento que hace irradiar a los espíritus: el amor del Omnipotente, que equilibra los cuerpos ciclópeos de las estrellas en el vacío y en el éter, con la misma facilidad con que un niño pequeño lanza al aire un copo de nieve; que forja las estrellas y las nebulosas, cuya luz maravillosa conquista los milenios, ¡siempre inmutable, imperecedera, inextinguible!

Al verlas como letras de oro luminoso, grabadas en páginas de terciopelo azul, al contemplar el manto sideral, las almas sienten la atracción del infinito, desean tener alas para admirarlas de cerca, se postran extasiadas en el suelo al que aun llegan. ¡Se encuentran atrapados, como si estuvieran ante un altar, un santuario ilimitado, admirando el poder y la omnisciencia del increado! Con la admiración de los portentos que contiene el cosmos surge el amor al Creador; los sentimientos se suavizan, aligeran y refinan; la humanidad comienza a ser vista bajo una luz diferente, ya no se la considera hostil o indiferente y se convierte en una familia inestable; todas las patrias se fusionan en una: la Tierra; y el alma, llena de amor, impulsada por las tribulaciones y refinada por las virtudes, es guiada hacia el cielo, imán que atrae a todos.

Es, pues, el amor el que hace ascender a los espíritus al firmamento. Mientras están ensombrecidos por los vicios, el odio, el deshonor, el orgullo, la perfidia, la soberbia, no admiran la Creación, detestan los colectivos, se enquistan en el egoísmo y el escepticismo, permanecen atados a la oscuridad, como un barco anclado en los glaciares polares, donde apenas llegan los rayos del Sol.

Es cuando el dolor los tortura para perfeccionarlos, como un picapedrero a las gemas. Sin darles respiro, disuelve las nieblas que no les permitían vislumbrar la claridad que cae en cascada desde el infinito, que embellece la Naturaleza y les hace seguir el empinado camino del bien, la probidad, la rectitud, convirtiéndolos, finalmente, en objetivos como los velos nupciales que cubren las frentes de las doncellas y son capaces de emprender el gran vuelo, el espacio en el exterior.

✳ ✳ ✳

Terminado el diálogo entre el paciente y la monja, mi querida mentora me habló, con la gravedad y consideración que le son propias:

- Ahora te voy a dejar, Astral. Me despido jubilosa porque sé que cumplirás escrupulosamente con todos tus deberes espirituales. Nunca estarán completamente solos, pues bien sabes que cada alma encarnada es como un planeta rodeado de satélites. Sus protectores o genios familiares la rodean constantemente. Pronto encontrarás a todos los Delavigne, incluido uno que es tuyo y suyo al mismo tiempo: el espíritu de aquella que, al darte tu ser, en su última existencia planetaria, perdió su vida orgánica.

Esta hermana luminosa que te saludó es la guía develada de tu padre. Serás su asistente. Tendrás que reemplazarla, cada vez que necesite ausentarse, en el desempeño de su misión o para descansar un rato en el remanso de algún mundo superior. Invariablemente procederás de acuerdo con ella.

No me verás por un tiempo, pero seguiré cuidándote. Cuando llegue el momento de la desencarnación de Delavigne, yo, Sidérea y todos sus seres queridos estaremos presentes, como no ignoras que lo hacen los leales amigos desencarnados. No abandonarán sus lechos mortuorios.

Me voy, mientras ustedes permanecen aquí trabajando por su progreso espiritual, a disfrutar de unas horas de alegrías inefables, en compañía de dignos hermanos que esperan mi regreso a uno de los más bellos centros turísticos de la paz, de la Ciencia y del Arte trascendentes, del que estuve ausente hace siglos, por culpa de ti.

En épocas lejanas, como ya sabes, mi existencia estuvo ligada a la tuya; te hiciste querido en mi corazón y, al verte revolcarte en el fango de los errores y crímenes, me encomendé la tarea de elevar tu alma al Creador y finalmente lo logramos. Tú triunfaste sobre el mal, yo siempre te inspiré con el bien. Ambos logramos una recompensa eterna.

Recibiré instrucciones de nuestros superiores jerárquicos, me embarcaré en nuevas misiones, ya que no podemos hacer nada sin su aprobación, ministros del Padre Celestial.

Hasta pronto, amado hermano. Sé, ahora y siempre, digno de mi cariño y de mis esfuerzos seculares. Perteneces al formidable, infinito e invencible ejército de los invisibles, los campeones de la perfección, los servidores de la virtud, los que luchan porque todo es útil, elevado, generoso y bueno. ¡Sé, entre ellos, uno de los luchadores más heroicos, tenaces y diligentes! Que la bendición del Altísimo adorne de luz tu frente.

Nada te diré, buen amigo, respecto del momento en que me separé, aunque sea temporalmente, de mi magnánima maestra, la infatigable vigía que ha seguido mis pasos a lo largo de los siglos; brillante patrulla que no me ha abandonado ni un solo momento en decenas de siglos, protegiéndome siempre con su cuidado, con su solicitud; compañera leal y entregada que ha sido testigo de mis luchas, mis desmayos, mis desvíos, mis esfuerzos, mis dolores, logrando que, después de una tenaz y valiente campaña moral, mi espíritu pudiera encontrar refugio en uno de esos nidos de luz que se balancean en la fronda azul del infinito.

Conociendo el afecto inmaculado que nos une y que nos unirá para siempre, debes comprender que no me fue posible presenciar indiferente su partida, cuando, más que nunca, me sentía deseoso de escuchar sus saludables consejos, deseoso de beber todas sus enseñanzas puras, como si alguien, caminando por un arcén en plena primavera, quisiera recoger todas las flores en flor, para inhalar sus embriagadores aromas e impregnar los restos del alma.

Sus benéficas instrucciones siempre han sido para mí flores ideales y fragantes, que arranco con beneficio e inhalo con gran placer.

Cuando la vi alejarse, después de haber estrechado su radiante mano derecha, sufrí un desmayo momentáneo, me sentí indefenso e intimidado, como un niño que por primera vez se aleja de la mirada de su madre para realizar una pequeña tarea, que le pareció ligera y fácil, pero que luego adquiere proporciones colosales por su infantilismo inexperto, que incluso lo supone inaplicable.

Sin embargo, elevé mi pensamiento a Dios, fuente inagotable de todo consuelo y energía, y sentí que las fuerzas de mi alma se fortalecieron.

No fue necesario que yo te hiciera conocer estas impresiones, ya que, con una experiencia espiritual más larga que la mía, ya conoces una gran fracción del espacio y no ignoras las leyes inmutables que gobiernan los mundos y sus habitantes. Pero, no dudé en detallar todo lo que me ha sucedido, desde que nos separamos en Bruselas, donde tuvimos una relación cercana, porque solo hoy te hago la confesión completa de mis viajes terrenales, sabiendo cuánto te interesa. en mí, sintiendo que de ahora en adelante los grilletes diamantinos del amor fraternal ceñirán nuestras muñecas para siempre.

Y ya que esto es así, quiero, cuando veas que mi primera misión psíquica está a punto de terminar, hacerte una petición. Espero, querido amigo, que pronto, cuando te sientas atraído por mis pensamientos, te apresures a encontrarme. Será para que puedas acompañarme a una de las moradas de la agonía - el hospital donde está mi padre -, para que juntos seamos testigos de sus últimos momentos de vida terrena.

He venido a recibir grandes lecciones de mi guía preclaro y me voy a separar de ti, hasta que podamos reunirnos nuevamente, en el momento en que se arranque el último pétalo de esa existencia fértil en el dolor, de esa rosa efímera, que parecía eterna y que, dentro de unos días, mudará sus hojas para siempre.

CAPÍTULO VIII

Cuando llegó el momento previsto, fui atraído - por la corriente eléctrica que se establece de un espíritu a otro, a través del poderoso dínamo del pensamiento -, hacia el lugar donde se encontraba el inolvidable amigo que, en Bélgica, conocí con el nombre de Paulo Devarnier.

Nos saludamos cordialmente y luego me dijo con extrema emoción, cruzando las puertas de un hospital:

- Ven, querido amigo, al lugar donde está mi querido padre. Quiero que lo conozcas ahora que está casi al final de la atormentadora, pero beneficiosa existencia terrena en la que ganó el honor de vencedor.

Míralo, hermano mío, en esta cama de la derecha. Aquí está, al final de su prolongada enfermedad, que contrae sus músculos, hay casi un brillo, como un guante de acero que lo inmoviliza y le aplasta uno de los brazos. Parece una estatua de piedra, dentro de la cual un alma estaba condenada a permanecer eternamente atada.

Sin embargo, esta pena tan dolorosa que le fue impuesta no es en modo alguno arbitraria; es una aplicación del incomparable código divino. Como Dios es el más extremo de los padres, él también debe sufrir cuando tiene que pasar tal sentencia severa contra las miserables galeras del mal: Solo en la prisión del dolor rescatamos los crímenes atroces que cometemos, porque el sufrimiento es vulgar, es curativo, es ardiente. Como la piedra caliza, al quemarse cura los carcinomas del alma.

¡Oh, qué sabios son los designios de la Providencia, amigo mío! ¿Cuándo pudo este moribundo sospechar que su amado François, cuya frente recibió tantas veces sus besos paternales, es el mismo infortunado Paulo que aborrecía con la inclemencia de un inquisidor? ¿Por qué perdió? Sus brazos, uno amputado y el otro paralizado, ¿si era bueno y trabajador? ¡Oh, los había tenido robustos y ágiles, en otras existencias, y no los aplicaba exclusivamente al trabajo, los usaba para empuñar armas asesinas! Con la que eliminó preciosas vidas, incluida la suya propia, que debía preservar, tal como el Omnipotente se la había dado: En la encarnación que ahora llega a su fin, sufrió por no ser útil a quienes amaba y, aunque si quisiera no podría hacer el mal, porque la parálisis hacía tiempo que lo tenía atado.

Venció, mérito innegable, porque, con la inercia del cuerpo, sufría mucho su espíritu, que se sentía tanto más activo cuanto más se acentuaba su invalidez orgánica. La tortura que sufrió por no poder brindarles a sus amados hijos el consuelo que quería brindarles fue beneficiosa para él. Tuvo que verlos sin pan innumerables veces, presenciar el colapso de su hogar, que se convirtió en un desierto, pasar por el calvario de perder a todos los seres queridos que había idolatrado. Es solo que aquellos a quienes hacemos infelices no pueden hacernos felices hasta que hayamos enmendado nuestras faltas anteriores.

Yo, como sabes, he sido su compañero en las desgracias, compartiendo todos sus amargos problemas. Hemos redimido juntos, al lado de otros, deudas nefastas, mientras nos ofendíamos, insultábamos y odiábamos mutuamente. Ahora que él está en el umbral de otra existencia, me pregunto:

- ¿Cuál es la expiación más dolorosa, la mía o la suya?

¡Ah! la respuesta es difícil, amigo mío. Ambos hemos sufrido mucho; ambos hemos sido testigos del fallecimiento de seres queridos; ambos teníamos cuerpos mutilados, sirviendo de prisión a almas sensibles, llenas de ideales irrealizables. Estábamos casi inútiles para la vida y para la sociedad; pero, mientras ellos luchaban en sus miserables baluartes, tratando de romper sus resistentes barrotes, nuestros espíritus se iban liberando de sus tullidos, de sus deformidades morales, afinando sus sentimientos, deshaciéndose de sus imperfecciones, refundándose, pulir si, como hábiles estatuarios que, cincel en mano, daban forma a un bloque informe de carrara, cortaban sus bordes, haciendo emerger estatuas de formas cada vez más hermosas y elegantes.

Aquí está ahora, al final de la prueba terrenal, sin sospechar que el que una vez fue la causa de nuestros errores, se ha convertido en una entidad purísima, igualmente adorada por ambos, pero de una manera que este afecto nunca pueda encender en nuestras almas la llama de los celos y la venganza; sin sospechar que yo lo espero, para conducirlo a la fortuna dignamente conquistada, en años de dantescas torturas.

¡Bendito el dolor que nos rehabilitó ante el Soberano del Universo! Bienaventuradas las lágrimas que brotaron de nuestros ojos, porque fueron las que borraron las manchas de nuestro espíritu.

Siento que una alegría sin precedentes me felicita por haber sabido vencer los malos impulsos del alma, recorriendo el frágil camino del bien, siguiendo las huellas de mi luminosa instructora, y, al mismo tiempo, las de aquel que es consumando una fructífera expiación y a quien ya no lo designaré con el sacrosanto nombre de padre, sino con el de hermano, ya que juntos realizaremos misiones de devoción, de altruismo, compadeciéndonos de todos aquellos que, como nosotros, han cometido crímenes y transgresión de las Leyes Divinas y sociales.

Reunámonos. Ahora, querido amigo, a los devotos compañeros que nos esperan al borde de un lecho casi funerario.

Aquí termina la narración del hombre que, durante el ajetreado período de una de nuestras peregrinaciones terrenas, lo conocí como Paulo Devarnier.

Ustedes saben cuán abundantes en desgracias, en tormentos morales y físicos, en santas abnegaciones, las existencias que le dieron el derecho de entrar en una de las afortunadas mansiones, donde viven los servidores del Omnipotente, de quien ya es digno emisario.

Lo seguí con el interés paternal que me infunden todos los que forman la corona de afectos inmaculados que adornamos primero el corazón y luego el alma. Lo acompañé a la urna de las moradas terrenas donde son arrastradas todas las criaturas, donde son destruidas todas las vanaglorias y pasiones pecaminosas, porque en ellas prevalece el dolor que llega a todos sin distinción y el llanto que, sin tener nacionalidad, es idéntico en el monarca y en el más humilde habitante de los bosques.

Entré en ese refugio de la miseria humana con la misma reverencia con la que cruzaría los umbrales de una necrópolis. Sí, el hospital es el prólogo y el cementerio es el epílogo de la muerte.

Nos detuvimos, Astral y yo, junto a una de las numerosas camas alineadas en una sala grande y espaciosa. En la cabecera de esa cama encontramos a una religiosa rubia indicando al médico un moribundo, que ya no se daba cuenta de su presencia. Lo ocupaba un paciente de rostro demacrado, enmarcado por un cabello níveo con raros mechones de oro. Parecía haberse quedado dormido para siempre, pero su pecho todavía palpitaba en sus últimos estertores.

A veces sus párpados temblaban, se abrían y la mirada vidriosa del moribundo intentaba distinguir a alguien, cuya imagen ciertamente había quedado grabada para siempre en los recovecos de su anhelado corazón.

Cuando lo vi me llené de intensa emoción, recordando que ya había odiado a esa pobre criatura, cuando en una encarnación anterior se llamaba Carlos Kceler y había matado a un querido amigo. Sin embargo, en el momento en que lo vi por primera vez, después de la historia de François, ya sentí por él una sincera compasión y un poco de ese infinito amor fraterno que emana de los espíritus triunfantes de las pruebas planetarias, similar al fuego inextinguible que irradia de las estrellas y se extiende por el espacio en rayos de oro, tantos esbeltos y largos viaductos aéreos, lanzados de uno a otro para la comunicación de sus habitantes, hilos brillantes que se extienden tanto desde el núcleo de las estrellas como desde todos los almas en las que se sienten sentimientos elevados y puros.

De repente mi atención fue atraída por entidades deslumbrantes que flotaban a poca distancia del suelo, alrededor de ese lecho de muerte. Reconocí en ellos - a través de una facultad sorprendente que el Todopoderoso concede a los desencarnados -, a los protectores de Delavigne: Sideria y Alfen, cuya belleza y hermosura superaban a las de todos los que los rodeaban.

Para los encarnados, en aquella gran sala solo había un médico, una hermana triste y pacientes pálidos. Pero quién poseyera visión psíquica, que todo lo busca, todo lo revela, todo lo escudriña, que observa los más mínimos detalles de todo lo que existe en este y otros planetas - como tiene el autor de estas páginas escritas psicográficamente -, podría observar a los amigos invisibles del moribundo, con las manos entrelazadas, formando un tallo de maravilloso efecto, simbólico del sentimiento que une a todos los espíritus evolucionados entre sí, mientras nuestro agudo oído alcanzaba los acordes de un arpa lejana, tocada en tono apagado, acordes que, ciertamente, transpusieron el éter como la luz de la Luna en una noche de Luna llena, cuando el cielo está despejado.

Al vernos, la brillante cadena circular se abrió rápidamente y todos nos extendieron la mano para que nosotros también pudiéramos participar de ella. Astral; sin embargo, se arrodilló junto al lecho del moribundo y en su frente se produjo una radiación estelar que partió el espacio en busca del Más Allá: era una súplica vehemente dirigida a Dios con la intención de lo que estaba *in extremis*[57] Y nuestros pensamientos, unidos con los suyos, armoniosos, ascendieron al cielo.

---

[57] En el último momento.

CAPÍTULO IX

Allí estaban, dentro de esa sala donde imperaba un silencio estricto, solo ocasionalmente roto por gemidos desgarradores, dos humanidades que se tocaban, que se superponían: una tangible, la otra imponderable. En uno, los rostros pálidos expresaban consternación y tristeza; en el otro, los espirituales, si había tranquilidad, el brillo de la esperanza, compasión por los grilletes de la carne.

Percibido por la magnitud de aquel momento, la mentora del piadoso Astral, con su amado discípulo al lado siniestro y la pulcra Sidérea a la derecha, llamó nuestra atención y dijo, en el lenguaje tácito del pensamiento, que se propaga de alma a alma y que, para nosotros, los desencarnados, tenemos una vibración melodiosa, un timbre cristalino, una elocuencia inquietante:

- ¡Hermanos! Pasamos a la página final de una existencia planetaria fecunda en lágrimas y en progreso espiritual: concentremos nuestros pensamientos y por el moribundo hagamos una oración sincera y vibrante al Eterno; formemos en nuestro interior un canto triunfal, que exprese la alegría que ilumina nuestro espíritu al ver a otro hermano redimido por las luchas de la adversidad sostenido intrépidamente, otro vencedor en las campañas contra el mal, otro héroe cuyo cuerpo cae en la tumba para que su alma puede surcar el espacio, en busca de la mansión donde la iniciaremos en el aprendizaje de las gloriosas misiones.

Si algún artista laureado - un Rembrandt, un Murillo, un Leonardo da Vinci o un Correggio -, [58] genios brillantes que, guardando reminiscencias de las Artes supremas, realizadas en las

---

[58] Nombres de pintores famosos.

brillantes órbitas, habitaron la Tierra y dejaron a su paso una estela de luz por este planeta similar a lo que dejan los aerolitos en el espacio - si alguno de ellos quisiera legar a la Humanidad una obra asombrosa, diluyendo, en las pinturas en las que humedecen sus pinceles, fragmentos de soles, destellos de estrellas, bastaría para fijar en un panel la escena que presenciamos alrededor y encima de una cama de hospital y que la monja que rezaba por el moribundo ni siquiera sospechaba.

Podría titularlo: *El ocaso de una vida dolorosa* - perfilando en un lienzo lo que no se puede describir en ningún lenguaje planetario, una epopeya silenciosa y sublime, digna de inspirar a Chateaubriand o Alighieri,[59] capaz de disipar el temor que todos sienten por el momento en que se pasa de una existencia de lucha a otra más perfecta, por el momento en que el alma cruza el pórtico de eternidad, se libera de las vestiduras materiales que la mantenían atrapada en las sombras terrenas, para elevarse hacia el firmamento, donde palpitan los corazones de la luz de las estrellas.

Intentaré, aunque sea con trazos incoloros, esbozar el cuadro que contemplaban los invisibles en aquellos augustos momentos.

Sobre un lecho de blanco cubierto, agonizaba un ser humano, pálido como el jaspe, con cabellos parecidos a la plata en mechones, mezclados con algunos mechones dorados, dándole a su rostro contrición y serenidad. Sostenía, en la única mano que tenía, un crucifijo del Redentor, tallado en marfil, que, en la posición que había adoptado, presentaba semejanzas con el perfil del moribundo. Hermana misericordiosa de la caridad, simbolizando el deber, la resignación y la piedad, postrada, oraba por el enfermo, preludiendo un *de profundis*.

Alrededor y sobre la cama, con sus tenues manos entrelazadas formando un círculo vivo y encantador, cuyo centro lo ocupaba aquel ser a punto de liberarse de la materia, se encontraban hermosas criaturas intangibles, algunas de una

---

[59] Escritores famosos.

blancura deslumbrante, como la de las camelias blancas, cuyos pétalos parecen inspirados en copos de nieve; otras, radiantes como diamantes engastados al Sol. Todas formaban una maravillosa guirnalda hecha de flores de niebla o lirios de luz.

Constituían una diadema reluciente que se movía suavemente, como si se metamorfoseara en una bandada de palomas altísimas, atadas por grilletes de fragantes rosas, que se romperían ante el suave impulso de sus alas, cuando debían partir en busca del cielo, para anidar allí.

Un halo deslumbrante cubría sus frentes, reflejo de pensamientos que ascendían hacia el Creador, mientras desde los arpegios de una orquesta de ruiseñores encantados descendían suavemente, en deliciosas modulaciones.

Aquí, ligeramente esbozada, estaba la bella imagen que teníamos ante nuestros ojos. Podrás perfilarlo mejor ahora en el panel mágico de tu fantasía o tu imaginación. ¿Quién; sin embargo, será capaz de dibujar con precisión la magnitud del momento en que se produce el desprendimiento de un alma, momento que las religiones han esbozado con los colores más oscuros, cuando deberían utilizar otros, hechos de rosas o de flechas doradas? ¿Que se lanza Febo cuando, en Oriente, inicia su viaje triunfal?

Sí, Átropos no es el cruel segador, siempre con tijeras en mano, ni el verdugo que quita vidas con la impasibilidad de un Inquisidor mayor, de un inflexible Torquemada. Más bien, es el exhumador de almas enterradas en arcilla humana en descomposición, para que aquellos que poseen las brillantes alas llamadas amor y virtud puedan alcanzar el espacio.

¿Por qué la Humanidad debe siempre execrarla, pintándola lúgubremente, tomándola por una entidad implacable y despótica? Oh tú que me lees, si tu espíritu no está agobiado por errores seculares, acostúmbrate a divinizarlo, a rendirle homenaje digno de su austera majestad, porque la muerte no es en la Naturaleza un ser separado, helado, demacrado, empuñando un machete afilado.

Es, a veces, un padre querido, una madre amorosa, la falange de seres queridos que nos precedieron en la tumba, observando los últimos segundos de una existencia larga o fugaz, ayudando a romper los vínculos fluidicos que conectan el alma con la materia, poniendo fin, a menudo, a amarguras sin precedentes, deseosos de acogerla con demostraciones de afecto, de extenderle sus manos tutelares, como lo hacen en la Tierra las madres sin velo que, cuando los niños pequeños se despiertan calurosamente después de haber soñado en una cuna rosa y diminuta, agitan sus frentes satinadas, los levantan en sus brazos protectores y los llevan a beber la brisa de la mañana.

Venera el nombre que lo simboliza: ¡es digno de tu adoración! Aprende a no aborrecerlo, sino a darle dulia. ¡¿Qué te importa que hayan hecho creencias y religiones populares que también se tornan grises y se desmoronan en una oscuridad e inclemencia, aterradora y fúnebre, como una antigua fortaleza, un reducto que parecía una bastilla inexpugnable que se hizo eterna?! Llega el día en que los formidables obuses, las ametralladoras del tiempo, más destructivas que las forjadas en acero y llenas de explosivos, y que se llaman: el progreso de la raza humana, la evolución del alma, la perfección del alma, ¡Quién, finalmente, despierta de un letargo secular, para ejecutar las enseñanzas sublimes y las verdades redentoras, que brotan del mismo empíreo!

Delavigne agonizaba...

Esperábamos con calma los últimos momentos de su vida terrena, llenos de angustias y contratiempos, para iniciarlo en los arcanos siderales.

El luminoso Alfen, después de transmitirnos las ideas que florecían en su mente, aureolando su frente con un sistema resplandeciente, se aisló de la guirnalda que formamos con nuestras manos fraternalmente unidas y, elevando su pensamiento hacia el Sempiterno, con su mano derecha elevado a la amplitud celestial y con la elocuencia que constituye uno de los atributos de los espíritus redimidos, pronunció estas palabras, que expresaban una oración vibrante:

- Dios, soberano eterno e incomparable, único en el imperio ilimitado del Universo, en comparación con el cual todos los reinos, todas las repúblicas y todos los océanos terrestres no son más que polvo de pugilistas y gotas de rocío.

Señor Absoluto, cuyo poder eclipsa el de todos los más opulentos y archipotentes Cresos y Césares planetarios, que son tus súbditos y que serán juzgados por ti.

Dueño de todos los latifundios del macrocosmos, de todas las estrellas que gravitan en el espacio, para quien; sin embargo, no pasa desapercibido el vuelo de un pájaro, el centelleo de una estrella, una lágrima de dolor o un arrepentimiento sincero.

Artista maravilloso y conmovedor, que modeló todos los soles y les dio un brillo incomparable y perpetuo, que los equilibró en el espacio con una destreza igual a la de un niño que sostiene una esfera de armiño en sus diminutas y satinadas manos.

Mirífico mago que, haciendo el globo ocular de minúsculas proporciones - un verdadero átomo cristalino, en comparación con las montañas, los mares, las constelaciones -, escondiste en él un temblor encantado, incluyendo la Vía Láctea, el mayor portento de la cúpula celeste, una fisura fosforescente u ojiva lúcida hecha en él y por la cual, mientras la Humanidad lucha, sufre y se redime, tú la miras paternalmente, velando eternamente por todos los seres que creaste y que, en sueños, muchas veces ascienden allí, como falenas revoloteando bajo un dosel de flores.

Sublime mecánico que, bajo el influjo de tu pensamiento omnipotente y fecundo, hace bailar miríadas de Terpsícores siderales[60], sin que se toquen ni se atropellen, todos girando por el firmamento, al ritmo de la sinfonía del amor por ti regido; que, entre ellos, haces correr a los cometas locos y nómadas, de mechones largos, despeinados y leonados, que, a veces, enojados o burlones, acechan rápidamente el globo terrestre, aterrorizando a las personas que les temen, como alondras a cuyos nidos se acercan, serpiente de fuego, sin que nadie se desvíe ni un milímetro de las

---

[60] Musa de la danza y el canto, representada con lira.

órbitas que les trazaste en el infinito con tiza dorada, volando por el espacio, tanto ellas como todas las esferas centelleantes, como una legión de lámparas sobre un vergel florido, sin que las alas de una toquen las de otra.

Autor de todos los prodigios de la Naturaleza, que escondes en los casos de Odir y de todos los océanos perlas rosadas y azuladas, que haces florecer en los valles el oloroso lirio de las nieves, que puebla el aire con legiones de seres visibles e invisibles, los protozoos microscópicos y los bellos volátiles, de plumaje brillante y policromado, habitantes privilegiados del orbe terrestre, porque pueden elevar la materia muy por encima de las montañas más altas, levitar, con el simple impulso de la voluntad, que el ser humano solo puede lograr cuando su almas se desconectan del calabozo carnal.

Ignora a quien se te escapa en tu gloria, que se esconde de la admiración de tus brillantes vasallos, que permanece invisible e impenetrable para casi todas las entidades y que; sin embargo, guía amorosamente a todas las criaturas, no permitiendo que ninguna se extravíe para siempre, dándoles, para guiarlos al cielo, una falange entrenada de inmaculados y afectuosos instructores, que transforman a los espíritus más oscuros en seres parecidos a lirios, radiantes como el Sol.

Magistrado incorruptible, cuyas sentencias y aristas, de absoluta justicia y rectitud, eclipsan las de Salomón y cualesquiera otros, porque ningún derecho en la Tierra puede compararse con el del Árbitro Supremo del Universo, Juez Supremo, que preside los destinos de todos, almas y de toda la Creación en una Corte estrellada.

Padre Magnífico, compasivo con los seres que creaste, que no dejas que ninguno de tus hijos recorra, en el incesante y vertiginoso galope de los siglos, los mismos caminos perversos; que les hace, poco a poco, cambiar de ruta, repeler el error y mal, para iluminarse en el cumplimiento de los deberes santísimos, haciendo de ellos, de las precisiones, de los grilletes de las iniquidades, justos y buenos, faros de virtud, Valjeans[61] del bien, capaces de volar por el espacio, como pájaros de luz, que anidan en la fronda azul del árbol maravilloso del cosmos, donde se mecen como si fueran esmeraldas y rubíes expuestos al resplandor.

Omnipotente, cuyo poder ilimitado, inconmensurable no presenta la sombra de un solo átomo de orgullo, que no se jacta de su omnisciencia, que baja su mirada sufrida al ser más humilde, ya sea que corte el aire o se sumerja en el profundidades de las cavernas atrapadas o en el fondo de las cuevas, que todo busca, todo vela y todo protege, con una visión como la de Argos, con su medio centenar de ojos vigilantes, no puede servir de pálido símbolo: escucha nuestra súplica.

Hermanos, al Soberano, al artista, al mago, al mecánico, al Padre, al desconocido, al magistrado, al Omnisciente, al incognoscible, elevemos nuestro pensamiento en este magnífico instante, el último, en el mundo terrenal, de un ser redimido que se emancipa de la prisión terrena. Oremos por este hermano, que viene a nuestro lado para fortalecer y aumentar el glorioso ejército de los Invisibles, que lucha en todo el Universo, empuñando brillantes armas en la conquista del bien y la perfección.

Elevemos a él nuestras oraciones, con verdadero fervor, por la intención de este amigo que fallece, para que la perturbación que casi siempre precede y sigue a la ruptura de los vínculos fluidicos por los que el espíritu se une al organismo material después de una existencia fértil en el dolor, en la tortura física y moral, imprescindible para el pulido psíquico y para que seamos capaces de recibir de él los dardos luminosos que crean en nosotros bellos ideales, pensamientos altruistas y puros.

Él es el inspirador de todo lo noble y sublime y solo de él emana el bálsamo que unge a las almas heridas en la ardua lucha del sufrimiento, como ésta por la que imprecamos, para que todas sus heridas sanan y puede comprender mejor la Justicia Divina, que

---

[61] Personaje de *Los Miserables*, de Víctor Hugo, que, a pesar de haber cometido errores, empezó a hacer el bien por la complacencia de un obispo.

sentencia según el crimen cometido, sin herir nunca al inocente: que castiga con rectitud las infracciones del código celestial y que ordena la apertura de las mazmorras donde las galeras expían crímenes repugnantes, tan pronto como se haya cumplido la pena que se les haya impuesto.

Olvidando el pasado siniestro, luego los bendice, los viste de luz y les da entrada a las mansiones radiantes que, más abundantes que los guijarros que ruedan en las playas, salpican la cúpula sideral. Cantemos también, en este momento, un himno a la muerte, a la que libera del dolor a quienes cumplen noblemente sus misiones terrenas. Y los hermanos esparcidos por el infinito, escuchando nuestras súplicas, se unirán a las nuestras con sus voces armoniosas como sonidos de arpas eólicas.

Así, una vez que los pensamientos de los hermanos del Más Allá se unifiquen con los de los de la Tierra, nuestras invocaciones ascenderán rápidamente al Eterno y esta agonía que estamos presenciando será suavizada por visiones mágicas, no será más que una leve anestesia, un dulce sueño, del cual Delavigne despertará junto a los seres que más adoraba en este planeta, junto a su amado hijo, quien le enseñó a amar al Altísimo. Su espíritu renegado comienza a vislumbrar a este ser adorado, como alguien quien, después de contemplar durante mucho tiempo la cúpula celeste oscurecida por nubes atronadoras, las vieron azotadas por un furioso aquilón, barridas más allá del horizonte por un violento ciclón y finalmente lograron admirar la resplandeciente Luna llena, hasta entonces eclipsada por oleadas de nubes oscuras.

    Delavigne exhaló suavemente...

Grandes Éxitos de Zibia Gasparetto

Con más de 20 millones de títulos vendidos, la autora ha contribuido para el fortalecimiento de la literatura espiritualista en el mercado editorial y para la popularización de la espiritualidad. Conozca más éxitos de la escritora.

Romances Dictados por el Espíritu Lucius

La Fuerza de la Vida

La Verdad de cada uno

La vida sabe lo que hace

Ella confió en la vida

Entre el Amor y la Guerra

Esmeralda

Espinas del Tiempo

Lazos Eternos

Nada es por Casualidad

Nadie es de Nadie

El Abogado de Dios

El Mañana a Dios pertenece

El Amor Venció

Encuentro Inesperado

Al borde del destino

El Astuto

El Morro de las Ilusiones

¿Dónde está Teresa?

Por las puertas del Corazón

Cuando la Vida escoge

Cuando llega la Hora

Cuando es necesario volver

Abriéndose para la Vida

Sin miedo de vivir

Solo el amor lo consigue

Todos Somos Inocentes

Todo tiene su precio

Todo valió la pena

Un amor de verdad

Venciendo el pasado

Otros éxitos de Andrés Luiz Ruiz y Lucius

Trilogía El Amor Jamás te Olvida

La Fuerza de la Bondad

Bajo las Manos de la Misericordia

Despidiéndose de la Tierra

Al Final de la Última Hora

Esculpiendo su Destino

Hay Flores sobre las Piedras

Los Peñascos son de Arena

Otros éxitos de Gilvanize Balbino Pereira

Linternas del Tiempo

Los Ángeles de Jade

El Horizonte de las Alondras

Cetros Partidos

Lágrimas del Sol

Salmos de Redención

El Hombre que había vivido demasiado

Libros de Eliana Machado Coelho y Schellida

Corazones sin Destino

El Brillo de la Verdad

El Derecho de Ser Feliz

El Retorno

En el Silencio de las Pasiones

Fuerza para Recomenzar

La Certeza de la Victoria

La Conquista de la Paz

Lecciones que la Vida Ofrece

Más Fuerte que Nunca

Sin Reglas para Amar

Un Diario en el Tiempo

Un Motivo para Vivir

¡Eliana Machado Coelho y Schellida, Romances que cautivan, enseñan, conmueven y pueden cambiar tu vida!

Romances de Arandi Gomes Texeira y el Conde J.W. Rochester

El Condado de Lancaster

El Poder del Amor

El Proceso

La Pulsera de Cleopatra

La Reencarnación de una Reina

Ustedes son dioses

Libros de Marcelo Cezar y Marco Aurelio

El Amor es para los Fuertes

La Última Oportunidad

Nada es como Parece

Para Siempre Conmigo

Solo Dios lo Sabe

Tú haces el Mañana

Un Soplo de Ternura

Libros de Vera Kryzhanovskaia y JW Rochester

La Venganza del Judío

La Monja de los Casamientos

La Hija del Hechicero

La Flor del Pantano

La Ira Divina

La Leyenda del Castillo de Montignoso

La Muerte del Planeta

La Noche de San Bartolomé

La Venganza del Judío

Bienaventurados los pobres de espíritu

Cobra Capela

Dolores

Trilogía del Reino de las Sombras

De los Cielos a la Tierra

Episodios de la Vida de Tiberius

Hechizo Infernal

Herculanum

En la Frontera

Naema, la Bruja

En el Castillo de Escocia (Trilogía 2)

Nueva Era

El Elixir de la larga vida

El Faraón Mernephtah

Los Legisladores

Los Magos

El Terrible Fantasma

El Paraíso sin Adán
Romance de una Reina
Luminarias Checas
Narraciones Ocultas
La Monja de los Casamientos

Libros de Elisa Masselli
Siempre existe una razón
Nada queda sin respuesta
La vida está hecha de decisiones
La Misión de cada uno
Es necesario algo más
El Pasado no importa
El Destino en sus manos
Dios estaba con él
Cuando el pasado no pasa
Apenas comenzando

Libros de Vera Lúcia Marinzeck de Carvalho y Patricia

Violetas en la Ventana

Viviendo en el Mundo de los Espíritus

La Casa del Escritor

El Vuelo de la Gaviota

Vera Lúcia Marinzeck de Carvalho y Antonio Carlos

Amad a los Enemigos

Esclavo Bernardino

la Roca de los Amantes

Rosa, la tercera víctima fatal

Cautivos y Libertos

Deficiente Mental

Aquellos que Aman

Cabocla

El Ateo

El Difícil camino de las drogas

En Misión de Socorro

La Casa del Acantilado

La Gruta de las Orquídeas

La Última Cena

Morí, ¿y ahora?

Las Flores de María

Nuevamente Juntos

Libros de Mônica de Castro y Leonel

A Pesar de Todo

Con el Amor no se Juega

De Frente con la Verdad

De Todo mi Ser

Deseo

El Precio de Ser Diferente

Gemelas

Giselle, La Amante del Inquisidor

Greta

Hasta que la Vida los Separe

Impulsos del Corazón

Jurema de la Selva

La Actriz

La Fuerza del Destino

Recuerdos que el Viento Trae

Secretos del Alma

Sintiendo en la Propia Piel

World Spiritist Institute

www.ingramcontent.com/pod-product-compliance
Lightning Source LLC
LaVergne TN
LVHW091714070526
838199LV00050B/2397